CONSTRUCTION OF HARMONIOUS LABOR RELATIONS AND
EMPLOYEES CAREER DEVELOPMENT

和谐劳动关系构建与员工职业发展

巩振兴◎著

经济管理出版社
ECONOMY & MANAGEMENT PUBLISHING HOUSE

图书在版编目（CIP）数据

和谐劳动关系构建与员工职业发展 / 巩振兴著.

北京 ： 经济管理出版社，2024. -- ISBN 978-7-5096

-9932-4

Ⅰ．F246；F272.921

中国国家版本馆 CIP 数据核字第 2024TX8969 号

组稿编辑：赵亚荣

责任编辑：赵亚荣

一审编辑：杨　娜

责任印制：黄章平

责任校对：蔡晓臻

出版发行：经济管理出版社

　　　　　（北京市海淀区北蜂窝 8 号中雅大厦 A 座 11 层　　100038）

网　　　址：www. E-mp. com. cn

电　　　话：（010）51915602

印　　　刷：北京晨旭印刷厂

经　　　销：新华书店

开　　　本：720mm×1000mm/16

印　　　张：14.75

字　　　数：230 千字

版　　　次：2024 年 10 月第 1 版　　　2024 年 10 月第 1 次印刷

书　　　号：ISBN 978-7-5096-9932-4

定　　　价：78.00 元

前　言

　　技术进步、工作重组和不断增加的劳动力使员工的职业发展更难预测，员工需要变得更加灵活，以适应工作变化和职业发展。而这创造了与他人分享、学习和互动的机会，是一种对发展生活技能至关重要的亲社会行为。在角色建模、培养和维持关系方面，职场师徒辅导从根本上适用于实现职场技能发展，并帮助师徒双方发展广泛的优势和能力。师徒指导是一种帮助关系，在师徒指导对话中表现出职业发展的焦点，它能够激励个人或团体获取更深入和更广泛的思想，采取更明智的决定和行动。这些对话是有职业发展意义的，因为它们总是考虑到个人的感知、思考和反思能力的提高，以及对于手头问题的解决方案。尽管师徒关系是一种帮助关系，利益显然集中在被训练者的价值和师傅的领导责任上，但是对于师傅的职业发展也需要考虑。指导对话是将经验转化为学习的重要手段，几乎任何人都可以进行指导对话。员工对组织的价值不仅体现在他们拥有的劳动力上，还体现在他们产生和说出创新想法的能力和勇气上。朋友、导师、教练、老师和各种各样的领导者，当他们仔细倾听、深思熟虑地回应，并给予别人他们自己的解决方案时，他们的思想、感情和行为会产生更大的变化。在数字时代，我们都可以当师傅，都可以为新的思想和行动创造开放性。

　　本书以和谐组织员工的关系为切入点，通过多个实证研究发现，人力资源领导者可以创造允许职业发展的文化和氛围，鼓励个人和组织的学习。他们可以通过实施师徒指导系统来做到这一点。领导的授权、师徒的指导、员工的建言对组织的健康发展和培训人员的成长都很重要，它们也是组织变革的基本要素。

本书的主要研究贡献可归纳为如下三点：第一，发现了师徒关系通过徒弟职业乐观对组织承诺产生影响，易变职业生涯定向在师徒关系对职业乐观的影响中起调节作用，同时，师徒关系能够促进师傅基本心理需求满足，并进一步影响师傅的变革型领导，而对于徒弟正念低的师傅而言，师徒关系越好，师傅基本心理需求越容易被满足，继而产生更高水平的变革型领导。第二，与促进型建言相比，抑制型建言会有更大风险，敢于发表意见的人更有可能积极参与管理自己的职业生涯，特别是抑制型建言行为更有可能提高自我领导力，建言行为通过感知内部人身份间接影响自我领导力。心理授权通过反馈环境影响开放式创新，其中当员工职业适应能力强的时候，反馈环境对外向开放式创新的积极影响更大。第三，对自己的职业生涯抱有乐观态度的人对他们的未来职业感兴趣，会为了想象中的未来努力学习，并感知到他们正在走向职业成功，而对职业乐观的双刃剑效应的考察，不但有助于回答职业乐观的双刃剑效应通过什么起作用，而且能显示其如何发挥积极作用、削弱消极效应。易变职业生涯定向在职业乐观对求职行为影响中起中介作用，工作归属感在职业乐观对组织承诺影响中起中介作用，心理授权在职业乐观对易变职业生涯定向影响中起负向调节作用，而在职业乐观对工作归属感影响中起正向调节作用。易变职业生涯定向通过职业乐观主义影响工作寻求，而师徒关系缓解了这一影响，为如何缓解易变职业生涯定向的负面影响提供实证支持。

本书得到国家自然科学基金青年科学基金项目（71801120）、教育部人文社会科学研究青年基金项目（18YJC630038）、山东省高等学校青创科技支持计划（2021RW031）、国家留学基金项目（201908370108）和山东省2024年度人文社会科学课题（24BGL210）的资助，也为这几个项目的部分成果，特此致谢！

目　录

第一章　人口老龄化背景下和谐劳动关系与人力资源开发

当前，我国面临的人口问题已经转变为人口转型时间短、老龄化迅速、少子化严重的问题。根据国家统计局发布的数据，2020年，我国65岁及以上老年人口约1.8亿人，占比13%，我国老年人口规模长期居于世界第一。预计到2025年中国65岁及以上老年人占比超过15%。根据《2020年世界人口状况报告》，中国的总和生育率从1950年的6.71下降至2019年的1.70，下降5.01，同期美国、日本、英国、法国下降幅度均小于2.08。充分开发人力资源并提升人力素质，是国家应对劳动力减少、养老负担加重、人口红利消失的必然要求。

老龄化的工作场所对组织来说是一个巨大的挑战。随着越来越多的婴儿潮一代开始步入退休生活，工作场所面临着在人群中转移知识的需求。美国智库皮尤研究中心（Pew Research Center）发布的报告称，在2029年之前，每天将有1万名婴儿潮一代退休。到2030年，这一代人将达到65岁的传统退休年龄。因此，各组织迫切需要制定有效的战略，以确保在婴儿潮一代完全离开工作场所后，其智力资本的稳定性仍然保持不变。研究强调采用综合方法，考虑到员工的多样性、可用的技术和固有的代际差异。该报告呼吁组织内部进行系统性变革，以创建一种包容和促进信息资本共享的文化。此外，随着就业市场不断从蓝领制造业转移到需要更多面向服务、基于知识的技能集的环境，隐性智力的转移变得越来越关键。虽然有效地发挥自己的作用需要基本的知识，但是从生活经验中获得的智慧是一种基本的学习，而传统的训练干预是无法捕捉到的。当面对无法直接解决的适应性挑战时，这种智能是关键的。

DeLong（2004）认为，"意外失去的知识"的成本可能会对一个组织造成潜在的破坏，高层领导必须认识到他们在知识转移方面的弱点，并把今天的战略放在优先地位，以保护明天的信息。DeLong概述了人力资源专业人员在评估知识保留战略时必须考虑的五个相互依存的领域，即评估组织技能/知识库、继任规划/职业发展流程、建立留任文化、分阶段退休计划和重新设计招聘流程的系统。他进一步强调，组织需要在员工生命周期的每个阶段重新评估其知识转移政策。各组织已经开始通过实施正式的指导计划来满足这一知识管理需求。《财富》500强中有70%的公司以某种身份制订了辅导计划，像IBM和Xerox这样的组织的工作场所也依赖于导师的指导来提供双向学习机会。导师可以指导如何应对快速的组织变革，而学生则教授导师更丰富的知识，如如何使用社交媒体或其他新兴技术平台等。此外，各组织也认识到，年轻一代也给导师带来了一些好处，使之成为所谓的"反向导师制"，即年轻的员工担任导师的角色。普华永道的研究表明，到2025年，出生于1980~2000年的人将占劳动力的75%，他们更喜欢在工作中通过导师学习，并认为这些关系是最有价值的。此外，研究表明，辅导有助于缓解组织内不同人群之间的代际紧张关系。美国的Sun Microsystems公司分析了有关正式指导计划的数据，发现投资回报率为1000%（Dickinson et al.，2009）。

在我国，拜师学艺由来已久，在传统的师徒制度中，拥有先进知识、技能和工作经验的人作为角色榜样向经验技能不足的人员提供职业帮助和心理支持。作为知识技能传播、工匠精神传承的载体，传统师徒制能够促进师徒的职业发展。然而，随着法定退休年龄的延迟，X世代（出生于1964~1978年）已在组织积累丰富经验，Y世代（出生于1979~1994年）逐渐成为职场主力军，Z世代（出生于1995~2009年）逐渐进入职场。三个世代的员工共同在一个组织内工作，为促进彼此职业发展和组织创新提供了机会。关系型工作学习的增加是基于对一个人的工作与他人的相互依赖或联系的更深入理解，师徒制能够扩大师傅的组织内网络，从而增加他们在组织中的社会资本，即通过社会关系获得他人资源。通过与年轻师傅的一对一互动，徒弟们还提高了理解和跨代沟通的能力，从而磨炼领导技能。虽然数字技能开发不应该是逆向指导计划的重点，但是研究的许多公司都提到，这是关系中有意义的一部分。个人和雇主都越来越多地使用在线社交媒体，如 LinkedIn、Twitter 和 Facebook，用于分享信息、建立人际网络、保持联系和娱乐等。师傅获得了教授技术的经验，并致力于弥合在利用这些新媒介方面的代际差距。例如，纽约梅隆银行（BNY Mellon）的潘兴（Pershing）现任首席执行官（时任首席运营官）Robin Vince 曾让他的师傅帮助他学习社交媒体，而他此前从未将社交媒体融入自己的工作生活。现在，他是公司内部最热心的社交媒体用户之一。正如美国著名导演 Cimino 所说：“吉姆（克劳利）完全改变了他与员工互动和沟通的方式……吉姆在我们内部的社交媒体平台上异常活跃。”“他还积极在 LinkedIn 上代表公司，在参加这个项目之前他从未这样做过。”在成功的人际关系中，徒弟与师傅建立了牢固的联系，并学习最新的技术和社交网络媒体。这一过程应使徒弟能够通过增加组织内的忠诚支持基础来扩大他们的人际网络和增强他们的社会资本。对组织而言，师徒充当彼此想法的传声筒。由于参与者并不是直接从绩效的角度来评价彼此，因此应该鼓励他们公开集思广益的能力。这种独特的互动有可能使两个参与者都参与到一个创造性的过程中，从而产生新的方法来识别问题、研究工作（数据收集和分析）、生成解决方案和实施。因此，Y 世代的个体倾向于创业，对产品、服务和组织流程有新的看法，X 世代的个体更了解如何在组织中完成事情，创造了推动创新的新机会。师徒双方均在典型的角色之外学习，他们可能更愿意接受新的解释或者改变和修正他们的心理模型。组织学习被定义为“提高组织采取有效行动的能力”。个体通过改变共同的心理模式来影响组织学习。分享知识和积极反思的过程增加了保留所学知识的可能性，以及在实践中应用新知识的动机和能力。

心理学领域研究表明，人类的智力和良好的社会认知使最好的决策者采用最有效的学习策略。任何使用这些学习原理的优化技术都应该更有效。近年来，类似的人类学习原则被应用于绩效改进。粒子群优化（Particle Swarm Optimization，PSO）算法是一种进化计算技术，源于对鸟群捕食行为的研究。在生物群体中存在着个体与个体、个体与群体间的相互作用和相互影响的行为，这种行为体现的是一种存在于生物群体中的信息共享机制，粒子群算法是对这种社会行为的模拟，即利用信息共享使得个体间可以相互借鉴经验，从而促进整个群体的发展。向他人学习是人类采取的最古老、最有效的策略，其中一个强大而有效的学习策略是基于师徒指导的学习计划。指导是一个团队内积极学习的过程，它有可能支持个人和集体的发展。在任何学习环境中，最好的指导都能增强学习者的技能和能力。在人口老龄化背景下，企业越来越重视对各个世代知识的开发、收集、储存、分析、获取、传递、共享过程的管理，但是真正科学有效地实施反向师徒制的企业并不多，大多停留在一般的知识有限共享层面，究其原因主要是缺乏一个尺度或者模型标准来检验目前本企业反向师徒制的实施进度和实施效果。粒子群优化算法利用人的合作策略将 PSO 转化为一个合作的框架。为了提高生产率，组织中的分工思想被应用到粒子上，为粒子分配不同的角色。个体的自我认知以调节和感知的形式被纳入 PSO 算法中，用于智能探索和开发搜索空间，这称为自我调节粒子群优化（SRPSO）算法。研究还表明，个体使用多种信息处理策略进行学习。此外，人与人之间的合作有助于通过对当前状态和预期目标的适当监测来作出决策。社会共享的信息处理提供了有效的协作，以便从环境中获得最大收益。PSO 中建立了社会学习机制，粒子从任何一个更好的粒子中学习，而不是仅仅从最好的粒子中学习，算法的性能得到了显著的提高。在一个有效的学习过程中，师傅和徒弟都是学习者，他们相互协作，共同学习，最终发展出更好的学习能力。拥有有效学习技能的师傅被认为是快速学习者，并为他人树立榜样。因此，在一个动态的学习环境中，每个小组中的个体都在不断变化，以发展更好的学习能力。

在传统师徒制中，通常将学习作为被辅导者的主要目标。根据 Wanberg 等（2003）的研究，三种类型的学习可能来自指导关系：一是认知型，这可以增强战略或隐性知识；二是技能型，这可以提高技术或运动技能；三是情感型，这可以是态度或动机。例如，在传统师徒制中，师傅分享他们对组织问题的看法，传达组织流程和惯例，并传授组织的规范和价值观。师傅通过提供培训、反馈和指导来传授技能。师傅可以通过影响自我意识的变化或提高对多样性的容忍度来改变受教育者的态度，并通过提高自我效能或目标设定来改变动机。Wanberg 等（2003）通过在指导关系中交换的知识定义了三种类型的学习，包括：认知学习，它能够增加陈述性知识、程序性知识、战略性或隐性知识、知识组织或认知策略；基于技能的学习，它能够提高技术或运动技能；基于情感的学习，它能够改变态度或动机。除师傅的专业知识和反向师徒任务外，师傅可以分享关于技术趋势、社交媒体、当代问题的不同解释和新想法，还可以分享关于公司历史的陈述性知识，关于如何在组织中完成工作及不同角色和责任如何在集成系统中结合在一起的程序性知识，以及诸如计划、问题解决或决策等认知策略。在传统师徒关系中，个人学习（人际交往技能，如沟通、倾听、解决问题和发展关系）和关系学习（理解工作与他人的相互依存关系）的结合是徒弟的一个重要成果，而对于师傅来说，关系学习才是重要的结果。

自我决定理论认为，自主、胜任和关系三种基本心理需要是个体心理成长、内化和心理健康必备的条件。"自主需要"指个体体验到依据自己的意志和选择从事活动的心理自由感；"胜任需要"指个体体验到对自己所处环境的掌控和能力发展的感觉；"关系需要"指个体体验到与别人联系，爱和关爱他人以及被爱和被关爱的感觉。自我决定理论的核心假设：当组织环境满足员工的自主、胜任和关系三种基本心理需要时，员工就会体验到工作活动的意愿感、意志感和选择感，增强或维持自主性动机，此时行为就会更为持久，质量更高，最终产生更有效的行为结果，也会增进个体的身心健康；当个体的自主、胜任和关系三种基本心理需要受到阻滞时，员工在工作活动就会体验到较强的被控制感，展现出较强的控制性动机或无动机，此时个体更加关注外在的结果，对行为结果和敬业水平产生负面效应。"衰老"是一个自然、多面向及复杂的过程，也是所有人必须面对的现象，它包括生理、心理与行为上的变化历程，并影响一个人对自我的评价及生活质量的感受。Havighurst（1963）认为老年人会持续中年时期的状态，并否认已老的事实。衰老既然无可避免，便应追求"成功的衰老"。成功的衰老发生在年长者持续活动（持续中年时期的生活及活动状态）且参与社交活动的过程中。当年长者保持主动、持续的社交活动时，便能推迟衰老进程，进而增加生活满意度。年长者应该尽可能维持中年时期的体力、生理及社会活动，并且寻找退休后工作的替代品、朋友及家人死亡的失落感的替代品，这就可以减缓体力和健康的衰退。正念可以通过以下方式改善人际交往行为，提高人际交往有效性：保持一种接纳的意识；建立一个时间差；在该情境下观察自己的精神格局，而不是简单地对人际事件作出反应。由于正念能增强个体的社会技能、换位思考的能力、合作回应模式以及婚姻伴侣的满意度，因此高正念的个体会有更加和谐的人际关系。正念与情绪智力之间存在密切联系。还有部分学者发现正念可以预测个体与他人的亲缘感和人际关系亲密度，进而使个体拥有社会联通性这一重要的内在心理需要。通过以更加开放且不对抗的方式处理挑战性的事件和保持更加客观理性的状态，正念促使个体保持着平静和包容的心态，不加评价地感知和对待一系列的负面事件，从而缓解了不良的人际关系。

不太精通技术使用的年长者与"数字劳动力"共享工作场所，其中包括在数字时代的设备中长大的年轻人（"数字本地人"）和在以后的生活中随时采用新技术的个人（"数字移民"）。经合组织（OECD）的一项针对成人技能的研究显示，在55~65岁的参与者中，32%的人表示没有电脑技能或未通过电脑技能测试，而在25~34岁的参与者中，这一比例为7%。此外，在55~65岁的人群中，10%的人拥有中级计算机技能，只有约1%的人拥有高级技能；在25~34岁的人群中，这一比例要高得多，分别为35%和10%。这种明显的数字流畅性差异为年轻员工创造了机会，通过数字技能培训，年长员工能够更好地适应现代职场。许多研究表明，婴儿潮一代、X一代和Y一代的成员在工作相关态度、价值观和动机方面存在差异。不同时代的人群在期望和动机上也存在显著差异。例如，Glass（2007）发现，X一代和Y一代对工作世界的看法与婴儿潮一代和传统主义者完全不同。Y一代的成员不仅在身体穿孔、文身和电子装饰上看起来不同，而且他们的行为和思维方式也不同。对工作流动性的纵向研究表明，在劳动力市场的前10年，一个典型的年轻工人将受雇于7个组织，年轻工人在同一时期内会换职业3~4次。此外，各代人对时间的看法也差异很大。Martin（2005）认为，Y一代员工可能准备对组织做出长期承诺，而这可能意味着1年。关于代际关系的研究大多是基于观察，而不是大规模的实证研究结果，关于代际关系的特点和期望及其对职场的影响的学术研究很少。但有研究指出，现有研究中普遍存在相互矛盾的发现，包括世代、队列和年龄效应的潜在混淆方面。使用代际标签会引发负面刻板印象，并促进职场歧视。Burke（2005）进行的一项调查发现，年轻员工和老年员工之间的冲突主要是由于对工作道德和工作—生活平衡要求的看法不同。

工作动机和学习动机随着年龄的增长而变化，相应地，个人在整个职业生涯中持有的观点和兴趣也是如此。对工作相关活动和技能获得的兴趣是通过重复的活动参与和外部强化发展起来的，虽然这一过程在人的一生中持续，但是在青春期后期和成年早期则更具有流动性和形成性。这意味着来自环境的反馈，包括外在的奖励，在一个人的职业生涯早期会产生更大的影响。这种影响通过一个人对自己的努力与取得成果的关系的看法而得到进一步加强或缓和。个体根据工作和其他生活领域中不断变化的机遇和挑战，调整自我调节和动机过程。与老年人相比，年轻人对自己的绩效效用有更高的认识。因此，他们通常采用更积极主动的策略来控制外部环境，从而增加外部结果的激励潜力。与工作相关的兴趣倾向于在职业生涯的早期结晶，但生活和工作环境的变化，包括技术创新，会引发对这些兴趣的重新评估和新能力的发展。然而，这些能力是否真的在职业生涯后期发展，更多地取决于内在自主因素而不是外在因素。这是因为绩效的感知效用随着年龄的增长而降低，年长员工较少看到他们的努力与工作场所奖励之间的联系，从而使得外在激励因素的作用减弱。相反，老年人倾向于采用自我导向的控制策略，更多地关注内在回报、可实现和在他们控制下的结果。这一点得到了元分析结果的支持。元分析结果表明，实现高绩效的自主性动机的有效性往往随着年龄的增长而增加，而驱动结果的外在动机的潜力则随着年龄的增长而减少。因此，虽然我们预期外在压力确实会对老年学习者的学习成绩产生一些影响，但是自主性动机在驱动他们的技能发展方面起着主导作用。了解年轻一代在工作中所带来的价值观并采取更加面向年龄的决策将是至关重要的。Freedman（2002）指出，出生率下降、失业率处于历史低位、婴儿潮一代逐渐走向退休，这些因素共同导致劳动力市场人才短缺。组织也发现越来越难吸引和留住有才华的员工，特别是那些年轻和高技能的员工。因此，对于被迫争夺日益稀缺的人力资源的组织来说，代际变化是一个关键问题。

为了和谐职场人际关系的效果，应该鼓励参与者在建立积极联系的过程中分享知识、意义和积极情感。如果参与者建立了密切的关系，那么学习的相互支持就更有可能发生，这基本上就是关系指导的高质量联系。高质量的人际关系比其他有更大的作用，表现为更强的情感承载能力、张力（在许多情况下承受压力和功能的能力）和衍生力（对新想法/影响的开放性和转移负面过程的能力）。通过明确地支持彼此的学习，两个参与者都可以通过他们的关系体验到积极的意义，并鼓励积极情绪的真实表达，以创造成长的机会。积极情感是愉快的感觉，如兴奋和热情的体验（Cropanzano et al.，2003），可以帮助解释自主性动机和技能发展之间的关系。从事被认为有趣和愉快的活动往往会唤起良好的情感体验，因此，积极的情感被认为是自主性动机的作用结果。具有内在驱动力的师傅对指导他们的同事非常感兴趣。在这种情况下，获得机会来实际帮助人们提高他们的数字技能本来就是有意义的，可以促进兴奋感和产生积极的情绪。同样，自主性动机的学习者对发展他们的数字技能有着浓厚的兴趣。因此，学习过程应该促进他们在活动中的吸收、唤起积极的情感，从而增加积极的影响。根据积极情绪的拓展和构建理论（Fredrickson，2001），积极情绪状态通过激发人们探索和获得新知识和经验的欲望来提升个人资源，并扩展人们的"思维—行动库"。从这个意义上说，积极的情绪在反向师徒制中扮演着重要的角色，因为它们激发了个体在互动中全神贯注的精神，为有效的知识交流奠定了基础。支持这一观点的研究表明，积极的情感会增加认知灵活性，提高任务绩效（Erez and Isen，2002），以及更好地解决问题（Ashby 和 Isen，1999），这在指导他人时尤其有价值。积极的情绪也与更高的训练成功率（Konradt et al.，2003）和老年人工作记忆能力的提高有关（Carpenter et al.，2013），这将促进学习者的数字技能习得。当个体具有较高的自我效能感时，自主性动机对积极情感的影响会增强，这是指人们对自己成功完成特定任务的能力的信念（Bandura，1986）。自主性动机与内在有趣、令人满意、有意义或具有挑战性的活动有关（Amabile，1993）。然而，为了维持这种动机，个人需要在他们的行动中感到能胜任，或者换句话说，需要对自我效能有高度的认知（Deci and Ryan，1985）。

Holtgraves 和 Kashima（2008）指出，语言的使用经常涉及将隐含的、非语言的表达重新编码成显式的、语言的表达。研究人际交流的专家更倾向于研究个体在人际讨论中使用的语言是如何反映个体的隐性状态和对交流过程中一致性的感知。在关于群体话语中的语言的综述中，细微的语言的使用，如代词的使用，与人际交流过程和个体差异相关，如地位和冲突。在 Van Swol 和 Kane（2019）提出的语言使用和群体模型中，确定了对群体的输入，如成员意见或地位差异是如何在语言使用中反映出来的。语言的输入和成员之间的互动可能会影响反向师徒制交流的过程和对交流对方的感知，如凝聚力和冲突，这也可以反映在语言的使用上。语言可以使个体对反向师徒制对方的初始印象具体化，也可以在交流的背景中塑造感知。

如果组内成员认为其他成员与自己相似，这将反映在交互过程中使用的语言上。相似性可以基于有相似的观点、讨论相似的信息或其他因素，如大五人格测试得出来的各项指数，就像有多重人格的人，认为自己处在更多同质人格特征的群体，其成员之间的相似性更高。交流中成员相似往往会使群体具有更高的凝聚力和吸引力，群体认同感也更强。研究发现，群体内同质性的感知与更强的群体认同感相关，来自同质群体的成员往往比来自异质群体的成员对自己的群体保持更强的认同感。在语言使用方面，集体代词（如我们）和单数代词（如我）的使用表明了说话者在注意焦点和心理状态上的不同。具有更强的群体认同感和凝聚力的群体成员可能更关注群体而不是自我，因此会使用更多的集体代词。研究发现，"我们"这个代词的使用和群体凝聚力的感知之间存在着正相关的关系，尽管 Gonzales 等（2010）调查发现更具有凝聚力的群体其实使用"我们"这个代词的频率很低。此外，新成员可以通过使用集体代词在群体中更容易获得社会接纳，因为这些代词具有社会整合功能。Brewer 和 Gardner（1996）发现，与使用"他们"或"他/她"代词相比，使用"我们"代词更能增加集体认同感，并有助于判断模糊语句。这项研究表明，"我们"代词的使用和交流双方相似性之间可能存在联系，认为自己与对方相似的参与者在讨论中可能会使用更多的"我们"代词，因为人们使用更多的"我们"代词就会具有更强的群体认同感。研究还表明，"我们"代词的使用随着个体在人际交流中形成更强的群体身份而增加。从本质上说，使用"我们"代词意味着与互动伙伴更接近。

使用表示赞同的语言（如我赞同、可以、非常好）可以表达对他人的肯定与赞同，这与减少冲突、营造积极的团队环境相联系。Huffaker（2010）发现，当在线交流的谈判者趋向于一个类似的解决方案时，他们会使用更多的表示赞同的语言。Huffaker（2010）注意到在线交流时，表示赞同的语言可以取代表示赞同的非语言。鉴于相似性与群体吸引力和凝聚力之间的关系，对群体相似性的感知越高，赞同语的使用越多。个体对自己能力和可信度的看法是一个输入因素，这可能与他们在群体中讨论问题时使用的语言有关。以往的研究表明，自认为更有能力和知识的参与者往往在小组讨论中说得更多。相似性感知与自我效能感是相关的，别人赞同我们的观点、证实我们最初的想法，或与自己分享类似的信息，可以增加自信和信心。研究人员发现，在群体中，与地位相关的行为和自我效能感之间有很强的联系。那些认为自己在某项任务上更有知识的人往往通过更高的参与率在交流中获得了更高的地位。在 Anderson 等的研究中，那些认为自己更有知识的人实际上并不比他们的同龄人更有能力，但是他们对地位的追求与更高的自我效能感以及群体中的行为相关，比如更高的参与率会增加自我效能感。因此，自我效能感良好的参与者可以较多表明对问题的更全方位、多层次的思考，与其他参与者表现出更多的表面共识，会感知到和他人观点的较少差异，会更多地使用赞同性语言。与此相关的是，地位高的成员更多使用"我们"代词，因为他们可能通过关注群体而不是自己来获得地位，但地位低的成员更多地使用"我"代词，由于多种因素，他们可能更关注自己，或者试图获得地位更高的成员的注意。此外，鉴于地位和信心之间的正相关关系，他们可能会因为缺乏自信而不愿代表团队。

员工之间讨论得到的不赞同信息同样是一个输入信息。在问题上有极端观点的成员与较为温和的成员在思维和行为上往往存在差异，这种差异可以在语言使用上得到体现。与持温和观点的人相比，持极端观点的人通常认为自己对问题更了解、更重视，会许下更多的承诺，不太可能改变自己的观点。此外，Van Swol 等（2021）发现持极端观点的群体成员在讨论时使用更多的代词"你"。在关注的焦点方面，代词"你"的使用可以反映发言人对他人的关注，尤其是相对于发言人而言对他人的关注。Pennebaker（2011）指出，代词"你"在消极的互动中出现的频率更高，也更容易引起愤怒和冲突，他认为代词"你"相当于"你的手指"。代词"你"的使用可以表明自己与他人的距离、责备和分化。考虑到极端成员对自己观点持有优越感和对问题的理解，他们可能会进行更多的指责或消极的对话，因为他们会把注意力集中在其他人身上，以解释他们所认为优越的观点。虽然极端成员在讨论时更有信心，他们认为自己更可信、知识渊博，在小组讨论时更健谈，但是他们的行为通常不会转化为群体中的地位和影响。例如，Van Swol 等（2021）发现，极端的成员进入小组讨论时，信心更足。他们认为，极端的观点很难向更温和观点的成员解释。此外，代词"你"的使用往往会降低一个人在群体中的影响力。因此，当极端成员以更高的可信度进入小组讨论时，他们往往会说更多的话，他们对可信度的感知是基于他们对自己观点相对于温和的成员的优越性。因此，他们使用代词"你"可能会突出自我和他人之间的区别，即"你"与"我"相比。这不同于地位及其与自我效能感的关系。换位思考是一种试图理解他人观点和想法的倾向，换位思考可能会影响对讨论的看法，并反映在语言的使用上。当师徒制中成员试图理解其他成员的观点并采纳他们的观点时，他们的注意力焦点将更多地放在外部而不是内部。代词"我们"的使用反映了说话者更关注外部。例如，群体中的领导者可能比地位较低的成员使用更多的"我们"的一个原因是，领导者的注意力更多地分散在群体中，而不是集中在自己身上。Kacewicz 等（2014）在关于状态的研究中表明，集体代词的使用与他人导向有关。如果一个小组成员正在进行换位思考，他们可能会因为更多地接触到其他人的观点而更严谨、复杂地思考问题，从而增加自我效能感程度。

在人力资源职业发展的文献中有许多研究关注了如何才能获得职业成功，然而，Heslin（2005）认为，其中许多研究可能会产生误导性结果，因为研究对象的担忧超出了工作满意度或职业满意度的衡量标准，通常用于衡量"职业成功"。考虑到 Y 一代对生活方式的明显关注，职业成功研究的发现在多大程度上可以推广到年轻员工身上，需要进行更深入的研究。很多时候，管理者认为用来激励和吸引长期员工的人力资源管理实践对年轻员工同样有效，结果发现新加入的员工有不同的价值观，因此这些实践不会产生预期的反应。Armstrong-Stassen 和 Lee（2009）强调，雇主必须意识到组织内部的年龄差异，并采取措施增强员工被组织成员重视的感觉。一代人被定义为既有特定的出生年份跨度又有一套世界观的群体，这些世界观是建立在定义这一代人成长发展时期发生的社会或历史事件的基础上的。Mannheim（2005）认为，不同世代的人有着共同的意识，形成了集体的想法、口号和经验。多代理论的支持者认为，在不同时期成长的人有着截然不同的信仰、价值观、态度和期望，而这些又反过来影响着他们在工作场所的行为。在一项实证研究中，Egri 和 Ralston（2004）评估了不同代人成年前发生的重大文化、政治和经济发展，并研究了这些发展如何界定各代人的价值取向。例如，在战争或不安全时期长大的几代人学习现代主义的生存价值观，如经济决定论、理性、唯物主义和对权威的尊重，或者在社会经济安全时期长大的几代人学习后现代价值观，如平等主义、对多样性的容忍和自我超越。Inglehart（1997）、Smith 和 Clurman（1997）认为，尽管生命阶段发生了变化，但是在一个人的成长过程中培养出来的态度和行为依然存在。当婴儿潮一代开始转向 35 岁时，普遍预测他们将开始储蓄，在政治和社会上变得更加保守，就像他们的父母一样。婴儿潮一代在过去的 35 年里一直保持着他们的自由消费和自由精神，早年养成的习惯继续影响着他们成年后的行为。Smith 和 Clurman（1997）提供了传统主义者对经济衰退做出不同反应的证据。他们预测，婴儿潮一代人到了退休年龄和第二代人的时候，他们的行为和思想将与传统主义者完全不同。年轻时的传统主义者被要求在在职学习技能和上大学接受教育之间做出选择，这是提高自我的最佳途径。传统主义者绝大多数选择学习一种技能。婴儿潮一代与传统主义者最初提出这个问题时的年龄相同，绝大多数人选择了上大学。Cherrington 等（1979）对代际差异进行了大量研究。他们调查了三个年龄段的员工的态度，发现与两个年龄段的员工相比，年轻的员工（17～26 岁）觉得"对手艺的自豪感"不那么重要，认为做一份差劲的工作更容易被接受，也不太希望自己的工作能造福于他人。不同世代群体的工具价值观和终极价值观存在显著差异，并强调采取适当管理实践手段的重要性。他们指出，企业通常认为他们可以通过加薪和激励措施来激励员工，然而对于某些年龄段的员工来说，与家人在一起更为重要。为了激励这些员工，管理者需要给他们提供休假和其他有利于家庭的激励，而不是更多的金钱和福利。Murphy 等（2004）指出，如果管理者不了解这些价值相似性和差异，他们可能会因为不知道如何激励员工而导致有价值员工的失败或流失。

元分析发现，徒弟感知与师傅的相似性与积极的师徒功能结果相关。Ghosh

（2014）发现，感知相似性与职业指导之间的平均元分析相关性为 0.42，感知相似性与心理社会指导之间的平均元分析相关性为 0.60。这些结果支持相似—吸引范式，该范式假设我们被那些与自己相似的人所吸引，因为他们强化和验证了我们的信念、态度和行为。尽管感知相似性是指导经验的一致预测因子，但是我们对什么能预测指导关系中的感知相似性知之甚少。大多数研究考察了师傅和门生之间的人口统计学相似性（性别、种族），并发现这与门生对相似性的看法要么不相关，要么弱相关。Turban 和 Lee（2007）在讨论关于感知相似性的文献中存在的差距时认为，在理解指导关系对保护对象的影响时，人际导向特征的实际相似性可能特别重要。一些研究考察了这些关系在上下级二元关系中的作用。这些研究发现，管理者和下属的自我报告人格特征与他们对相似性的看法之间存在显著关联。Huang 和 Iun（2006）发现，实际的上司—下属相似性在成长需要强度和相似感知之间存在显著的交互作用，但仅在一定水平上存在成长需要强度特质。该领域的研究人员观察到，相似性的影响可能不仅取决于一致性水平，而且还取决于一致性本身。具有高度关系型自我构念的个体比那些具有较少关系型自我构念的个体更容易感知到自己与他人之间的相似性。具体来说，那些具有高度关系自我构念的人对自己和亲密朋友的描述相似，并认为他们的朋友与自己有相似的特质和能力。他们提出，那些具有高度关系自我构念的人会被激励去感知相似性以接近他人，从而促进对关系的归属感，增强关系和谐，肯定自我的积极方面。在二元水平上，具有高度关系自我构念的个体也可能以导致认知亲密和相互自我披露的方式思考和行动，这可能会促进相似性感知。尽管关系自我构念和感知相似性之间存在着明显的联系，但是这并没有在个体或二元层面的指导关系中得到检验。Sluss 和 Ashforth（2007）提出，关系认同可以推广到组织和其他认同结果。正如他们所解释的："在认同角色关系的过程中，人们可能会认同体现和维持角色关系的集体。实际上，人们将集体视为角色关系的延伸。"这一观点表明，将师傅视为榜样的门生可能会将这种认同推广到更大的集体，如组织和职业。这一想法也与指导领域的现有工作相一致。师傅可以被视为组织的代理人，师傅关系已经被发现会影响徒弟对组织的看法和态度。辅导也会影响学生对专业的投入。Kram（1985）认为，通过对职业行为的建模和帮助学生发展职业认同感，师傅可以对学生的职业认同产生强大的影响。因此，在角色建模中，固有的识别过程可以调节感知相似性和结果之间的关系。角色塑造反映的不仅是感知到的相似性，而且反映了当事人对理想自我的感知，以及他们将角色关系内化为工作自我概念的程度。

本书将实证研究范式的理论构建、检验方法以及模糊集定性比较分析法结合，修复传统优化方法无法解决复杂的多模态不可微优化的缺陷，弥补传统定量分析测量误差敏感、案例分析缺乏普适性的不足，更加直观地呈现变量的动态变化过程及预期结果，深化人力资源开发的理论，为工作场所中和谐劳动关系构建及员工互惠提供管理建议。

参考文献

［1］Amabile T M. Motivational synergy：Toward new conceptualizations of intrinsic and extrinsic motivation in the workplace ［J］. Human Resource Management Review，1993，3（3）：185-201.

［2］Armstrong-Stassen M，Lee S H. The effect of relational age on older Canadian employees' perceptions of human resource practices and sense of worth to their organization ［J］. The International Journal of Human Resource Management，2009，20（8）：1753-1769.

［3］Ashby F G，Isen A M. A neuropsychological theory of positive affect and its influence on cognition ［J］. Psychological Review，1999，106（3）：529.

［4］Bandura A. The explanatory and predictive scope of self-efficacy theory ［J］. Journal of Social and Clinical Psychology，1986，4（3）：359-373.

［5］Brewer M B，Gardner W. Who is this "We"？Levels of collective identity and self representations ［J］. Journal of Personality and Social Psychology，1996，71

（1）：83.

［6］Carpenter S M, Peters E, Västfjäll D, et al. Positive feelings facilitate working memory and complex decision making among older adults ［J］. Cognition & Emotion, 2013, 27 （1）：184-192.

［7］Cherrington D J, Condie S J, England J L. Age work values ［J］. Academy of Management Journal, 1979, 22 （3）：617-623.

［8］Cropanzano R, Weiss H M, Hale J M S, et al. The structure of affect: Reconsidering the relationship between negative and positive affectivity ［J］. Journal of Management, 2003, 29 （6）：831-857.

［9］Deci E L, Ryan R M. The general causality orientations scale: Self-determination in personality ［J］. Journal of Research in Personality, 1985, 19 （2）：109-134.

［10］DeLong D W. Lost knowledge: Confronting the threat of an aging workforce ［J］. Oxford University Press, 2004.

［11］Dickinson K, Jankot T, Gracon H. Sun mentoring: 1996-2009 ［J］. Sun Microsystems, 2009.

［12］Egri C P, Ralston D A. Generation cohorts and personal values: A comparison of China and the United States ［J］. Organization Science, 2004, 15 （2）：210-220.

［13］Erez A, Isen A M. The influence of positive affect on the components of expectancy motivation ［J］. Journal of Applied Psychology, 2002, 87 （6）：1055.

［14］Fredrickson B L. The role of positive emotions in positive psychology: The broaden-and-build theory of positive emotions ［J］. American Psychologist, 2001, 56 （3）：218.

［15］Ghosh R. Antecedents of mentoring support: A meta-analysis of individual, relational, and structural or organizational factors ［J］. Journal of Vocational Behavior,

2014, 84（3）: 367-384.

　　［16］ Glass A. Understanding generational differences for competitive success ［J］. Industrial and Commercial Training, 2007, 39（2）: 98-103.

　　［17］ Gonzales A L, Hancock J T, Pennebaker J W. Language style matching as a predictor of social dynamics in small groups ［J］. Communication Research, 2010, 37（1）: 3-19.

　　［18］ Havighurst R J. Successful aging ［J］. Processes of Aging: Social and Psychological Perspectives, 1963, 1: 299-320.

　　［19］ Heslin P A. Conceptualizing and evaluating career success ［J］. Journal of Organizational Behavior: The International Journal of Industrial, Occupational and Organizational Psychology and Behavior, 2005, 26（2）: 113-136.

　　［20］ Holtgraves T M, Kashima Y. Language, meaning, and social cognition ［J］. Personality and Social Psychology Review, 2008, 12（1）: 73-94.

　　［21］ Huang X, Iun J. The impact of subordinate-supervisor similarity in growth-need strength on work outcomes: The mediating role of perceived similarity ［J］. Journal of Organizational Behavior: The International Journal of Industrial, Occupational and Organizational Psychology and Behavior, 2006, 27（8）: 1121-1148.

　　［22］ Huffaker D. Dimensions of leadership and social influence in online communities ［J］. Human Communication Research, 2010, 36（4）: 593-617.

　　［23］ Inglehart R. Modernization, postmodernization and changing perceptions of risk ［J］. International Review of Sociology, 1997, 7（3）: 449-459.

　　［24］ Kacewicz E, Pennebaker J W, Davis M, et al. Pronoun use reflects standings in social hierarchies ［J］. Journal of Language and Social Psychology, 2014, 33（2）: 125-143.

　　［25］ Konradt U, Filip R, Hoffmann S. Flow experience and positive affect during hypermedia learning ［J］. British Journal of Educational Technology, 2003, 34（3）:

309-327.

[26] Kram K E. Improving the mentoring process [J]. Training & Development Journal, 1985, 39 (4): 40-43.

[27] Mannheim K. The problems of generations [J]. Childhood: Critical Concepts in Sociology, 2005, 3: 273-285.

[28] Martin C A. From high maintenance to high productivity: What managers need to know about Generation Y [J]. Industrial and Commercial Training, 2005, 37 (1): 39-44.

[29] Pennebaker J W. The secret life of pronouns [J]. New Scientist, 2011, 211 (2828): 42-45.

[30] Sluss D M, Ashforth B E. Relational identity and identification: Defining ourselves through work relationships [J]. Academy of Management Review, 2007, 32 (1): 9-32.

[31] Smith J W, Clurman A S. Rocking the ages: The yankelovich report on generational marketing [R]. (No Title), 1997.

[32] Turban D B, Lee F K. The role of personality in mentoring relationships [J]. The Handbook of Mentoring at Work: Theory, Research, and Practice, 2007, 9: 21-50.

[33] Van Swol L M, Ahn P H, Prahl A, et al. Language use in group discourse and its relationship to group processes [J]. Sage Open, 2021, 11 (1): 21582440 211001852.

[34] Van Swol L M, Kane A A. Language and group processes: An integrative, interdisciplinary review [J]. Small Group Research, 2019, 50 (1): 3-38.

[35] Wanberg C R, Welsh E T, Hezlett S A. Mentoring research: A review and dynamic process model [J]. Research in Personnel and Human Resources Management, 2003: 39-124.

第二章 师徒关系对徒弟组织承诺的影响机制研究

一、师徒关系构建的人本理论基础

人本主义辅导可以定义为人本主义心理学原理在辅导实践中的应用。师傅的目标与人本主义心理学的目标有内在的联系：两者都采取以人为本的方法来强调个人的需要，并帮助个人实现他/她的最大潜力。有些人认为辅导和人本主义心理学是"天生的伙伴"，因为两者都基于这样的概念，即人们有能力成长、发展和实现他们的最大潜力。虽然目前对人本主义辅导的研究有限，但是我们认为大量的辅导研究和实践都借鉴了人本主义心理学的概念。人本主义心理学的开始可以追溯到 20 世纪中叶，心理学家卡尔·罗杰斯（Carl Rogers）、亚伯拉罕·马斯洛（Abraham Maslow）和罗洛·梅（Rollo May）感觉需要一个替代主流方法，如精神分析、行为和生物医学（医学模式）的心理学（Aanstoos et al.，2000）。这些人本主义运动的早期领导者设想了一种心理学方法，这种方法关注人类的潜能、成长和自我实现，而不是把人类看成是被自己的潜意识所伤害或支配的。当这个领域开始成形时，一些基本的原则出现了。例如，人本主义心理学认为，人不仅仅是各部分的简单相加，他们存在于"独特的人类环境"中，他们有充分的意识，他们有选择和自由的意志，他们是有目的和以目标为导向的，并且他们在生活中寻求意义和价值。Rogers 被广泛认为是人本主义心理学之父，他提出了人类自然地趋向于成长、发展，并充分发挥其潜能的观点，Rogers（1959，1963）将这一概念称为现实化倾向。

从早期开始，人本主义心理学的基本原则及其以人为本的方法已经超越了传统方法的范围，被应用于学习和教育、冲突解决和养育子女。需要指出的是，人本主义心理学并不是其他方法的绝对替代品，而是可以被注入或与其他实践相结合。考虑到人本主义心理学以人为本的本质，以及它在治疗用途之外对实践的适应性，这一学派的思想在不断增长的指导实践和科学中找到了自己的道路也就不足为奇了。

辅导是真正最大化人类成长和潜力的。人本主义心理学也强调同样的观点，认为辅导作为一个领域，在人本主义心理学中没有很强的根基是短视的。像人本主义心理学一样，辅导广泛关注成长和发展，实现师傅设定的目标和最大化人类潜能和/或绩效。如前所述，关于人本主义辅导的文献并不多见。然而，它经常被其他各种各样的名字所提及，比如积极心理学师傅、以人为本的指导和关系指导，从而使文献主题看起来不那么紧密，研究起来更有挑战性。尽管名字各不相同，但是人本主义师傅、积极心理学师傅、以人为本师傅和关系师傅提出了相同的基本原则。因此，在本章的其余部分，我们认为这些概念是同义的。

作为一个领域，指导是非常有趣的，原因有很多，其中之一是定义、工具和最佳实践的广泛分类。人本主义师傅的出现不应该进一步复杂化这个已经令人眼花缭乱的选择，因为人本主义师傅是一种方法，可以很容易地与其他工具和实践相结合（Biswas-Diener，2010）。人本主义的指导首先是师傅采用"全人"的方法与徒弟一起工作。这源于人本主义心理学的观点，即人不仅仅是部分的总和，应该被视为整体和完整的人类，将其应用于师傅的背景下，徒弟在与师傅一起工作时应该感到自在，做真实的自己。这包括关注徒弟生活、行为或现状等所有方面。积极心理学先驱 Mihaly Csikszentmihalyi 认为，人本主义的最佳功能要求人们"充分参与生活的每一个细节，无论是好是坏"。人本主义辅导像积极心理学一样，不寻求只强调积极而忽视消极或提倡享乐主义倾向。正如 Biswas-Diener 所指出的，人本主义师傅关注徒弟生活中的积极和消极两方面，以充分满足"整个"徒弟的需求。不管徒弟当前的问题或挑战是什么，这些都不是凭空发生的，而是在整个人和他或她的整个生活背景下发生的。因此，徒弟的问题不能以单维的方式处理（Stober，2006），因为其与整个人相关。如果有需要，师傅可以使用工具帮助徒弟更好地了解他或她真实的自我。人本主义培训中一个流行的活动是评估徒弟的优势，帮助徒弟找到更好地利用这些优势的方法（Biswas-Diener，2010）。一个常用的工具是彼得森和塞利格曼的 VIA（在行动中的价值观）实力衡量。该测试使用一系列自我报告问题来确定一个人的最大优势。师傅可以利用评估的结果帮助徒弟获得更好的自我意识，并鼓励他们创造性地利用自己的关键优势来解决当前的问题。这种专注于优点而不是缺点的观念，起源于彼得·德鲁克的商业和咨询领域，但直到近年来才随着积极心理学运动的迅速发展和普及而获得势头（Linley and Harrington，2006）。

人本主义指导的第二个关键组成部分是对积极和徒弟的幸福的关注。如前所述，人本主义心理学作为一个领域出现，很大程度上是对心理学主要关注基于病理学的方法的回应。因此，人本主义师傅关注徒弟的健康和积极情绪是建立在这一传统的基础上的。具体来说，与其讨论徒弟的痛苦来源或有功能障碍的领域，师傅可以促进关注徒弟的福祉和最佳功能（Joseph and Bryant-Jefferies，2007）。人文培训活动可能专注于帮助徒弟了解如何更好地照顾他或她（De Haan，2008），为了有更高的生活质量而建立更好的工作、生活平衡（Passmore，2006）。像积极心理学一样，人本主义辅导并不是单纯为了积极情绪而追求积极情绪，而是作为一种达到无数目的的手段。随着积极心理学研究的不断扩展，我们发现积极情绪与身体健康密切相关，如改善免疫功能，降低皮质醇水平，减少炎症发生的频率（Davidson et al.，2005），同时使人对逆境有更强的适应力和更有效的压力反应、更好的直觉、更广泛的关注范围、更强的创造力、更强的认知灵活性、更快和更准确的决策。综上所述，人本主义师傅的部分定义在于其对积极和幸福的关注，这已被证明对徒弟的工作和生活有积极的影响。

积极的改变最终是人本主义师傅的驱动力（Stober，2006）。除关注徒弟的幸福和积极的情绪外，人本主义辅导利用人本主义心理学的基础，强调人的成长、发展和潜能最大化。人本主义心理学的标志之一是自我实现的概念，即努力实现个人的最终潜能。自我实现是许多早期人本主义心理学家研究的一个关键因素。师傅的一个关键作用是促进徒弟的学习，以帮助他成长和发展（De Haan，2008）。然而，需要注意的是，师傅本身并不驱动徒弟的发展，而是帮助徒弟发现并利用他或她自己的内在动力来成长和发展（Biswas-Diener，2010）。师傅可以使用工具和活动来帮助徒弟了解完整的潜能或期望的最终状态。换句话说，徒弟可能没有完全意识到他们的理想自我或全部潜能真正是什么。通过使用像"最好的未来自我"这样的活动，师傅可以帮助徒弟确定他们的理想自我和理想的未来。如果徒弟已经意识到这一期望的最终状态，师傅可以使用谨慎的、发人深省的提问来帮助徒弟确定朝着这一目标努力的选项，并最大化他或她的潜力。

如果没有目标，成长、发展和努力发挥个人最大潜力将是不可能的。如果没有确定期望的最终状态，那么成长和开发可能是随机发生的，并且徒弟可能仅仅因为关注成长而看不到成长的意义。因此，有效的人文辅导依赖于明确的目标，其为徒弟的发展和积极的变化提供方向。在人本主义心理学的早期，Bugental（1964）将人的有意行为、目标导向以及意识到他们对未来事件的影响作为人本主义心理学的基本假设之一，将其应用到今天的人本主义师傅，表明师傅有责任促进徒弟目标的设定，以确保徒弟在头脑中有期望的最终状态，并确保徒弟充分意识到他们要控制自己的行为，可以有意地行动，以实现他们期望的最终状态或最大限度地发挥他们的潜力。研究表明，徒弟有明确的目标时，师傅可以促进目标设定和帮助徒弟使用反馈来衡量他们在目标上的进展。这里需要注意的是，师傅不应该确定或分配徒弟的目标，目标的确定必须来自徒弟内在，师傅可以有重要和积极的影响、这一过程中假设的立场，以及使用非指导性的方法。

个人成长、发展和积极变化的核心中固有的概念是，徒弟自己在自我发现和自我激励的变化过程中推动这种增长（Joseph and Bryant-Jefferies，2007）。因此，在这个人性化的框架中，师傅的角色就是促进者。在师傅的指导和支持下，徒弟应该在人性化的师傅参与中完成大部分工作（De Haan，2008）。徒弟必须认识到，成长和发展的能力只存在于他自己身上，这种积极的改变并不是师傅的"魔力"和卓越智慧的结果。培养这种如师傅是解决问题的"专家"的思想的师傅，通过鼓励一种对师傅的依赖感和剥夺徒弟的所有权利与知识的天赋，破坏了人本主义方法的价值。因此，有效的人本主义辅导并不依赖于一个自认为是专家或教师的"无所不知"的师傅，而是依赖于一个可以使用非指导性的技巧来促进徒弟自我发展的师傅（Joseph and Bryant-Jefferies，2007）。这种方法与认为徒弟有缺陷或受损的观点正好相反，在这种观点中，师傅可能会"工作"于徒弟，而不是与徒弟一起工作（Stober，2006）。非指导性指导的核心是启发仔细的、发人深省的解决问题的能力。师傅可以通过提问、积极倾听和徒弟的反馈来帮助徒弟设定目标、获得自我意识和洞察力，并探索实现目标的方法。通过促进而不是教导或讲述，师傅帮助徒弟有更强的信念、主人翁意识，并致力于在整个辅导过程中出现的目标和见解。为了使这一过程有效，师傅必须能够与徒弟建立并培养一种牢固而真诚的关系。这种指导关系是本章讨论的人本主义指导的最后一个关键主题或组成部分。

一种强有力的师徒关系可以说是人本主义师傅产生的基础。在人本主义方法之外，更广泛的指导文献一直强调师傅和徒弟之间的真实关系的重要性，以便有效地参与积极的结果。围绕有效师傅关系要素的讨论得出了一致的结论：师傅必须培养徒弟的信任，师傅必须采取行动，并对徒弟表示同情，师傅必须接受和积极尊重他们的徒弟，师傅必须是真实地在与徒弟互动，培养一种真正的关系。有效关系的这些组成部分几乎与 Rogers 在实践人本主义治疗的生产性关系讨论中所阐述的内容相同。具体地说，Rogers（1959，1963）强调了同理心、积极关注和真诚对于建立有效关系的重要性，反过来，也强调了促进积极变化的最佳氛围的重要性。

为了明确指导关系的这些关键组成部分的意义，我们给出了一些基本的定义。同理心不仅包括发现和理解他人情绪的能力，还包括设身处地为他人着想，本质上感受到他人的感受。这种能力对某些人来说可能很容易获得，但一些师傅可能需要努力开发这种技能。研究表明，同理心可以训练或培养。例如，如果一个人想要拥有一种同理心，他就需要培养一种同理心。虽然 Rogers 没有明确指出信任是人文治疗关系中的关键因素之一，但是有关师傅的研究一直认为信任对于有效的师傅关系来说至关重要。我们认为，同理心和真诚/真实都有助于建立信任，这可以被认为是综合其他基本因素的结果。师傅无条件地积极关注或能够不加评判地完全接受徒弟的本来面貌（Rogers，1959），这并不一定意味着师傅同意或认可徒弟的一切，但师傅能够尊重徒弟，不管徒弟说什么或做什么。这种行为对于鼓励徒弟将其"完整的自我"带入师傅的参与是至关重要的。为了培养一种有效的师傅关系，师傅必须能够全神贯注地倾听，不管徒弟的想法或行为如何。真实或真实性本质上是师傅的能力，即徒弟在师傅的背景下充分表现自己（Stober，2006）。正如徒弟被期望将他或她的整个自我带到师傅的约定中，师傅也是如此。只有向徒弟展示他或她真实的自我，师傅才能建立一种真诚而富有成效的关系。师傅公开和诚实地分享自己的想法和经验的能力有助于关系的真实性。从对师傅关系的讨论可以看出，师傅的行为和师傅创造的环境显然是人本主义师傅的基础。虽然徒弟将负责在有师傅参与中完成大部分工作，但是师傅——通过他的心态和行为为如何开展工作以及师傅参与是否会为徒弟带来积极的结果奠定了基础。在人本主义指导中，师傅的主要职责是运用必要的行为来培养一种富有成效的、真诚的关系（如团队合作），表现出同理心，接受徒弟或以积极的态度对待徒弟，并真诚地对待他或她的行为，并培养必要的技能和耐心，成为一个有效的非指导性的推动者，如知道如何提出好的问题，有很强的倾听技巧，抑制住教导、讲述或给予非请求建议的冲动。

综上所述，我们认为有六个关键因素促成了人本主义辅导的独特性：第一，徒弟乐于将其完整或真实的自我带入辅导活动中；第二，师傅关注的是积极性和徒弟的福祉；第三，师傅参与强调关注徒弟的成长、发展，并最大化激发潜力；第四，师傅帮助徒弟关注目标导向和意图行为；第五，师傅采用非指导性的方法；第六，师傅和徒弟之间建立起一种牢固而真实的关系。如前所述，人本主义辅导不需要孤立地进行，也不需要取代现有的实践，而是可以很容易地与其他辅导工具和技巧相结合。

二、问题的提出

有研究表明，护士的离职倾向对病人的健康和医院的长期稳定发展会产生影响。新护士的离职倾向通常大于资历较深的护士（Beecroft et al.，2008），实习第一年的护士离职在35%～60%（Halfer et al.，2008）。对于新护士的高流失率，医院需要采取一定的管理措施预防并解决人才流失的问题。组织承诺是个人对所属组织的目标和价值观的认同和信任，以及由此带来的积极情感体验。新护士缺少临床护理经验，护理技能有限，又必须承担照顾病人的责任，工作压力会带来离职倾向的产生。然而，研究表明，提高组织承诺能够减少新护士产生离职倾向（Lee et al.，2009）。因此，为了降低护士离职倾向，医院管理者亟须提高新护士的组织承诺。

师徒关系被界定为较有经验的人与经验较浅的人之间密切的互动关系。师徒关系已被用来帮助新员工进入并适应职场的制度。资深护士通过传授护理相关政策和程序帮助新护士熟悉工作，通过一起工作协助新护士增进技能，在工作过程中提供社会情感支持和角色榜样，是入职过程的关键组成部分。推行师徒关系有助于徒弟专业与个人方面的成长，如协助徒弟晋升、提供其达成目标的有效策略及提供徒弟展现能力的机会，无论是心理还是精神上的支持，徒弟均能从师傅身上获得协助。研究表明，与没有师傅的同龄人相比，有师傅指导的徒弟获得了更多的组织和职业利益。根据社会交换理论（Blau，1964），员工应该回报组织与师傅的指导（如通过增加承诺）。然而，关于师徒关系影响结果的研究：第一，大多关注了客观结果，如工资或晋升（Allen et al.，2004），而不是更内在的问题，如组织承诺。研究证明了组织承诺在降低员工离职倾向和离职方面提供了预测价值（Cheng and Chan，2008；Shim and Rohrbaugh，2011）。第二，大多关注了在私营公司部门中师徒关系的积极作用（Allen et al.，2004）。近些年，一些研究探讨了师徒关系的负面影响，如角色混乱、人际冲突、个人权利缺失、稀释组织文化（Carr and Heiden，2011）等。由于激励政策灵活性低和预算限制，公共部门师徒制的实施会由于流于形式或对角色外行为的责任心不强，导致师徒关系产生负面影响。师徒关系结果的不确定性可能会因医院作为公共部门的独特性质而放大。第三，尽管先前的研究表明师傅制与离职意向（Viator and Scandura，1991）和实际离职行为（Lankau and Scandura，2002）成反比，但是还不清楚在什么条件下师徒指导更有可能促进承诺。如果除师徒指导本身之外，个体寻求职业发展的倾向不明显，会发生什么？师徒指导足以带来期望的结果吗？社会交换逻辑还成立吗？尽管关于师徒指导和职业认知理论承认个体认知的重要性（Eva et al.，2020），但是研究人员也呼吁对认知因素所起的作用进行系统调查，如Dougherty 等（2010），有关这方面的实证研究仍然很少。在对新护士的师徒关系管理中的实证研究更为重要，因为责任大、任务重、经验少带来新护士对职业发展的可预测性降低，个体需要更加灵活地适应职业发展和工作变化，脱离个体对未来职业发展和自我管理倾向的关注。师徒关系的好处是有限的。

社会认知职业理论强调个人认知、背景和学习对职业选择行为的影响。易变职业生涯定向是个人通过自主地管理职业生涯来实现主观职业成功的一种倾向（Direnzo et al.，2015），具有自我导向和价值观驱动双重属性。职业乐观是个体对未来职业发展持最佳结果的期待和积极态度（Rottinghaus et al.，2005）。对自己的职业生涯持有乐观态度的个体对自身未来职业发展感兴趣，职业障碍对他们而言只是暂时的，他们倾向于为想象中的未来做好准备，并感到正走向职业成功（Haratsis et al.，2015）。职业乐观性高的个体倾向于根据自己的标准定义职业成功，并积极采取行动以达到这些标准（Direnzo and Greenhaus，2011）。

鉴于公共部门和私营企业的环境差异（Reid et al.，2008），本章研究旨在解决以下三个问题：①对护士而言，师徒关系是否会对组织承诺有积极影响？②师徒关系影响组织承诺的机制如何？③在什么条件下师徒关系更有可能促进组织承诺？因此，我们关注护士师徒关系对组织承诺这一主观结果的影响，探讨职业乐观在其中的中介作用，并挖掘护士易变职业生涯定向的调节作用。

（一）师徒关系和组织承诺

师徒关系是指师傅提供徒弟职业生涯发展、心理支持及角色楷模等回馈，据此促进资深师傅与资历尚浅徒弟之间的知识与经验交流，提升员工能力，为组织带来成长与获利机会，促使组织不断地成长。职业指导侧重于为徒弟的职业发展做准备，角色塑造侧重于传达适当的态度、价值观和行为，社会支持侧重于提供积极的关注和切实的帮助。根据社会交换理论（Blau，1964），员工被期望回报组织与监督指导相关的利益。组织承诺是指个人对特定组织的认同和参与程度（Porter et al.，1974）。员工组织承诺的前因包括与同事和主管的积极关系、反馈的机会以及与有效社会化代理人的互动。事实上，师傅经常作为徒弟的同事或主管提供反馈，并帮助被保护人适应组织的规范（Scandura，1992）。研究表明，师傅的指导能够使徒弟建立对组织的从属感、团体感，认为自己被组织接纳，师傅是组织与徒弟的中间人，能够增加师徒双方对组织的投入感。师徒关系本身就是一种交流关系，可以使师徒分别代表的两个部门之间的消息有所流通，师傅和徒弟对组织能产生紧密的情感联结。通过师傅的指导传递组织文化的价值、目的和传统，能够使徒弟增加对组织的认同感。基于以上分析，我们提出以下假设：

假设1：师徒关系正向影响徒弟组织承诺。

（二）职业乐观的中介作用

师徒关系的三个功能能够提高徒弟的职业乐观度。具体来说，职业支持的功能强调个性化的考虑和关注每个人的不同需求，师傅可以帮助徒弟获得更有用的技能和知识，给予的个性化关怀使徒弟能够尽快适应工作环境（Pellegrini and Scandura，2016）。社会心理支持的功能使徒弟获得师傅的接受和承认，对他们实现职业目标的潜力更加自信。师傅通过阐明一个有说服力的愿景，传达对徒弟高绩效的期望和信心。角色建模功能允许师傅作为徒弟的榜样，并通过传达他们的价值观、信仰、信心和自我牺牲来促进他们的发展。角色榜样可以展示师傅的魅力和理想化的影响，明确的目标通过榜样的价值观、行为和成就传递给徒弟（Chun et al.，2012）。

师徒关系强调师傅和徒弟一起学习的动态过程。在这个过程中，师傅和徒弟都可以体验到个人学习的结果，如人际关系的认知和获得、领导技能和能力的提升（Joo and Yu，2018）。职业乐观可能包含对有利结果的期望，即使可能会出现不利结果。职业乐观的人能够有效应对压力（Chemers et al.，2000）。职业乐观的个体在适应不确定的环境中会认为，尽管职业选择受到负面影响，但是个体曾经在组织中获得的成就和组织成员的接纳使其认为值得留在组织中（Brissette et al.，2002）。职业乐观的个体在实现职业目标上花费了更多的精力，由此他们会以更大的职业乐观感会维持这种努力，进而可能导致更大的组织承诺（Carver et al.，2010）。

师徒关系可以增加师徒黏性，从而让徒弟冷静地看待自己的成功，增加组织承诺。师傅与徒弟讨论并要求徒弟按时完成主要任务并提供咨询时，师傅创造了成功的愿景，激发了徒弟获得知识和技能的动力。当师傅强调学习新的解决问题的策略或创造性思维技能，并提供给徒弟具有挑战性的任务和咨询时，会激发徒弟的求知心，增加留住员工的机会。师傅为徒弟提供心理社会支持和指导，使徒弟更快地融入组织，适应工作和角色，对未来的职业发展充满希望，从而获得更高的组织承诺（Gong et al.，2020）。基于以上分析，我们提出以下假设：

假设2：职业乐观在师徒关系对组织承诺的影响中起中介作用。

（三）易变职业生涯定向的调节作用

新员工希望组织让他们参与决策，提供有挑战性和有意义的工作，支持技能发展，提供职业管理援助等（Roehling et al.，2000）。易变职业生涯定向（Baruch，2006）概念的流行进一步说明，员工通常将组织成员视为一种工具，通过他们可以实现有价值的个人目标。易变职业生涯定向是一种相对稳定的职业偏好，它重视自我导向，并根据个人的价值观（Li et al.，2019）来定义职业成功，具有自我导向和价值驱动的双重属性。自我导向强调个体在职业发展过程中的独立行为，而价值驱动导向强调个体内在价值在职业选择中的重要性（Briscoe and Hall，2006）。

易变职业生涯定向是影响员工职业发展和工作生活的重要因素。职业乐观度较高的个体有准备、愿意和能够适应不断变化的职业环境，并倾向于表现出更多的适应行为，如获得新技能和能力（Supeli and Creed，2016）。易变职业生涯定向高的个体往往会设定明确的职业目标，制订详细的职业规划，并根据自己的价值观选择职业，与他们的价值观相一致的职业更有可能让他们感到成功。具有高易变职业生涯定向的个体主观上寻求自我发展，并有强烈的意愿获得对职业选择有用的职业相关技能和资源，师徒关系作为外部资源的补充，其作用和影响较小。而易变职业生涯定向较低的个体，由于被动适应环境，难以面对变化的经济环境，职业发展路径不清晰，师徒关系多重功能为明晰职业发展路径提供较好的补充作用。因此，对于易变职业生涯定向低的个体而言，师徒关系更能够帮助徒弟降低挫折感，提高成功率与生产力，增强职业满足感，提升整体生活的幸福感，增加工作投入度与忠诚度，而师傅既可以帮助徒弟发展专业知识，也能够激发徒弟对某学科的潜在兴趣，并提供正确的挑战，引导他们发展自己的兴趣成为终身职业。

易变职业生涯定向与职业规划、职业目标发展密切相关。具有高易变职业生涯定向的个体会急于找到符合自己价值观的职业发展机会，而不是符合组织的价值观。Li 等（2019）发现，易变职业生涯定向高的大学生对职业相关信息和资源的获取意愿较强。高易变职业生涯定向的人倾向于用自己的标准来定义职业成功，并采取行动来满足这些标准，有更大的职业抱负，因此他们倾向于主动寻找更合适的工作环境就会削弱对组织承诺的积极作用（Supeli and Creed，2016）。基于以上分析，我们提出以下假设：

假设 3：易变职业生涯定向对师徒关系和徒弟职业乐观之间的关系具有调节

作用，相对于易变职业生涯定向高的徒弟，当徒弟易变职业生涯定向较低时，师徒关系对徒弟职业乐观的积极影响更大。

三、研究方法

（一）研究设计

本书以中国 371 名一线护士为样本，采用横截面设计进行研究。根据方便取样的抽样方式，以实施师徒关系制度的医院为数据采集的地点，采用整群随机抽样程序，以获取有代表性的样本。

（二）样本

样本来自中国河北省、山东省、陕西省的七家地区综合医院。研究选择接受本单位师傅指导至少一个月的实习护士或正式护士为徒弟样本。研究最终获得有效问卷 371 份，符合统计功效标准（多于 136 份），有效率为 82%。样本年龄为 30.78±9.53 岁，其他信息如表 2-1 所示。

表 2-1　被试人口统计学状况

变量	类别	人数	百分比（%）
性别	男	43	11.6
	女	328	88.4
学历	高中及以下	92	24.8
	专科	46	12.4
	本科	190	51.2
	研究生	43	11.6
工龄	5 年及以下	218	58.8
	6~10 年	42	11.3
	11~15 年	44	11.9
	16~20 年	27	7.3
	21 年及以上	40	10.8

（三）变量测量

本章研究共涉及 4 个变量，分别是师徒关系、职业乐观、易变职业生涯定向和组织承诺，4个变量均采用李克特（Likert）5点量表来测量，其中，1代表完全不同意，5代表完全同意。

（1）师徒关系。采用 Hu 等（2011）修订的师徒关系问卷，包括职业生涯指导、心理社会支持和角色榜样3个维度，共9个题项，如"我的师傅为我的事业倾注了时间和精力"等。师徒关系的 Cronbach's α 为0.955。

（2）易变职业生涯定向。采用 Briscoe 等（2012）开发的包括14个条目的量表，其中8个条目测量自我导向职业生涯定向，6个条目测量价值观驱动职业生涯定向。总体量表内部一致性系数为0.978。

（3）职业乐观。采用 Rottinghaus 等（2005）编制的11个条目的职业乐观量表。样题为"我渴望达到我的职业理想"，内部一致性系数为0.962。

（4）组织承诺。采用 Mowday 等（1982）开发的工作承诺量表简化版，共包括9个条目，该量表内部一致性系数为0.980。

（5）控制变量。本章研究还将员工的性别、年龄、工龄和教育水平等人口统计学变量归为控制变量而在统计中予以控制。

（四）数据收集

在问卷调查之前，先征得医院的同意，再告知符合条件的受访者调查的目的、意义，告知受访者被调查的自愿性和匿名原则，研究结果对外保密且只用于科学研究。问卷作答在工作时间完成。调查研究之前，研究者获得了大学伦理委员会的批准。

（五）数据分析

研究利用 Mplus 软件对变量进行验证性因子分析，应用 SPSS 24.0 进行描述性统计分析、相关分析、中介分析和调节分析。数据以 $p<0.05$ 为标准评估显著性水平。

四、研究结果

（一）变量区分效度检验

为了检验变量间的区分效度，本章研究使用 Mplus 软件对师徒关系、易变职业生涯定向、职业乐观和组织承诺进行验证性因子分析。由表2-2可知，相较于单因子、双因子和三因子模型，四因子模型拟合效度最为理想，这表明研究模型中涉及的四个变量具有良好的区分效度，是相互独立的。

表2-2　各测试模型的验证性因子分析结果

模型	χ^2	df	χ^2/df	CFI	TFI	RMSEA	SRMR
四因子（ST，YB，LG，CN）	37.112	21	1.767	0.996	0.993	0.035	0.013
三因子（ST+YB，LG，CN）	386.313	24	16.096	0.908	0.862	0.155	0.093
双因子（ST+YB，LG+CN）	586.280	26	22.549	0.857	0.802	0.185	0.130
单因子（ST+YB+LG+CN）	1058.642	27	39.209	0.737	0.650	0.246	0.117

注：n=371；ST=师徒关系，YB=易变职业生涯定向，LG=职业乐观，CN=组织承诺。

（二）描述性统计与相关分析

相关变量的均值、标准差和相关系数的分析结果如表3-3所示。由表3-3可知，师徒关系和职业乐观（r=0.64，p<0.01）、易变职业生涯定向（r=0.53，p<0.01）、组织承诺（r=0.56，p<0.01）呈显著正相关关系；职业乐观和组织承诺呈显著正相关关系（r=0.49，p<0.01）；易变职业生涯定向与职业乐观呈显著正相关关系（r=0.66，p<0.01）。

表2-3　变量的均值、标准差和相关系数

变量	均值	标准差	1	2	3	4	5	6	7
1. 性别	1.75	0.43	—						
2. 年龄	30.78	9.53	-0.10	—					
3. 学历	2.50	0.99	0.11*	-0.57**	—				
4. 工龄	2.00	1.40	-0.08	-0.75**	-0.38**	—			
5. 师徒关系	3.44	1.01	-0.01	-0.12*	0.21**	-0.14**	—		
6. 职业乐观	3.64	1.04	0.05	-0.06	0.11*	-0.09	0.64**	—	
7. 易变职业生涯定向	3.79	1.01	0.10	-0.22**	0.14**	-0.26**	0.53**	0.66**	—
8. 组织承诺	3.35	1.19	0.06	-0.01	0.12*	-0.1	0.56**	0.49**	0.42**

注：n=371；*代表p<0.05，**代表p<0.01。

（三）直接效应和中介效应分析

表2-4直观地展现了中介效应分析的结果。从表2-4可以感知师徒关系到职业乐观的直接效应是显著的正向影响（b=0.67，p=0.00）。另外，职业乐观与组织承诺之间也存在显著的正向关系（b=0.25，p=0.00）；师徒关系与组织承诺的直接效应存在显著的正向关系（b=0.49，p=0.00）；师徒关系通过职业乐观影响组织承诺的中介效应为0.17（置信区间为［0.08，0.28］），置信区间不包含0，因此中介效应显著。

表2-4 中介效应的回归分析结果

效应	结果变量	非标准化系数	标准误	t值	p
师徒关系到职业乐观的直接效应	职业乐观	0.67**	0.04	15.74	0.00
职业乐观到组织承诺的直接效应	组织承诺	0.25**	0.06	4.05	0.00
师徒关系到组织承诺的直接效应	组织承诺	0.49**	0.07	7.37	0.00
师徒关系到组织承诺的间接效应	组织承诺	0.17**	0.05	0.08	0.28
师徒关系到组织承诺的总效应	组织承诺	0.66**	0.05	12.61	0.00

注：n=371；*代表p<0.05，**代表p<0.01。

（四）调节效应分析

研究还检验了易变职业生涯定向调节感知到师徒关系对职业乐观，进而在激发组织承诺的过程中起中介调节作用。从表2-5的左半部分的结果可以看出，当易变职业生涯定向低于平均数一个标准差时，师徒关系通过职业乐观影响组织承诺的间接效应为0.49（置信区间为［0.39，0.59］），而当易变职业生涯定向高于平均数一个标准差时，师徒关系通过职业乐观影响组织承诺的间接效应为0.34（置信区间为［0.23，0.44］）。由于调节变量高值和低值时置信区间都不包含0，因此结果表明易变职业生涯定向这个调节变量对师徒关系的感知通过职业乐观对结果变量组织承诺的间接效应是显著的。师徒关系和易变职业生涯定向的交互项对职业乐观的效应显著（b=-0.08，p<0.01），说明易变职业生涯定向在师徒关系与职业乐观之间起调节作用。

表2-5 有调节的中介效应分析

结果变量	条件间接效应				有调节的中介效应			
	调节变量	效应	标准误	下限	上限	判定指标	标准误	下限	上限
组织承诺	低值	0.49	0.05	0.39	0.59	-0.02	0.01	-0.04	-0.01
	高值	0.34	0.05	0.23	0.44				

为更好地判定是否存在有调节的中介效应，除依靠条件间接效应的分析外，从表2-5的右半部分可以直接看出，易变职业生涯定向对师徒关系影响组织承诺的间接效应存在调节作用的判定指标为-0.02（置信区间为 [-0.04，-0.01]）。由于置信区间不包含0，因此有调节的中介效应是显著的。

为进一步分析易变职业生涯定向如何调节师徒关系与职业乐观之间的关系，进行简单斜率分析，绘制出基于不同的易变职业生涯定向对师徒关系与职业乐观的调节效应。如图2-1所示，对于易变职业生涯定向低的群体（低于平均值1个标准差）来说，师徒关系对职业乐观的影响较为明显，而对于易变职业生涯定向高的群体（高于平均值1个标准差），这一关系明显较弱。因此，相对于易变职业生涯定向低的员工，当易变职业生涯定向高时，师徒关系对职业乐观的积极影响大。

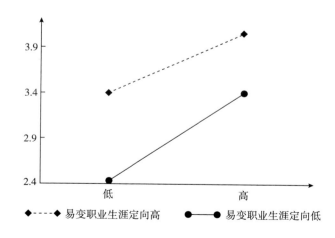

图2-1 易变职业生涯定向对师徒关系与职业乐观关系的调节效应

五、讨论

本章研究对师徒关系和组织承诺关系的考察，不仅有助于明确师徒关系对组织承诺的影响路径，还能解释师徒关系积极效用不稳定的原因。研究结果表明，师徒关系通过徒弟职业乐观对组织承诺产生影响，易变职业生涯定向在师徒关系对职业乐观的影响中起调节作用。

本章研究假设均得到支持。第一，师徒关系对徒弟组织承诺有正向影响（假设1）。与以往研究一致，研究结果支持了师傅作为组织内部知识传递和延续的重要来源，能够为新员工职业生涯发展、完成组织目标提供协助，继而提高徒弟组织承诺（Ghosh and Reio，2013）。保持高水平的组织承诺也很重要，因为它与员工流动、迟到和旷工成反比，与工作动机和投入、工作中的亲社会行为、组织效率和效力成正比（Mathieu and Zajae，1990）。一方面，处于师徒指导关系中的徒弟能够更好地理解组织目标和接受组织，愿意为组织付出相当大的努力，并有保持组织成员资格的强烈愿望（Mowday et al.，1982）。另一方面，师徒指导在组织变革和发展中扮演着重要的角色（Wilson and Elman，1990）。例如，研究发现，当组织发生变化时，师徒关系可以提高员工的生产力（Silverhart，1994），适应重组的工作环境（Eby，1997），并减少工作角色压力（Allen et al.，1997；Rigsby et al.，1998）。Ghosh 和 Reio（2013）研究发现，提供辅导与主观结果，如工作满意度、组织承诺、工作绩效和职业成功，存在正相关关系。

第二，职业乐观在师徒关系对徒弟职业承诺影响中起中介作用（假设2）。正是由于师徒关系通过职业生涯功能、心理社会功能与角色楷模功能协助徒弟的职业生涯发展，因此除提升徒弟的专业知识与技能之外，更重要的是协助徒弟融入组织情境，并提供升迁的机会，其提高了徒弟职业乐观程度。以往研究也表明，成功的师徒关系可以帮助徒弟学习组织规则，并且提升生涯满意度，同时增加徒弟的薪酬，建立其在组织中正面的影响力，进而降低离职率。没有师傅指导的员工，容易缺乏对组织与产业的了解和对职业生涯规划的方向，并且因为没有得到支持而缺乏正向工作情绪，对组织与工作的满意度较低。与以往关于职业乐观的元分析类似，职业乐观高的个体能够体会更高的工作满意度，进而增加组织承诺（Eva et al.，2020）。个体对实现职业成功所带来职业乐观是由于投入的大量精力而来，为了得到更高的职业乐观就需要维持或进一步投入精力。职业乐观个体自身的乐观魅力及其对社会交往的需要，能够增加其工作归属感，进而促进组织承诺的提高（Carver et al.，2010）。

第三，易变职业生涯定向在师徒关系对职业乐观的影响中起调节作用（假设3）。易变职业生涯定向削弱了师徒关系对职业乐观的积极影响，这一结论为师徒关系积极结果不稳定提供了依据。以往研究表明，易变职业生涯定向对求职行为具有促进作用（Shen and Hall，2009）。根据易变职业生涯定向的本质，相比于具有传统生涯定向的个体，有较高易变职业生涯定向的个体有更大的职业抱负，他们倾向于主动地寻找更合适的工作环境，往往表现出较高水平的职业探索行为（Shen and Hall，2009），他们的离职倾向也会较大（Supeli and Creed，2016）。以往关于易变职业生涯定向和职业乐观之间存在负向关系的研究主要聚焦于新员工，之所以较高的易变职业生涯定向会让他们对职业给出较为负向的评价，是因为大多数年轻人还处于职业生涯初期，受到职业经验、经济压力等多重条件的限制，无法在初入职场时就能选择到符合自己价值观的职业（Supeli and Creed，2016；Volmer and Spurk，2011）。

本章研究的理论意义在于，发现了师徒关系能够激发徒弟职业乐观并提高组织承诺的路径，验证师徒关系的积极效用，突破以往研究多考虑徒弟客观结果的范围，探讨了对主观结果的影响。易变职业生涯定向作为师徒关系影响职业乐观的调节变量，为师徒关系积极效用不稳定结果提供了解释。尽管易变职业生涯定向有助于解释在当今职业环境中员工为何倾向于自主地对其职业生涯进行规划与管理，但是易变职业生涯定向的个体更容易选择频繁的职业流动而放弃沿着组织阶梯逐日益稀缺的向上晋升机会（Briscoe and Hall，2006；Direnzo et al.，2015）。易变职业生涯定向效应的两面性为解释师徒关系不稳定的积极效用提供新的视角。

（一）实践意义

本章研究的实践意义在于研究结果为发挥师徒关系的积极效用提供了新的视角，对护理部门的新员工和医院的持续发展而言具有重要意义。在医院师徒关系的建设中，师傅应该给予徒弟高质量的反馈，改善反馈环境，减少权力距离，提高师徒的默契和信任，培养共同学习目标导向，从而带来建设性和创造性的结果（Harrison and Rouse，2015）。研究表明，心理授权对发挥易变职业生涯定向的积极效用、约束消极效用有重要影响。因此，在不确定的就业环境和职业发展背景下，提高心理授权尤为必要。医院应该提供护士发挥能力的空间，增加提高团队合作能力的机会，明确定义护士工作和权力的范围，赋予护士做出决策的权限。医院管理者应该清晰地传达医院的愿景以及团队及其个人如何为愿景做出贡献，使员工了解他们的贡献正在发挥作用，从而赋予他们权力。护士的领导应该能够接受新护士以不同于领导或同事的方式完成任务，避免进行操作流程上的细微管理，为护士提供必要的资源并鼓励其反馈、建言和咨询。

从实践的角度来看，意义创造被认为是指导对话中导向的要素。意义生成整合了现象学和社会建构主义的两条理论路线。在实际的对话中，这两条路线形成的线索是交织在一起的。对于第一个路线，师傅干预的重点在个人经验和个人意义的制定。师傅可以帮助徒弟把话放在这个隐含的维度上。从一个主要的现象学的观点来看，意义是在体验和作为符号的东西的相互作用中形成的。这种象征通常采用口头形式（最好是通过隐喻）表达，但也可以通过其他方式表达，如绘画、戏剧动作或写作。与师傅一起，徒弟努力理解他们的主观现实或他们的主观经验。他们关注的是他们存在的隐含的、具体的维度。作为对话的起点，为了更好地理解他们的思想、感受和行为，师傅们研究特定活动的详细描述，并叙述他们当时的感受（Gendlin，1997）。Gendlin（1997）将感觉定义为一种对特定情况、事件或个人的内在感觉或身体感觉的形式。但这种感觉往往是前反思的，即潜意识，而不是口头的。师傅敏感的提问帮助徒弟接触到他们存在的这些隐含的、具体化的、潜意识的维度。但是这种形式的探究仍然是一种挑战，因为很难找到描述个人和具体体验的词汇。Stevens（2000）提到，这取决于人们在谈论他们的经历时的表达能力、技巧和表达能力。史蒂文斯面临的另一个挑战是，使用的词汇涉及说话者和听众的语义集合的扩散网络。这意味着说话者和听者必须共同创造他们的意义世界。表达经验的最佳方式之一是通过隐喻（Stelter，2007）。有研究从叙事的角度讲述了对缺席但又隐含的事物的重新审视，从而强调了个人意义创造的重要性。他的想法是把那些被遗忘的经历和情节联系起来，用一个比师傅在训练开始时讲述的故事更令人振奋的故事线把它们串联起来。例如，通过重新审视缺席但隐含的现实，通过记住一个人在第一学年的老师的重要性，师傅有机会根据他们的文化背景和生活史来重新讲述和丰富他们的故事。这个机会可能会引导他们修改故事情节，并以一种新的方式加入事件，从而导致创建一个更令人振奋的故事情节和一个积极的、令人鼓舞的现实。

在意义创造的第二个路线中，其与实际指导对话中的第一个路线相结合，重点是社会共同构建的现实。这个建设性的过程发生在师傅和师傅之间的对话上，但更重要的是在一组师傅之间的对话上。在师傅对话中，社会意义是在两种不同的语境中形成的，师傅和徒弟在对话中共同创造意义（基于问题、反思或相互回应）。此外，师傅可以重新解释成为师傅对话焦点的情况和事件，让师傅和师傅一起创造新的故事。在理想情况下，师傅意识到他们的立场和观点存在于许多可能性中，并且只提供一种世界观。因此，在谈判过程或社会话语中，保持开放的心态和好奇心，看看别人是否以不同的方式看待这个世界，或者他们如何看待事物，是非常有帮助的。他人的观点可能会激发个人的成长或职业成长。对话是由师傅通过一种被称为局外人见证的干预形式发起的。在小组辅导中，旁观者通过从他们的角度表达什么是重要和有价值的来反思对话的参与者。他们的立场可以帮助师傅从一个新的角度来看待某些挑战或事件。在一对一的辅导中，师傅既是反思的伙伴，也是见证。从这个意义上说，我们不难发现，师傅和师傅之间存在一种对称关系。某种意义创造的社会维度来自社会建构主义者和叙事心理学家，他们认为现实是在一个共同行动的过程中、在社会和语言的话语中形成的。这种话语形式由语句和其他言语结构的集合组成，在特定的语境中，这些构成了有意义的语言系统发展的基础。在这些话语中，知识、理解和概念的形成符合社会背景下的接受，并验证了背景本身。师傅与徒弟之间或不同徒弟之间的话语的一个中心方面是价值和意义的共同创造：哪些价值是中心的和有意义的？我们为什么要做我们所做的事情？我们能不能做一些不同的事情，使我们的活动更有趣、更有效，或有利于我们表现？师傅的问题或其他人的贡献——无论是单独的还是集体的，可以丰富对话中每个参与者当前的现实，从而为新的意义和新的可替代的叙述的展开创造空间。正是通过语言和行为上的相互联系，我们才创造了意义和不断变化的社会现实。

意义和身份问题对所有师傅都很重要，甚至是基础性的，而且这些话题在所有师傅的某个时候都会涉及。在变革和转型的关键时刻，个人和群体都会出现意义和认同问题：当有结束或新的开始时；当一个人或一个团队似乎陷入困境，无法前进、达到目标或富有成效时；当新的资源、人、机会或方向出现时。

（二）讨论

以下简要回顾了相关文献，讨论了个人和团队对意义和身份的指导以及处理意义和身份问题的资源、工具和指导考虑。

对自我的研究在社会学中有着悠久的传统，自我是一种在社会活动和经验背景下发展起来的社会结构，在这种背景下，我们只能通过想象别人对我们的看法来了解自己。最早的同一性理论之一是由埃里克森提出的，他区分了自我同一性（把一个人和另一个人分开的自我个人差异）和社会同一性。在这些早期理论的基础上，社会学家发展了符号互动视角，认为自我是由他人通过交流和互动建构的（Blumer，1969；Denzin，1992；Garfinkel，1967；Glaser and Strauss，1967；Goffman，1959；Rosenberg，1981）。Goffman（1959）使用符号互动模型来研究社会环境中的人际互动，并分析日常生活中以及工作场所和学校等组织结构中的面对面互动。他利用戏剧模型来分析我们如何保持一种能够被社会和经济力量所接受的自我形象。符号互动主义模式因过于依赖日常互动而受到批评，也因对发生这些互动的更大社会背景关注不够而受到批评（Callero，2003）。职位被定义为社会结构的要素。当社会角色的意义被内化时，它们被认为已经成为自我和身份的一部分（Stryker，1980）。家庭系统治疗师和精神病学家借鉴了格雷戈里·贝特森（Bateson，1972）的控制论理论和其他传统，采用了类似的观点，将人视为更大系统的成员而不是孤立的。社会心理学家将重点转移到社会角色和社会认同的研究上（Gubrium and Holstein，2000；Stryker and Burke，2000）。社会认同理论是由 Tajfel（1974）提出的，他坚持认为理解群体间冲突、偏见和歧视的关键在于个体的社会认同，而不是个人的人格或态度缺陷。人类学研究跨文化地研究了相当多不同的自我和身份概念，并探索了它们如何为个人的自我塑造和处理嵌入在各种社会系统和角色结构中的冲突的能力提供不同的理想（Geertz，1973；Lock，1993）。身份对人类学家来说变得很重要，特别是在 20 世纪 70 年代种族和社会运动出现的时候。近年来，身份与形象已成为组织研究的中心课题。学者们写过关于个人与组织身份、身份威胁、组织形象与身份认同、适应和成员承诺等方面的文章。他们探索了一个人的自我概念是如何由其在职业和工作组中的成员资格以及其成员资格的知识/意识形成的。某些指导方法在很大程度上建立在身份和意义上，如叙事指导、本体论指导和格式塔指导（Bluckett，2011）。当一个组织的集体认同受到重大事件的挑战，如监管变化、竞争举措、兼并或收购导致的结构变化，或更大的事件，如经济萧条时，组织吸引力变得显而易见。随着基于组织的角色数量的增加，以及组织的变化速度加快，角色转换变得越来越重要。每个角色都有一个不同的身份，一组价值观、信仰、规范、互动风格和时间范围。在传统上，组织认同被定义为独特和持久的，但有证据表明，组织认同是动态和流动的，认同的持久性有些虚幻（Gioia et al.，2000）。连续性对组织是必不可少的，但它们也必须迅速适应不断变化的环境。同一形象的差异暗示了两个主要的选择：改变我们看待自己的方式，或者改变别人看待我们的方式。通过帮助成员放松或否定与当前组织身份的联系，降低当前组织身份的价值，或在一组新的限定参数（有限的、具体的和基于角色的）内促进个人工作自我意识的改变，可以促进重大转变（Gioia et al.，2000）。身份是个人被赋予（或他们以前被赋予）的社会角色和个人在其在更大社会组织中所扮演角色的约束下所做选择的产物。人们可以在三个相关的层面上探索思维。个人认同是对个人目标、价值观和意义、长处和短处、个性、动机、职业道德等的自我探索。这也被克拉克等作家称为"个人品牌"。组织中的另一个身份级别是团队，包括团队成员和领导、协作和竞争。群体认同不仅仅是个体在群体中的身份组合，每个群体都有一个从其在组织中的功能和表现中衍生出来的身份。此外，师傅必须考虑个人和团队的文化认同因素。性别、种族、世代、阶级和多元文化背景在工作场所的领导力和个人效能方面发挥着重要作用，在跨国或全球公司的复杂环境中更是如此。文化身份是更大的背景力量的产物，包括种族、社会阶层、肤色、陈规定型观念，以及人们被文化适应的社区的社会背景和现实。文化认同也可以与组织文化联系在一起，组织文化是一组期望和（通常）不成文的规则，它们支配着组织中的行为。作为实体的公司和作为个人的人有某些共同的特征，随着时间的推移，他们会发展出塑造他们的哲学和激励他们行动的个性。要想取得成功，个人和团体需要意识到并适应他们工作的组织文化。

师傅的目标或挑战有三个方面：第一，要完全了解徒弟的身份；第二，帮助徒弟探索他们的个人、群体和文化身份，并使他们与组织身份保持一致，以提高个人和职业绩效；第三，帮助徒弟根据组织和商业环境的变化调整他们的身份。通常，高管们面临的最大挑战之一是接受他们可能不得不改变他们自认为是自己身份的部分。人们体验自己身份的方式与从外部感知自己身份的方式之间也可能存在差异。师傅必须帮助徒弟认识到这些差异，并探索有关这些经验和看法的潜在焦虑和担忧。Bluckert（2011）认为，反思性的辅导方法，如存在主义辅导，对解决这些问题特别有帮助。心理测量评估，如多等级反馈，对于帮助徒弟了解他或她的自我形象和他人的感知之间是否存在差距也很重要。

指导个体的意义和身份问题很重要。身份识别工作可以作为一个管理者在组织中的适合性问题，或者在过渡到一个新角色时出现。身份认同也可以在职业发展和高管在场工作中发挥作用。我们将讨论辅导对人们看待自己和发展自我认同的贡献。此外，还将探讨针对个人意义的辅导：人生目标、价值观和满意度。如果经理的表现没有达到预期，可以邀请执行师傅进入组织。在这里，辅导成为一种"补救"工具，通过消除无用的行为模式来提高绩效和效率。高管培训流程也可能是继任规划流程或高管发展计划的一部分。在这些情况下，会聘请一名师傅，帮助高管在当前工作中更有效地发挥作用，或为未来的职业职责做好准备。在每一项作业中，都有一些方面与被指导者的身份和意义有关，师傅应该探索这些方面。师傅运用一套技巧来提高徒弟提升自我意识的效率，并探索个人发展的模式。巴赫-基洛娃（2012）探讨了其中一些发展主题。然而，师傅在与高管客户接触时使用的一些方法和工具也值得探讨。许多师傅还使用结构化工具，如Myers-Briggs 类型指标（MBTI）和加州个性调查问卷（CPI），记录他们的被指导者的信念、价值观、假设、性格特征、优势和劣势、精神和情感智商，并评估他们的能力、潜力和远见（或是否缺乏这些）（Passmore，2008）。多等级或"360度反馈"评估也是重要的工具，用来让被指导者了解他们是如何被感知的（Morgenson，2005）。这些工具还为师傅提供了有用的见解，帮助他们反思自己是谁，以及如何学习和与他人交往。心理动力训练和组织角色分析（ORA）起源于 Tavistock Institute 和 A K Rice Institute 模型关于群体关系教育和培训的传统，其中权威、责任和角色的分析以及开放系统理论和心理动力学的结合，是方法和应用的突出特点。组织角色分析受 W. R. 思维模型以及 Bion（1959）和他的《小组经验》与其他论文的影响。他的理解群体的心理动力学模型强调了工作群体的并行过程。Bion 的假设是群体在两个层面上运作；有意识和无意识。在群体活动的显著层次上是群体的任务，即群体的目的或使命；在群体活动的潜在层面上，存在着战斗逃跑、依赖和配对（或乌托邦）三个基本的潜在假设。该模型为分析人员、顾问、师傅和辅导员提供了对群体心理学复杂性更丰富和更深入的理解。例如，可以观察到，群体聚集在一个领导者身后，与某个指定的替罪羊或敌人作战或逃跑；人们注意到，团队出现在领导者的身后，其成员集体认为，他们可以依靠并感到安慰和安全，跟随他或她的领导；人们还注意到，在群体内部，个体成员常常被成员的配对所吸引，与令人不安或失望的现状相比，这些成员为成员提供了希望和一种更美好的未来的感觉。这些是 Bion 的基本假设，在某些情况下支持工作组的主要任务，而在另一些情况下，则与徒劳的、破坏性的、心理退化的心理动力相矛盾或将工作组拖入其中。《深度辅导：组织角色分析方法》一书提供了一系列关于 ORA 的理论和实践的论文。实践者通过扩展他们对基本假设的认识来强调保持角色和任务的价值。ORA 的许多支持者声称，这种方法旨在关注角色，而不是个人的性格。因此，ORA 是一个澄清组织内部角色的过程。这是一个同行驱动的调查，关注工作问题和角色表现的系统维度。这是一种心理动态的方法，帮助被指导者检查发现、创建和承担组织角色的动态过程。组织角色分析关注角色中个人的心理和社会压力之间的相互作用，通过顾问帮助被指导者识别他或她心中的组织，并根据系统的目标进行测试。这是一个指导的过程，其深入探索组织如何成为一个被指导者内心世界的对象，这与来自童年经验的权威结构纠缠在一起，并通过使用 ORA 过程中的工作图纸进行访问。角色似乎是由性格塑造的，因此我们可以想象到组织角色之间的冲突和矛盾关系。人们可以预期，外部组织面对归属感、从属关系、适应性和遵从性的需求与内部个人对独立性、自主性、自我认同和真实性的需求，会经常出现紧张（Diamond，1991）。

（三）研究局限和未来研究展望

虽然本章研究具有一定的理论和实际意义，但是也应该注意到研究过程中受一些因素限制而存在不足，争取在后续研究中加以完善。该项研究的样本数量有限且是横截面设计，变量之间的因果关系应该更谨慎对待。目前大多师徒关系研究主要依靠横向实地研究。根据 Allen 等（2008）的研究，96% 的研究采用了现场设置设计，只有 5.1% 的研究采用了实验设计。此外，就数据范围而言，在收集数据的 176 项研究中，90.9% 的研究采用了横断面设计，即在某一时间点收集数据，因此，迫切需要进行更多的实验和纵向研究，以确定师傅指导和结果变量之间的因果关系。在未来的研究中，应该尽可能扩大样本数量和被调查者职业的多样性，注意时间跨度以及使用纵向或实验性的研究设计来建立变量之间的因果关系。

传统师徒合作学习除随机分组外，还习惯根据学习者个人特征（如思维风格、性别等）进行同质分组或者异质分组。无论何种标准分组，传统师徒配对成员一般维持不变，即所谓静态分组。然而，学习者的学习状态不是一成不变的。研究表明，静态分组可能会造成指导内容固化和合作倦怠的问题（Garg et al.，2022）。以往大多数研究主要关注师徒的构成，较少关注其动态变化（Garg et al.，2022）。静态配对忽略了小组成员之间水平的异质性和学习程度的变化。因此，师徒构成必须进行不间断的检查，必要时应加以调整。研究发现，采用动态分组（如互动协作小组、机遇性协作）可以显著增加小组的集体认知责任和学习收获，弥补静态分组的不足（Garg et al.，2022）。2021 年诺贝尔奖获得者 Giorgio Parisi 发现，对一个团体而言，最智能的状态应该是某种"团结紧张"的状态，临界的特征对反向师徒制中的个体来说有着重要的意义。包括师徒沟通不畅在内的现实工作、生活的各种问题会从各个方向挑战甚至打破既有的反向师徒关系。为了更好地适应时代发展、解决沟通的难题，组织中个体需要灵活应变地作出动态调整和选择反向师徒关系，这种特性能够帮助个体保持在最佳的工作状态，即达到稳定性与可塑性的最佳平衡。从技术角度看，动态分组高效的优化分组算法因有助于解决分组的多目标优化问题而备受关注。算法优化可以对信息共享并促进群体发展进行模拟，既能保持稳定性，又能保证个体的信息在群体中有效地传递。在积极应对老龄化背景下，社会越来越重视对各个世代知识的开发、收集、储存、分析、获取、传递、共享过程的管理。优化算法利用人的合作策略将组织分工思想应用到粒子上，为粒子分配不同的角色。在反向师徒指导过程中，师傅和徒弟都是学习者，他们相互协作，共同学习。在动态学习的环境中，每个小组中的个体都在不断变化，以发展更好的学习能力。将优化算法应用到反向师徒制中可以为动态调整反向师徒配对解决如下问题：①确定动态分组策略，包括分组标准、触发条件和调整频次；②挖掘师徒特征属性，动态调整策略，根据徒弟特征属性或偏好建立师徒特征的关联，把符合偏好的相似属性的师傅推荐给徒弟；③制定个性化学习方案，根据徒弟的学习偏好和学习需求，推荐个性化学习路径和符合认知水平的学习内容。受上述研究的启发，本章研究着重探讨基于动态调整指导的反向师徒制，以探究反向师徒制动态调整效果优化的方案，为管理实践提供实证支撑。

在当今的商业环境中，全球化、技术进步、复杂的跨国组织、更频繁的跨国和公司边界合作等诸多因素促成并加速了变革。IBM的一项研究声称："变化是新的常态。"公司有不再期望日常操作能够保持静态或可预测的模式，这种模式会被短暂的变化打断。"实际上，新的常态是持续的变化，而不是没有变化。"大多数组织都承认变革是一个持续的过程，它会影响组织变革的方式。在组织变革过程中，意义和身份问题占据中心地位。无论变革是并购、裁员、推出新产品，还是进军新市场，意义和身份问题都是首先需要解决的问题。在并购过程中，一个组织的身份需要澄清和重新表述，意义问题转化为组织愿景和使命，两者都需要被新的、更大的群体理解和采纳。在裁员过程中，公司必须解决诸如这样的问题："我们现在失去了百分之一的员工，那我们是谁？""这对我们的品牌、我们在业界的声誉以及我们保持生产和确保客户满意的能力来说，意味着什么？"后一个问题很重要，它是解决当组织冒险进入新的领域或地区，也有新的利益相关者和新的文化时要考虑的问题。在组织变革过程中，辅导是帮助解决这些问题的宝贵资产。高管教练经常与那些组织正在经历变革的领导者合作。指导支持意义和身份的一个重要方式是帮助领导者评估和传达组织品牌或使命的变化。这项基本工作必须在发生任何类型的组织变革时完成，以确定组织先前的身份和意义（使命和愿景）是否仍然适当和强大。教练还帮助领导者定义和实施变革管理战略，并结合项目成功的最佳实践，解决转型对员工和团队成员的心理影响问题。有四个与意义和身份辅导相关的关键重点领域，直接支持领导者应对组织变革：

第一是帮助领导者评估或重新评估组织的意义和理念的任何变化，这包括支持领导者制定和阐明新的身份和意义（使命和远景），并帮助组织成员采纳，因为这与他们的行为和专业职能有关。通常，这意味着帮助组织成员脱离先前的愿景和使命，以及与之相关的行为，并以一种有意义的方式重新构建新的组织身份，这种方式直接与他们的专业角色联系在一起。这方面的一个例子是将工作外包给其他国家。这种做法可以改变组织作为全球化工作场所一部分的身份，并通过更多的虚拟交互、扩展的工作以及新的沟通和考虑形式来改变工作模式。第二是确保领导者建立并传达新的（或更新的）结构和工作，以支持新的组织愿景和任务。虽然这在很大程度上是组织发展在定义愿景、使命、战略、价值观、目标和角色方面的基本工作，但是它也包括创建反映变化的新徽标和组织结构图。教练的目标是帮助领导者和其他组织成员明确他们的角色或工作职能，并使他们的"工作自我"与新的组织身份保持一致，这可能涉及采用新的行为、工作模式或学习新的设备或技能。领导者还应强调与变革有关的成就，以加强新存在方式的稳定性和持久性。在上面的外包示例中，组织成员可能需要调整时间安排以适用于国际会议，并使用在线视频会议或其他媒体举行这些会议。外包合作伙伴现在也是组织成员，也必须学习新的系统、政策、程序和语言。教练可以帮助领导者注意并收集组织成员适应新的环境、积极的行为的证据，这些将巩固新的组织身份并帮助维持新的组织身份。第三是向领导者反映他或她自己的行为和存在方式，这些行为和方式支持（或不支持）新的组织身份。教练可以帮助领导者采取和展示符合新愿景和新使命的行为，并意识到自己作为其他组织成员的榜样的作用。教练可以充当一个专业的"发声板"，帮助领导者根据新的组织愿景和使命来审视自己的行为，以确定进展顺利，但仍有挑战，需要进一步关注。第四是通过沟通、庆祝成功、加强新的身份和意义的健全性以及改变的原因来确认和维持新的组织身份。教练可以帮助领导者制定一个策略，在组织成员和公众面前，就新的组织身份和意义以及它的展开和掌握方式进行沟通。领导者必须是变革的主要倡导者，并且在新的愿景、使命和品牌建立之前不能休息——不仅在组织内部，而且要对外部利益相关者。就公司而言，利益相关者可能是金融界和工业界，而就正在变化的内部组织而言，利益相关者将是同行和内部客户。不管怎样，领导者都必须是变革的拥护者，并且让每个人都知道变革的进展、成就和影响。教练可以帮助领导者设计一个策略，与关键的利益相关者接触、联系并保持联系，提供关于变革的最新沟通，并利用机会从利益相关者那里获得重要反馈。

其他形式的指导，如同事指导和集体指导，也值得关注。通过减少组织的层次结构和采用更扁平化的框架，组织正在进行越来越多的重组。同事指导是指两名在类似级别工作的雇员之间的一对一关系，其中一名更有经验的雇员向一名经验不足的雇员提供鼓励和支持，并与他们分享知识和技能（Eby，1997；Kram，1985）。近年来，由于裁员和组织结构的变化，同事指导的普及率有所上升，导致层级更加扁平，提供传统辅导支持的高级管理人员更少，因此，组织的新员工可能会求助于在类似级别工作的团队成员进行指导（Eby，1997；Russell and Mc-Manus，2007）。同事指导被认为会给个人带来好处，不同于传统辅导（Allen et al.，1997；Eby，1997；Ensher et al.，2001）。而同事导师则被假设为专业人员提供与职业相关的类似功能。与传统辅导关系中的社会情感支持一样，也有人认为同事指导在新员工的社会融合和分享有价值的信息（如技术或工作相关知识）中起着关键作用，并对个人和组织的成功至关重要（Bryant，2005；Eby，1997）。Kram 和 Isabella（1985）对此提供了理论上的解释，认为开放式沟通、协作和相互支持在同伴指导关系中可能比传统关系更容易，因为没有等级限制或影响限制指导结果。事实上，为了相互学习和支持，各组织正开始建立同伴指导计划。与传统的导师制不同，传统的导师制涉及导师和导师之间的二元关系，长期以来，人们一直假设个人的发展依赖于从人际关系网络中获得的支持和学习（Neugarten，1975）。这与社会心理学中关于个体通过一系列关键关系发展自我概念的说法是一致的。Kram（1985）提出，个人受益于拥有一个关系网络，而对多个导师的研究支持这样一种观点，即拥有多个导师会给个人带来更大的利益。

Higgins 和 Kram（2001）建议从提供社会网络的角度来考虑指导，创造了"发展网络"一词。发展网络将辅导重新概念化为一种涉及顾问组合的多重关系体验，而不是传统的单一关系（Higgins and Kram，2001）。与现代组织中同伴指导的假定作用类似，当考虑组织越来越扁平化的等级结构、高水平的工作压力和提供指导的低激励时，网络资源的重要性是显而易见的，所有这些将导致缺乏愿意担任导师的经理和主管（Allen，2003）。然而，同事和同龄人通常都能向焦点人物提供建议和支持。来自教育文献的证据支持这一理论，即传统的拥有初级导师的制度正被拥有导师组合以促进个人发展的概念所取代。个体不同数量和强度的发展网络关系可能提供两大类好处：工具性和表现性（Bonzionelos，2003；Fombrun，1982）。工具性功能是与个人职业发展相关的功能（Adler and Kwon，2002；Bonzionelos，2003；Seibert et al.，2001），而表现性功能是与人际关系产生的社会情感支持相关的功能（Eby，1997；Fombrun，1982；Kram and Isabella，1985）。这些可能包括增加信息共享和发展友谊、更加乐观和提高职业自我效能。与现有大量将导师制对职业成功的影响联系起来的研究相比，研究网络资源与职业成功之间关系的实证文献较少（Bonzionelos and Wang，2006）。然而，网络资源确实提供了工具性功能。拥有多个导师与外部职业成功的增加有关。对网络规模重要性的研究也表明，支持发展性网络，即更大的网络与非凡的职业成就、更高的工作满意度和卓越的内在职业成功相关。相应地，对职业成功预测因素的元分析发现，在衡量外在和内在职业成功的指标上，个人在其组织内自我报告的熟人数量起到了调节作用。然而，Higgins（2007）建议，个人应根据其特定的发展需要发展网络，而不是假设数量是唯一重要的。这一点得到了文献的支持。文献强调，如果个人拥有与更高级别的联系人有联系的网络，他们将受益于增强的积极成果，如晋升的职业机会和更高的职业满意度。发展性网络带来的，不仅仅是那些通常与传统辅导关系相关的关系。到目前为止，关于网络资源和二元指导关系对职业结果的相对影响的研究褒贬不一。Bonzionelos（2003）对英国公共部门组织的研究发现，网络资源为个人提供了外在和内在的职业成功，增加了传统辅导关系带来的好处。然而，其他研究报告称，除发展网络的影响外，辅导对个人晋升和职业发展期望具有递增的预测效度。与传统的指导研究类似，有些文献已经开始研究可能与发展性网络相关的负面结果。例如，Dobrow 和 Higgins（2005）发现，由于网络越来越复杂，个人的职业身份可能会受到负面影响。另一项研究报告称，与精英研究生院保持联系的个人对自己的职业成功的负面看法有所提高，因为他们不断地在自己和其他成功人士之间进行比较。与传统的指导一样，了解发展性网络的积极和消极结果对于理解这一现象非常重要。在同伴或团体辅导中，环境因素可能会影响徒弟接受建议的程度，组织文化和组织对指导关系的支持可能对徒弟接受建议更有影响。因此，更多的研究应该针对不同形式的指导关系，如同伴指导、团体指导以及传统指导关系的其他替代方法。

六、结论

本章回顾了与师徒指导效果相关的文献。研究了个人指导的理论结果，并评估了支持这些结果的经验证据。越来越多的证据表明了辅导对徒弟和导师的职业相关及社会情感益处。积极结果包括个人层面的变量，如组织承诺，以及组织层面的变量，如员工生产力和留用率。研究讨论了师徒辅导存在的问题和困难，探讨了不同形式辅导的结果和影响，特别是同伴辅导和发展网络的效果。近年来的文献表明，与传统的指导相比，这些方法有一些额外的好处。这些都是需要继续探索的，特别是考虑到当代组织环境的变化。本书还提出了今后进一步的研究方向：应探索更广泛的指导成果，并需要更好地了解调节这些组织关系的因素，特别是文化影响，以便为今后的指导举措提供信息。本章研究得出如下结论：一是师徒关系可以促进徒弟组织承诺的提高；二是徒弟职业乐观在师徒关系和徒弟组织承诺之间起中介作用；三是易变职业生涯定向对师徒关系和徒弟职业乐观之间的关系具有调节作用，当徒弟易变职业生涯定向低时，师徒关系对徒弟职业乐观的积极影响大，而当徒弟易变职业生涯定向高时，师徒关系对徒弟职业乐观的积极影响不显著。

参考文献

［1］Adler P S, Kwon S W. Social capital: Prospects for a new concept ［J］. Academy of Management Review, 2002, 27 (1): 17–40.

［2］Alex Linley P, Joseph S, Harrington S, et al. Positive psychology: Past, present, and (possible) future ［J］. The Journal of Positive Psychology, 2006, 1 (1): 3–16.

［3］Allen T D, Eby L T, O'Brien K E, et al. The state of mentoring research: A qualitative review of current research methods and future research implications ［J］. Journal of Vocational Behavior, 2008, 73 (3): 343–357.

［4］Allen T D, Eby L T, Poteet M L, et al. Career benefits associated with mentoring for protégés: A meta–analysis ［J］. Journal of Applied Psychology, 2004, 89 (1): 127–136.

［5］Allen T D, Poteet M L, Burroughs S M. The mentor's perspective: A qualitative inquiry and future research agenda ［J］. Journal of Vocational Behavior, 1997, 51 (1): 70–89.

［6］Allen T D, Russell J E A, Maetzke S B. Formal peer mentoring: Factors related to protégés' satisfaction and willingness to mentor others ［J］. Group & Organization Management, 1997, 22 (4): 488–507.

［7］Allen T D. Mentoring others: A dispositional and motivational approach ［J］. Journal of Vocational Behavior, 2003, 62 (1): 134–154.

［8］Bachkirova T. The role of the self and identification with an organisation as factors influencing work–related stress: Implications for helping ［J］. Counselling Psychology Quarterly, 2012, 25 (1): 49–62.

［9］Baruch Y. Career development in organizations and beyond: Balancing traditional and contemporary viewpoints ［J］. Human Resource Management Review,

2006, 16（2）: 125-138.

［10］Bateson G. A theory of play and fantasy ［M］. MIT Press, Boston, MA, 1972.

［11］Beecroft P C, Dorey F, Wenten M. Turnover intention in new graduate nurses: A multivariate analysis ［J］. Journal of Advanced Nursing, 2008, 62（1）: 41-52.

［12］Beek G J, Zuiker I, Zwart R C. Exploring mentors' roles and feedback strategies to analyze the quality of mentoring dialogues ［J］. Teaching and Teacher Education, 2019, 78: 15-27.

［13］Bion W. Attacks on linking ［J］. Melaine Klein Today: Developments in Theory and Practice, 1959: 87-101.

［14］Biswas-Diener R. Practicing positive psychology coaching: Assessment, activities and strategies for success ［M］. John Wiley & Sons, 2010.

［15］Blau P M. Social exchange theory ［J］. Retrieved September, 1964, 3（2007）: 62.

［16］Bluckert P. Ebook: Gestalt coaching: Right here, right now ［M］. McGraw-Hill Education（UK）, 2016.

［17］Blumer H. Principles of sociology ［M］. Barnes & Noble, 1969.

［18］Bozionelos N, Wang L. The relationship of mentoring and network resources with career success in the Chinese organizational environment ［J］. The International Journal of Human Resource Management, 2006, 17（9）: 1531-1546.

［19］Bozionelos N. Intra-organizational network resources: Relation to career success and personality ［J］. The International Journal of Organizational Analysis, 2003, 11（1）: 41-66.

［20］Briscoe J P, Hall D T. The interplay of boundaryless and protean careers: Combinations and implications ［J］. Journal of Vocational Behavior, 2006, 69

(1): 4-18.

[21] Briscoe J P, Henagan S C, Burton J P, et al. Coping with an insecure employment environment: The differing roles of protean and boundaryless career orientations [J]. Journal of Vocational Behavior, 2012, 80 (2): 308-316.

[22] Brissette I, Scheier M F, Carver C S. The role of optimism in social network development, coping, and psychological adjustment during a life transition [J]. Journal of Personality and Social Psychology, 2002, 82 (1): 102.

[23] Bryant F B, Veroff J. Savoring: A new model of positive experience [M]. Mahwah, NJ: Lawrence Erlbaum Associates, 2007.

[24] Bryant S E. The impact of peer mentoring on organizational knowledge creation and sharing: An empirical study in a software firm [J]. Group & Organization Management, 2005, 30 (3): 319-338.

[25] Bugental J F T. The third force in psychology [J]. Journal of Humanistic Psychology, 1964, 4 (1): 19-26.

[26] Callero P L. The sociology of the self [J]. Annual Review of Sociology, 2003, 29 (1): 115-133.

[27] Carr K, Heiden E P. Revealing darkness through light: Communicatively managing the dark side of mentoring relationships in organisations [J]. Australian Journal of Communication, 2011, 38 (1): 89-104.

[28] Carver C S, Scheier M F, Segerstrom S C. Optimism [J]. Clinical Psychology Review, 2010, 30 (7): 879-889.

[29] Chemers M M, Watson C B, May S T. Dispositional affect and leadership effectiveness: A comparison of self-esteem, optimism, and efficacy [J]. Personality and Social Psychology Bulletin, 2000, 26 (3): 267-277.

[30] Cheng G H L, Chan D K S. Who suffers more from job insecurity? A meta-analytic review [J]. Applied Psychology, 2008, 57 (2): 272-303.

［31］ Chui H, Li H, Ngo H. Linking protean career orientation with career optimism: Career adaptability and career decision self-efficacy as mediators ［J］. Journal of Career Development, 2020, 49 (1): 161-173.

［32］ Chun J U, Sosik J J, Yun N Y. A longitudinal study of mentor and protégé outcomes in formal mentoring relationships: Mentor and protégé outcomes ［J］. Journal of Organizational Behavior, 2012, 33 (8): 1071-1094.

［33］ Cortellazzo L, Bonesso S, Gerli F. Protean career orientation: Behavioral antecedents and employability outcomes ［J］. Journal of Vocational Behavior, 2019, 116 (A): 103343.

［34］ De Haan E. Relational coaching: Journeys towards mastering one-to-one learning ［M］. John Wiley & Sons, 2008.

［35］ Denzin N K. The conversation ［J］. Symbolic Interaction, 1992, 15 (2): 135-150.

［36］ Dewi R S, Nurhayati M. The effect of career development on turnover intention with job satisfaction and organizational commitment as mediators, study at PT control systems arena para nusa ［J］. European Journal of Business and Management Research, 2021, 6 (4): 11-18.

［37］ Diamond M A. Dimensions of organizational culture and beyond ［J］. Political Psychology, 1991, 12 (3): 509-522.

［38］ Direnzo M S, Greenhaus J H, Weer C H. Relationship between protean career orientation and work-life balance: A resource perspective ［J］. Journal of Organizational Behavior, 2015, 36 (4): 538-560.

［39］ Direnzo M S, Greenhaus J H. Job search and voluntary turnover in a boundaryless world: A control theory perspective ［J］. Academy of Management Review, 2011, 36 (3): 567-589.

［40］ Dobrow S R, Higgins M C. Developmental networks and professional identity: A longitudinal study [J]. Career Development International, 2005, 10 (6/7): 567-583.

[41] Eby L T. Alternative forms of mentoring in changing organizational environments: A conceptual extension of the mentoring literature [J]. Journal of Vocational Behavior, 1997, 51 (1): 125-144.

[42] Ensher E A, Thomas C, Murphy S E. Comparison of traditional, step-ahead, and peer mentoring on protégés' support, satisfaction, and perceptions of career success: A social exchange perspective [J]. Journal of Business and Psychology, 2001, 15: 419-438.

[43] Eva N, Newman A, Jiang Z, et al. Career optimism: A systematic review and agenda for future research [J]. Journal of Vocational Behavior, 2020, 116 (B): 103287.

[44] Fombrun C J. Strategies for network research in organizations [J]. Academy of Management Review, 1982, 7 (2): 280-291.

[45] Garfinkel H. Practical sociological reasoning: Following coding instructions [J]. Studies in Ethnomethodology, 1967, 18: 24.

[46] Garg N, Murphy W M, Singh P. Reverse mentoring and job crafting as resources for health: A work engagement mediation model [J]. Journal of Organizational Effectiveness: People and Performance, 2022, 9 (1): 110-129.

[47] Gazaway S, Gibson R W, Schumacher A, et al., Impact of mentoring relationships on nursing professional socialization [J]. Journal of Nursing Management, 2019, 27 (6): 1182-1189.

[48] Geertz C. The interpretation of cultures [M]. Basic Books, 1973.

[49] Gendlin E. Language beyond postmodernism: Saying and thinking in gendlin philosophy [M]. Northwestern University Press, 1997.

[50] Ghosh R, Reio T G. Career benefits associated with mentoring for

mentors: A meta-analysis [J]. Journal of Vocational Behavior, 2013, 83 (1): 106-116.

[51] Gioia D A, Schultz M, Corley K G. Organizational identity, image, and adaptive instability [J]. Academy of Management Review, 2000, 25 (1): 63-81.

[52] Glaser B, Strauss A. Grounded theory: The discovery of grounded theory [J]. Sociology The Journal of The British Sociological Association, 1967, 12 (1): 27-49.

[53] Goffman I W. Self-other differentiation and role performance: A study of professional agents of social contro [M]. University of Michigan, 1959.

[54] Gong Z, et al. Relationship between protégés' self-concordance and life purpose: The moderating role of mentor feedback environment [R]. Nursing Open, 2020.

[55] Gong Z, Li M. Relationship between nursing mentorship and transformational leadership of mentor: A cross-sectional study [J]. Journal of Nursing Management, 2022, 30 (2): 413-420.

[56] Gong Z, Li T. Relationship between feedback environment established by mentor and nurses' career adaptability: A cross-sectional study [J]. Journal of Nursing Management, 2019, 27 (7): 1568-1575.

[57] Gubrium J F, Holstein J A. The self in a world of going concerns [J]. Symbolic Interaction, 2000, 23 (2): 95-115.

[58] Haggard D L, Dougherty T W, Turban D B, et al. Who is a mentor? A review of evolving definitions and implications for research [J]. Journal of Management, 2011, 37 (1): 280-304.

[59] Halfer D, Graf E., Sullivan C. The organizational impact of a new graduate pediatric nurse mentoring program [J]. Nursing Economic, 2008, 26 (4): 243-249.

[60] Haratsis J M, Hood M, Creed P A. Career goals in young adults: Personal

resources, goal appraisals, attitudes, and goal management strategies [J]. Journal of Career Development, 2015, 42 (5): 431-445.

[61] Harrison S H, Rouse E D. An inductive study of feedback interactions over the course of creative projects [J]. Academy of Management Journal, 2015, 58 (2): 375-404.

[62] Herrmann A, Hirschi A, Baruch Y. The protean career orientation as predictor of career outcomes: Evaluation of incremental validity and mediation effects [J]. Journal of Vocational Behavior, 2015, 88 (88): 205-214.

[63] Higgins M C, Kram K E. Reconceptualizing mentoring at work: A developmental network perspective [J]. Academy of Management Review, 2001, 26 (2): 264-288.

[64] Hu C, Pellegrini E K, Scandura T A. Measurement invariance in mentoring research: A cross-cultural examination across Taiwan and the U. S. [J]. Journal of Vocational Behavior, 2011, 78 (2): 274-282.

[65] Ivey G W, Dupré K E. Workplace mentorship: A critical review [J]. Journal of Career Development, 2022, 49 (3): 714-729.

[66] Joo M K, Yu G C, Atwater L. Formal leadership mentoring and motivation to lead in South Korea [J]. Journal of Vocational Behavior, 2018, 107: 310-326.

[67] Kram K E, Isabella L A. Mentoring alternatives: The role of peer relationships in career development [J]. Academy of Management Journal, 1985, 28 (1): 110-132.

[68] Kram K E. Improving the mentoring process [J]. Training & Development Journal, 1985.

[69] Lankau M J, Scandura T A. An investigation of personal learning in mentoring relationships: Content, antecedents, and consequences [J]. Academy of Management Journal, 2002, 45 (4): 779-790.

［70］Lee T, Tzeng W C, Lin C H, et al. Effects of a preceptorship programme on turnover rate, cost, quality and professional development ［J］. Journal of Clinical Nursing, 2009, 18（8）: 1217-1225.

［71］Li H, Ngo H, Cheung F. Linking protean career orientation and career decidedness: The mediating role of career decision self-efficacy ［J］. Journal of Vocational Behavior, 2019, 115（8）: 103322.

［72］Lock M. Cultivating the body: Anthropology and epistemologies of bodily practice and knowledge ［J］. Annual Review of Anthropology, 1993, 22（1）: 133-155.

［73］Mathieu J E, Zajac D M. A review and meta-analysis of the antecedents, correlates, and consequences of organizational commitment ［J］. Psychological Bulletin, 1990, 108（2）: 171.

［74］McManus S E, Russell J E A. Peer mentoring relationships ［M］. The Handbook of Mentoring at Work: Theory, Research, and Practice, 2007: 273-297.

［75］Mowday R T, Porter L W, Steers R M. Employee-Organization linkages: The psychology of commitment, absenteeism, and turnover ［M］. New York: Academic Press, 1982.

［76］Morgeson F P, Mumford T V, Campion M A. Coming full circle: Using research and practice to address 27 questions about 360-degree feedback programs ［J］. Consulting Psychology Journal: Practice and Research, 2005, 57（3）: 196.

［77］Neugarten D A. Inter-organizational relations: A training program for community mental health administrators ［J］. Administration in Mental Health, 1975, 3（1）: 51-56.

［78］Passmore J. Coaching psychology: Applying integrative coaching within education ［J］. International Journal of Leadership in Public Services, 2006, 2（3）: 27-33.

[79] Pellegrini E K, Scandura T A. Construct equivalence across groups: An unexplored issue in mentoring research [J]. Educational & Psychological Measurement, 2016, 65 (2): 323-335.

[80] Porter L W, Steers R M, Mowday R T, et al. Organizational commitment, job satisfaction, and turnover among psychiatric technicians [J]. Journal of Applied Psychology, 1974, 59 (5): 603.

[81] Reid M F, Allen M W, Armstrong D J, et al. , The role of mentoring and supervisor support for state IT employees' affective organizational commitment [J]. Review of Public Personnel Administration, 2008, 28 (1): 60-78.

[82] Rigsby J T, Siegel P H, Spiceland J D. Mentoring among management advisory services professionals: An adaptive mechanism to cope with rapid corporate change [J]. Managerial Auditing Journal, 1998, 13 (2): 107-116.

[83] Roehling M V, Cavanaugh M A, Moynihan L M, et al. The nature of the new employment relationship: A content analysis of the practitioner and academic literatures [J]. Human Resource Management, 2000, 39 (4): 305-320.

[84] Rogers C R. The essence of psychotherapy: A client-centered view [J]. Annals of Psychotherapy, 1959.

[85] Rogers C R. Toward a science of the person [J]. Journal of Humanistic Psychology, 1963, 3 (2): 72-92.

[86] Rottinghaus P J, Day S X and Borgen F H. The career futures inventory: A measure of career-related adaptability and optimism [J]. Journal of Career Assessment, 2005, 13 (1): 3-24.

[87] Scandura T A. Mentorship and career mobility: An empirical investigation [J]. Journal of Organizational Behavior, 1992, 13 (2): 169-174.

[88] Seibert S E, Kraimer M L, Crant J M. What do proactive people do? A longitudinal model linking proactive personality and career success [J]. Personnel Psy-

chology, 2001, 54 (4): 845-874.

[89] Shen Y, Hall D T. When expatriates explore other options: Retaining talent through greater job embeddedness and repatriation adjustment [J]. Human Resource Management, 2009, 48 (5): 793-816.

[90] Shim D C, Rohrbaugh J. Government career commitment and the shaping of work environment perceptions [J]. The American Review of Public Administration, 2011, 41 (3): 263-284.

[91] Silverhart T A. It works: The direct correlation between agents having a mentor in the office in which they work and an increase in productivity [J]. Managers Magazine-Harford, 1994, 69: 14.

[92] Stelter R. Coaching: A process of personal and social meaning making [J]. International Coaching Psychology Review, 2007, 2 (2): 191-201.

[93] Stevens K N. Acoustic phonetics [M]. MIT Press, 2000.

[94] Stryker S, Burke P J. The past, present, and future of an identity theory [J]. Social Psychology Quarterly, 2000: 284-297.

[95] Supeli A, Creed P A. The longitudinal relationship between protean career orientation and job satisfaction, organizational commitment, and intention-to-quit [J]. Journal of Career Development, 2016, 43 (1): 66-80.

[96] Tajfel H. Social identity and intergroup behaviour [J]. Social Science Information, 1974, 13 (2): 65-93.

[97] Uen J F, Chang H C, McConville D C, et al. Supervisory mentoring and newcomer innovation performance in the hospitality industry [J]. International Journal of Hospitality Management, 2018, 73: 93-101.

[98] Van den Broeck A, Vansteenkiste M, De Witte H, et al. Explaining the relationships between job characteristics, burnout, and engagement: The role of basic psychological need satisfaction [J]. Work & Stress, 2008, 22 (3): 277-294.

［99］Viator R E, Scandura T A. A study of mentor-protégé relationships in large public accounting firms ［J］. Accounting Horizons, 1991, 5 （3）: 20.

［100］Volmer J, Spurk D. Protean and boundaryless career attitudes: Relationships with subjective and objective career success ［J］. Zeitschrift für ArbeitsmarktForschung, 2011, 43 （3）: 207-218.

［101］Weimer K R. Mentor identification, selection, preparation, and development: A literature review ［J］. Update: Applications of Research in Music Education, 2021, 39 （3）: 20-28.

［102］Wilson J A, Elman N S. Organizational benefits of mentoring ［J］. Academy of Management Perspectives, 1990, 4 （4）: 88-94.

第三章　师徒关系对师傅变革型领导的影响机制研究

一、师徒职业共同发展的必要性

在正式的辅导项目中，师傅与徒弟建立关系，旨在提供积极的发展机会。理论和经验证据表明，积极的结果发生与师傅的持续指导有一致的关系。遗憾的是，许多辅导项目很难留住师傅，有三分之一到一半的辅导关系在达到最初的承诺之前就结束了，而且结束师徒关系经常由师傅发起。师傅的保留是至关重要的。为了更好地理解师傅决定继续或结束他们的师徒关系，我们必须更好地理解师傅如何体验这些关系。

越来越多的证据表明，正式的青年师徒关系可以在学术、家庭和同伴关系等领域为青年提供广泛的益处，并减少冒险行为。然而，对于师徒辅导项目的元分析始终显示出较小的效果规模。指导计划有效性的一个限制是，虽然青年指导的好处是在青年和师傅之间长期培养的一种强大、一致的关系背景下实现的，但是许多辅导项目都面临着如何留住师傅的挑战。与处于短期关系中的青年和那些根本没有师傅的青年相比，青年指导的好处似乎对处于长期关系中的青年更强、更持久。

师傅可能会因为各种各样的因素选择中断与他们徒弟的关系。在牢固的师徒关系中，师傅往往只有在真实的生活环境（比如新工作或搬家）阻止他们继续看到徒弟的情况下才会结束这段关系。然而，师傅离开师徒关系的许多原因可能是可以避免的。理解这些原因可以为指导项目过程的机构提供重要的信息，从而潜在地延长师徒关系并提高项目效率。

很多师傅结束师徒关系，是因为他们对自己在这段关系中的经历没有达到自己的期望感到失望，这似乎是提前结束关系的一种特别常见的现象。师傅的期望可能会在很多方面出现偏差。大多数师傅参与师徒关系是因为他们想积极地帮助一个徒弟成功（82%），并对一个徒弟的生活产生影响（76%），两者都表明师傅对于通过指导关系影响徒弟的结果有很高的期望。遗憾的是，当徒弟的需求大于或小于师傅的预期时，这些期望就会受到挑战。在这种情况下，师傅可能会感到无助，或者觉得他们的时间可以花在其他事情上，这可能会导致他们结束这段关系。然而，与一个新人建立关系是具有挑战性的，可能会有很多与角色相关的压力。此外，师傅对人际关系的发展方式有预期，这可能与配对的实际情况相符，也可能不相符。师傅指导和培训一直是青年辅导项目的最佳实践。强烈的定位和培训计划可以帮助师傅设定明确的期望。此外，当辅导项目在整个关系中监视和支持师傅时，如果师傅发现他们的期望与经验不匹配，他们能够更好地进行干预并提供指导。如果师傅能够重新调整他们的期望，他们更有可能继续保持师徒关系。

师傅的核心作用是与徒弟建立一种支持性的关系。为了做到这一点，师傅需要与他们的配对相匹配的关系技巧。一些师傅承认，他们结束师徒关系的部分原因是他们在管理和发展这种关系的技能上存在缺陷。例如，一些师傅缺乏与徒弟相处的经验，在他们的层面上也有困难。这可能会导致师傅认为徒弟的行为是对比赛缺乏兴趣（Spencer, 2007），或期望徒弟具有不适合发展的社交技能和兴趣。在这些情况下，师傅会觉得他们不被需要或没有效率，并决定离开师徒关系。师傅在感情基调和技巧上也有很大的不同。Pryce 和 Keller（2012）对基于学校师徒中人际关系的基调进行了分类，强调了情感分享、相互享受和身体联系迹象

（如眼神交流、笑声和共享情感）的不同水平。毫不意外的是，在人际关系基调方面被认为最投入的师傅比其他师傅报告了更高的关系质量和更少的冲突，这些因素可能反映在更高的师傅满意度上，因此，有更高的师傅承诺和保留。另一项已被证明对青年师傅有益的技能是协调。Pryce（2012）在一个基于学校的指导比赛的样本中证明，协调的师傅关注徒弟的行为和交流，以及非言语的信号，以吸引徒弟，并在整个比赛过程中对徒弟的喜好、关注和感受做出反应。

在正式的辅导项目中，师傅和徒弟往往来自不同的种族/民族、文化和社会阶层，许多师傅都在努力克服这些差异。师傅们可能会对徒弟和家庭持一种偏颇的观点。有证据表明，一些没有工具来弥合这些差异的师傅在他们的指导角色中挣扎，并选择离开这段关系。幸运的是，人际交往能力就像其他技能一样，是可以传授的。青年指导的最佳实践建议在匹配之前以及在可能的情况下，在整个比赛过程中要进行大量的师傅培训。赛前培训可以帮助师傅为比赛设定现实的期望，帮助他们了解徒弟的发展、共同的关系轨迹和他们可能面临的挑战。Pryce和他的同事们已经开发了协调培训，这已经被证明可以提高辅导项目员工的协调能力和同理心（Pryce et al.，2018），并被用于培训师傅。同样，培训可以提高师傅的文化水平，以及他们用基于优势的方法来处理社会阶级差异的能力（Deutsch et al.，2014）。除了最初的培训，师傅还需要持续的项目支持，这有助于识别师傅面临的挑战并加强技能培训。技能培训和持续的支持可能会改善师傅的经验，最终帮助项目留住师傅。师傅的人际交往能力可能影响师傅对关系和坚持的满意度的一种方式是通过增加师傅的自我效能感。为这段关系做好充分准备的师傅可能会对自己处理师傅挑战的能力更有信心，在自己和徒弟之间架起桥梁，促进青年的积极发展。师傅自我效能一直与师傅对师徒关系的满意度相关（Karcher et al.，2005），师傅在师徒关系中的自我效能感会影响他们在这段关系中的行为，进而影响他们是否满意及是否想要继续这段关系。因此，应努力通过高质量的培训来提高师傅的效能。

鉴于建立关系作为师傅的中心活动的重要性，在人际关系的背景下考虑师傅保留是必要的。Rusbult（1980）的投资模型是一个被广泛使用的人际关系承诺模型，它被用来理解为什么人们决定在不同的环境下继续或终止关系。投资模型最初是为了解释约会关系中的承诺而开发的，利用了一种相互依赖理论方法，它建议人们选择继续或结束关系取决于维持关系的相对成本和收益（Rusbult，1980）。承诺指的是一个人在心理上对一段关系维持和保持的意愿（Gettings and Wilson，2014；Rusbult，1980；Rusbult et al.，1998）。与投资模型一致（Rusbult，1980），师傅的承诺已被证明是留/假行为的显著预测因子。促成承诺的第一因素是对关系的依赖，这种依赖来自对关系的满意度、可获得的替代方案和投资。在一段关系中，满意度来自一段关系中成本和收益之间的比较。关系满意度还包括与过去的关系经验和对理想关系的期望的比较。根据对其他类型人际关系的研究，满意度对师傅的承诺感有显著的影响。这一发现与之前的指导研究一致，表明师傅对关系的未满足期望可能导致关系终止。促成承诺的第二个因素是关系的替代选择的可用性。在恋爱关系中，其他选择包括有其他潜在伴侣的可能性，以及选择单身而不是继续当前的关系。与之前对各种关系类型的研究一致，对于青年师傅来说，可选择的可获得性显著且与承诺负相关（b=-0.14）（Gettings and Wilson，2014）。促成承诺的第三个因素是对关系的投资（Rusbult，1980）。一个人的投资包括他在这段关系中投入的多少和重要性，如果这段关系结束，这些东西将会失去或失去价值，包括内在投资和外在投资（Rusbult，1980；Rusbult et al.，1998）。内在投资是直接投资于关系的资源，包括时间花费、金钱和情感投入。外部投资是指通过关系（如共享的社交网络）获得价值的外部资源。对于两种类型的投资，在关系中投入的资源越多，维持关系的承诺就越高。投资已被证明可以正向预测师傅的承诺（b=0.46）。事实上，与其他选择相比，投资是一个显著性更强的承诺预测因子。正如 Gettings 和 Wilson（2014）注意到的，师徒关系不同于其他人际关系，因为师傅参与这些关系为徒弟提供积极的发展机会。投资对于师傅的承诺来说尤其重要，因为投入时间、金钱和关心是他们试图帮助徒弟的方式。师傅们很可能相信，在人际关系中，他们的投资将有助于实现他们的预期，从而影响徒弟的生活（Gettings and Wilson, 2014）。此外，因为关系的目标是帮助学员，许多师傅不太关注他们从经验中得到什么，这可能有助于解释满意度在预测承诺方面的相对重要性低于其他人际关系（Le and Agnew, 2003）。满意度、可获得的替代方案和投资对青年师徒关系承诺的模型预测都有显著影响（Gettings and Wilson, 2014），正如投资模型所预测的那样（Rusbult, 1980）。尽管有这些发现，但是所有这三个预测因素并不一定是高的，即使是为了承诺存在。投资模型预测承诺，妇女在受虐的情况下，也往往保持对他们的关系的承诺，如果有一个高的投资（如婚姻、孩子）和低的选择（如经济机会），即使她们在这段关系中满意度相对较低（Rusbult and Martz, 1995）。此外，需要注意的是，满意度是主观的，所以在受虐女性的案例中，有时满意度评分很高，是因为对恋爱关系应该是什么样子的看法，或者与过去的关系进行比较。该投资模型在解释跨关系类型的承诺方面比之前的模型进行了改进，以预测某人是否会选择继续或终止他们的关系（Rusbult, 1980），并已被证明在预测青年师傅的留职或离职行为方面是有效的（Gettings and Wilson, 2014）。投资模型具有灵活性，能够适应满意度、替代方案、投资和承诺随时间的变化，这在预测留下或离开行为方面比关注性格等稳定因素更有效（Rusbult et al., 1998）。此外，该投资模型在保持有效性的同时，也有效地适应了不同类型的关系（Le and Agnew, 2003）。这种投资模式有助于把重点放在关系上，作为留住青年师傅的一个重要因素。师傅的承诺，源于他们的满意度、可用的替代选择和对这段关系的投入，这是他们继续或离开这段关系的重要预测因素（Gettings and Wilson, 2014）。这一发现表明，与投资模式相关的因素——满意度、替代方案、投资和承诺是留住师傅的重要方面，并最终影响师徒关系的潜力，从而为徒弟带来积极的结果。

虽然大多数青年辅导研究，包括关于师傅保留率的研究，都集中在师傅—青年的二元关系上，但是为了全面了解师傅保留率，我们不能只看师傅—青年关系。Keller（2005）提出了正式青年辅导的系统模型，该模型结合了家庭系统理论的原则，并考虑了青年、师傅、青年监护人和辅导项目工作人员的各种观点和贡献。这个系统的模式强调了徒弟监护人和辅导计划的影响。以下将集中探讨师傅和徒弟监护人之间的互动以及辅导项目的背景如何影响师傅的保留率。关于师傅与青年监护人的互动，Keller（2005）的系统模型提出了徒弟监护人影响辅导体验的几种方式，如与师傅分享徒弟信息、让徒弟对比赛放心、与师傅合作为关系设定目标。与师傅一样，监护人加入师徒关系中，对关系的发展、对孩子的影响以及他们将扮演的角色抱有期望（Basulado-Delmonico and Spencer，2016；Spencer et al.，2011；Keller et al.，2018）。他们的监护人根据他们如何看待自己在这场比赛中的角色，会以各种各样的方式参与到这段关系中（Basulado-Delmonico and Spencer，2016）。当师傅和监护人在如何看待监护人参与比赛的问题上不一致时，就会出现挑战，这可能导致师傅消极地看待监护人（Basulado-Delmonico and Spencer，2016；Spencer et al.，2017）。当师傅有不切实际的期望或面临挑战时，他们往往认为徒弟的行为是由于缺乏兴趣或承诺的师徒关系导致的。这些师傅可能会感到不被欣赏，并变得沮丧和脱离比赛。虽然之前的研究关注的是在早期结束的配对中师傅和监护人的关系，但是很可能事实正好相反，强大的师傅和监护人的关系是有助于留住师傅的保护性因素。

正式的师徒关系发生在指导计划的情境中，涉及员工和师傅之间的互动，这些互动可以影响师傅在师徒关系中的体验（Keller，2005）。如上所述，辅导项目的员工帮助师傅通过他们的营销和培训设定他们的期望。员工也有机会在整个关系中向师傅提供支持和指导。如果做得好，可能会帮助师傅应对挑战，最终提高师傅的保留率。荟萃分析表明，项目坚持更多的实践，如根据师傅和青年喜好匹配，设置预期师傅和青年接触的频率，为师傅提供持续的培训，并参与和支持青年的监护人，有更大的影响。这种对志愿者保留的解释通常可能有助于理解师傅保留。志愿活动发生在一个组织的背景下（Penner，2002），这影响了志愿者的经验，如从最初的参与到登记过程和整个志愿活动的经验。从工业心理学和组织心理学文献中观察到的类似联系中发现，志愿服务被理论化为受到组织在志愿者方面的声誉和实践的影响，以及志愿者感觉自己被组织对待的方式的影响。例如，Penner 和 Finkelstein（1998）表明，报告组织满意度较高的艾滋病志愿者花更多的时间做志愿者。同样，Grube 和 Piliavin（2000）证明，较高的组织承诺与美国癌症协会志愿者的离职意愿负相关。

指导领域的最佳实践通常关注师傅与指导机构的关系，这与一般志愿服务文献中观察到的模式相一致。在整个志愿者经历中，文献研究一直支持师傅培训和专业匹配。早期培训可以帮助师傅在开始他们的师徒关系时感到有效，并有助于他们参与与师徒关系相关的活动。持续的匹配支持有可能将志愿者与机构联系起来，并帮助他们应对随着关系的发展和变化而带来的潜在挑战（Pryce and Keller，2012）。遗憾的是，指导领域目前缺乏关于志愿者对机构声誉和组织实践等因素的认知如何有助于吸引潜在的志愿者师傅的研究，这对于增加营销和改进和招聘程序至关重要。

此外，文献强调了角色认同发展对志愿者保留率的贡献。角色认同源于社会学理论，考虑志愿者角色对一个人自我意识的贡献程度（Grube and Piliavin，2000）。随着时间的推移和志愿活动时间的增加，一个人的志愿角色认同应该增加（Penner and Finkelstein，1998）。Penner（2002）认为，保持做志愿者的是人的志愿者角色认同，包括作为一个志愿者的一般角色认同，以及作为一个特定组织的志愿者的特定角色认同。Grube 和 Piliavin（2000）发现，美国癌症协会志愿者的特定角色认同与他们在组织中志愿服务的小时数正相关，与离开意愿负相关。虽然一般的志愿者角色认同与特定的角色认同正相关，但是特定的角色认同预示着花在其他组织的志愿服务时间更少。师徒关系发展和青年结果的模型表明，随着时间的推移，师傅和青年之间持续互动很重要，因为这通常被认为是角色身份发展的标志或结果。为了了解持续的志愿指导，需要检查师傅的角色认同是否符合一般的角色认同。

二、问题的提出

师徒制被认为是员工职业管理和发展的工具（Van Vianen et al.，2018）。师徒关系是企业中富有经验且具备良好知识技能的人与经验技能不足的员工之间建立的辅导关系。师傅通过向徒弟提供建议、反馈、教学，以及与工作、职业生涯发展有关的指导、帮助与心理支持，传承工匠精神，促进组织永续发展（Humberd and Rouse，2016）。学者们普遍认为师徒关系的建立和巩固是师徒二人共同学习、成长的过程，良好的师徒关系既取决于师徒双方，又对双方产生影响。学者们也在理论上广泛认可师徒关系会促进师傅更新信息和知识体系，获得灵感与创新，进而扩大在组织中的影响力（Ghosh and Reio，2013），然而，对徒弟影响的研究却比对师傅更为普遍（Pryce et al.，2018）。一个可能的解释是，在资源有限的现实背景下，师徒关系研究大多基于社会学习理论、社会交换理论、资源保存理论，更加关注自上而下的传承，探索师傅为徒弟提供的资源支持能够对提升徒弟工作绩效、促进徒弟职业社会化和职业发展、增加徒弟心理安全感的积极作用（Hastings and Kane，2018）。如果仅强调师傅的付出，忽视师徒关系对师傅的积极结果的挖掘，则会导致师傅存在"教会徒弟，饿死师傅"的担心而存在"留一手"的心态，增加知识藏匿行为，扩大防御焦点定向，不利于组织激励师傅更好地指导徒弟（Ghosh and Reio，2013）。由此产生一个关键问题，即师徒关系对师傅自身而言是否有好处、何时以及为何有好处。

遗憾的是，相关研究并未直接回应此问题，其割裂了师徒二元关系的互惠性，着重考虑了师傅的单向影响，强调师傅对徒弟的付出、投入的情感、耗费的资源能够促进徒弟的社会化和职业发展（Beek et al.，2019）。从这个方面看，师傅为徒弟成长所付出的代价是很高的（Gong and Li，2019）。但矛盾的是，在现实生活中，即使师徒制没有给师傅带来荣誉或利益，师傅的指导行为仍然经常发生（Van Vianen et al.，2018），这有悖于经典的经济学理论。从理论上看，行为经济学的"温情效应"强调为他人利益贡献自己资源的利他行为能够促进自身产生幸福感和满足感，关心他人的人比只关注自己利益的人更加开心快乐，积极的情绪体验反过来也会增加利他行为的发生（Park et al.，2017）。心理学领域的研究也表明，为他人花钱的参与者报告的幸福感高于为自己花钱的参与者，利他行为的动机源自行为带来的满足感和幸福感（Aknin et al.，2015）。这些发现得到了不同文化和年龄的实验研究的支持，与利他行为是由它所唤起的积极情绪（温情效应）驱动的观点是一致的。从实践上看，众多《财富》500强公司都启动了正式的师徒指导计划，但在招聘有积极性和敬业精神的师傅上都遇到困难（Weinberg and Lankau，2011）。对师傅自身益处的定量研究有利于人力资源部门利用这些信息更好地传达师傅指导作为职业发展的价值并不局限于徒弟，还包括师傅的发展，继而能够吸引有经验的个体从作为师傅向他人传授知识中获益。

由于当今世界具有波动性、不确定性、复杂性和模糊性，师傅在这些动荡时期提供指导的作用比以往任何时候都更重要（Rodriguez and Rodriguez，2015）。变革型领导是领导者通过领导魅力、领导感召力、智力激发和个性化关怀等，让员工意识到所承担的责任及任务的重要性，激发其更高层次的需要，从而使其最大限度地发掘自身的潜力以取得最高水平的绩效表现。师傅作为变革型领导者，扮演着能够预见未来、成为榜样、制定绩效标准、表现出决心和信心的角色，且在互动中改变"纯粹的利己主义"（Decuypere et al.，2018）。因此，为了厘清矛盾并满足实践需要，本章研究基于自我决定理论，以师傅变革型领导为落脚点，探索师徒关系对师傅变革型领导的影响机制，挖掘师徒关系影响师傅变革型领导的边界条件，全面揭示师徒关系促进师傅变革型领导的过程。

自我决定理论认为，自主、归属和能力这三种基本心理需要的满足对个体成长、整合和幸福的意义重大，其强调个体与社会环境之间有机互动的重要性，师傅作为在社会环境中与个体比较亲密的人，形成与个体间的有机互动（Deci et al.，2017）。师傅通过建立师徒关系保持与徒弟的指导互动会促进自身基本心理需求满足，并发展互动双方形成亲密关系，同时形成一方对另一方的高度依赖（Preston and Raposa，2019）。基本心理需求的满足需要通过外部环境的支持实现，来自徒弟的外部支持尤为重要（Deci et al.，2017）。在师徒双方的互动中，徒弟正念也即徒弟对师傅指导保持一种不加评判的注意和觉察，能够促进师傅对自身价值的感知和形成外部依赖感，就有更多的资源来表现出色的变革型领导者行为（Yu and Zellmer-Bruhn，2018）。Ghosh 和 Reio（2013）、Chun 等（2012）均强调研究者应该将师徒关系通过需求、动机因素继而对自身变革型领导的影响探索得更为直接和深入，考虑到师徒关系对师徒双方的互惠性，师傅自身的心理需求满足在师徒关系中的温情效应仍有必要追本溯源。

本章研究具体从以下两个方面着手：

第一，探索师徒关系在满足师傅基本心理需求后对师傅变革型领导的影响。与徒弟在师徒关系中获得的积极结果相比，师傅变革型领导的提高是自我付出反哺自我收获的体现，也是对师傅自我发展的综合判断（Joo et al.，2018）。基本心理需求作为中介变量能够有效诠释师傅指导徒弟的"温情效应"，更直观地展现由利他行为产生的满足感。因此，厘清师徒关系可以为师傅变革型领导的研究提供更为直接的实证依据。第二，挖掘徒弟正念与师徒关系对师傅的心理需求满足的交互影响。关于正念的研究大多数聚焦于正念的个体效果，而有关个体间效果的探讨仍然有限（Montes-Maroto et al.，2018），尤其是徒弟正念对师傅的影响方面。这一方面的缺失将在很大程度上阻碍我们对正念效果准确且深入的理解。根据自我决定理论，徒弟正念对于师傅而言就是外部环境因素。在人际互动中，师徒关系与徒弟正念共同作为师傅体验、获取外部支持的途径，两者形成互补，在一方资源和投入不足时给予补充（Decuypere et al.，2018）。特别是在徒弟正念不高时，良好的师徒关系能够帮助师傅缓解对指导关系、自身价值的怀疑或否定，将资源投入与徒弟的互动过程中，这将促使师傅对徒弟表达积极的情感，给予对方温暖，与对方建立良好的情感联结（Cox et al.，2020）。这种良性的情感策略有助于促进人际互动与交流，拓展社会联结（Chen and Yang，2020）更有助于满足师傅的基本需求。

综上所述，本章研究基于自我决定理论，认为师徒关系与徒弟正念交互影响了师傅基本需求满足，继而影响师傅变革型领导。本章研究主要有以下三方面的理论贡献：第一，厘清了师徒关系对师傅变革型领导的积极作用，对现有"师徒关系—师徒效果"关系的研究形成有益补充；第二，系统揭示师傅基本心理需求满足在其中的中介作用，有效地展示了师徒关系"温情效应"发生作用的路径；第三，将徒弟正念引入个体间效果的讨论中，明确了师徒关系、徒弟正念及其交互项对于师傅基本心理需求满足的互补作用，打开了两者互补影响师傅变革型领导的"黑箱"，丰富了师徒关系研究的边界条件。

（一）师徒关系和师傅变革型领导

师徒关系是指在工作环境中，有先进知识、技能和工作经验的人为经验技能不足的人提供职业帮助和心理支持的一种支持性资源关系（Van Vianen et al.，2018）。Scandura 和 Williams（2004）构建了师徒关系的职业发展指导、社会心理支持、角色榜样三维模型，得到了学术界的广泛认可。自信乐观、充满希望的师傅无疑会成为新员工的楷模，他们良好的心理资本会通过移情、共同环境和社会交互等传递给新员工（Ghosh，2014）。师徒关系强调一种动态的、师徒二人共同学习的过程，这不仅有助于师傅获得为人师表的成就感和满足感，还有利于他们更新信息和知识体系，获得灵感与创新，扩大在组织中的影响力（Ghosh and Reio，2013）。

以往关于师徒关系与领导力关系的研究（Chun et al.，2012），以及 Day 等（2009）基于技能获取对领导力发展的解释，为师徒关系对师傅变革型领导的影响提供了理论基础。在师徒关系的发展过程中，师傅和徒弟都可以体验个人学习的结果，如关于人际关系、领导技能、能力的认知学习（Joo et al.，2018）。基于技能习得模型，Day 等（2009）假设领导力发展发生在一个两阶段的学习过程中，在这个过程中，某领域的陈述性知识是关于如何在该领域行动的程序性知识的前提条件，并强调了将获得的陈述性知识与其行为标准一致的程序性知识联系起来的重要性。陈述性和程序性知识可以作为涉及战略和适应能力的更高层次学习的基础。当学习过程在工作实践中发生（如通过扮演师傅角色进行学习）时，师傅提供指导可以提高师傅的领导技能并使其获取知识（Ghosh and Reio，2013）。

变革型领导能根据下属的不同特征，设定差异化的工作目标或采取个性化的引导方式授权下属发挥全部潜能，进而提高他们的能力、自我效率等，主要包括领导魅力、感召力、智能激发、个性化关怀（Decuypere et al.，2018）。变革型领导作为一种高阶结构，是这些子维度行为表现的综合。大量实证证据支持这一说法，变革型领导是反映在这些行为风格作为一个整体的形式（Decuypere et al.，2018）。变革型领导通过表达对追随者卓越绩效的期望，为下属构建高预期目标；通过提供充足的工作资源，培育下属能力；通过鼓励下属质疑假设、重构问题和挑战常规，激励下属创新；通过及时反馈或表扬下属积极的态度和行为，肯定下属的能力和价值（Burmeister et al.，2020）。师徒关系能够影响变革型领导的一些维度，师徒关系的构建可能为师傅提供各种形式的知识，促进师徒关系发展，对不同的徒弟给予不同的指导，促进变革型领导水平的提升（Ghosh and Reio，2013）。

根据 Day 等（2009）的研究，领导者能力的发展，发生在一个人通过学习关于哪些对成功是重要的陈述性知识和关于如何导致成功的程序性知识的全过程。当一个师傅花时间了解一个徒弟的个人细节，同时为徒弟提供职业生涯指导、心理社会支持时，师傅可能会学习更多地从个人角度考虑徒弟，从而获得关于变革型领导的陈述性知识。当师傅提供角色建模功能的徒弟遵守组织政策、规范，师傅可以学习应用领导魅力、影响力促使徒弟认同师傅，从而获得变革型领导的程序性知识（Crisp and Alvarado-Young，2018）。Day 等（2009）发现师傅对徒弟的指导能够促进师傅习得两种以上领导力和知识，如关于能力的战略性知识（在不同的情况下按优先级排序和努力来实现组织目标）、适应性知识（应对新挑战、新情况、新变化的应变能力）。例如，当师傅和徒弟讨论并要求徒弟按时完成重要任务，同时师傅提供指导和咨询指导功能时，师傅就会向徒弟展示成功愿景、鼓舞人心的动机，从而获得战略性知识。此外，当师傅强调学习新的问题解决策略或创造性思维技能，同时向徒弟提供具有挑战性的任务、给予咨询的指导功能时，师傅可以学习以智力激发徒弟，从而获得变革型领导的适应能力（Crisp and Alvarado-Young，2018）。

由于专业知识是通过提供师徒关系的职业生涯指导、心理社会支持和角色榜样功能来积累的，各种知识和技能可以整合到师傅对变革型领导的理解中，然后通过师傅展示变革型领导行为来实践。师徒关系的三种功能似乎非常适合师傅发展变革型领导行为。具体来说，角色榜样功能允许徒弟将师傅视为模范，通过将师傅的价值观、信念、自信和自我牺牲进行师徒间沟通，促进徒弟的发展（Pellegrini and Scandura，2016）。角色建模过程可以帮助师傅重新发现自己有价值的部分，并恢复他们的信心。角色示范功能的广泛提供可能会体现师傅魅力和感召力，通过模范的价值观、行为和成就，通过谈论师傅自己的信仰和原则，展示自我牺牲，将明确的目标传递给徒弟（Chun et al.，2012）。心理社会支持使徒弟能够被师傅接受和确认，并对自己实现职业目标的潜力充满信心（Pellegrini and Scandura，2016）。这种指导功能将促进激励行为的发展，包括阐明一个令人信服的愿景，并通过投射对徒弟的信心来沟通高绩效期望。智力激发使徒弟对想当然的假设产生质疑，并以新的方式思考老问题（Chun et al.，2012）。这样的行为可以通过提供职业支持功能来改善，师傅让徒弟接受有挑战性的任务，学习职业相关的知识和技能，找到工作和生活平衡的新方法。最后，个性化的考虑是对追随者给予个性化的关注，通过考虑每个追随者独特的需求、能力和愿望帮助他们发展自己的优势（Chun et al.，2012）。心理社会支持和职业发展功能都强调对每个徒弟的不同需求的个性化照顾和关注可能有助于发展变革型领导的个性化行为（Pellegrini and Scandura，2016）。总之，提供师徒指导功能能够帮助师傅获得如何构建相互信任、尊重的师徒关系的陈述性知识，以及通过行动构建的程序性知识。由于师徒关系和变革型领导的互补性，在工作实践中扮演师傅角色所学习到的知识会促进变革型领导者改善在师傅自身的监督关系中的实际行为表现。基于以上分析，我们提出以下假设：

假设1：师徒关系显著正向影响师傅变革型领导。

（二）师徒关系和师傅基本心理需求满足

自我决定理论认为，人天生就会被一些有趣的活动所吸引，去训练自己的能力，追求与社会群体的关系，体验自主感。当环境满足了三种基本心理需要的时候，个体就会朝着积极、健康的方向发展（Deci et al.，2017）。基本心理需求满足的协同视角认为，单维式需求满足研究的理论基础，在于这三种需求满足共享的同一套心理机制。具体而言，自主、归属和能力需要的满足首先作用于内部动机和内化的外部动机，进而通过这一共享的心理机制作用于个体的成长、整合和幸福。在亲密关系中，三种需求满足均会通过内部动机这一共享的心理机制对个体产生影响（Earl et al.，2019）。究其原因，亲密关系的双方会存在一方对另一方的高度依赖（如师徒关系等）。归属需要得到满足时，个体会体验到更多的愉悦感和趣味性，因此归属满足对内部动机的影响更为突出（Graves et al.，2013）。由于在亲密关系中自主和能力满足也会主要通过内部动机作用于个体（Ryan and Deci，2017），因此内部动机成为三种需求满足产生协同效应的主要心理机制。Allen 等（1997）的定性研究发现，师傅通过指导徒弟能够增加师傅自己的知识，并在组织内建立支持网络，徒弟为师傅提供了一个听众来表达他们的想法和感受的渠道，满足了师傅对创造性结果的渴望，使师傅得到自我满足。

扮演师傅角色而产生的行为被认为是角色规定的亲社会行为，这种行为在规定了师傅在履行其组织角色的同时，还包括促进师傅行为指向徒弟的成长、发展（Van Vianen et al.，2018）。尽管正式的师徒关系是一种角色规定的行为，但是作为一名师傅需要投入相当多的时间和承诺，这超出了一个人的常规工作量（Humberd and Rouse，2016）。这意味着利他主义是师徒关系中亲社会行为的相关动机。师傅指导被概念化为师傅对徒弟的个人、组织外投资，是亲社会行为的一种评估情绪反应形式（Pellegrini and Scandura，2016）。与工作相关的幸福感是个体对工作的情绪反应。幸福感较高的个体之所以感觉良好，是因为他们经历了大量的积极情绪，相应地有较少的消极情绪。与工作相关的幸福感代表了一个人的状态型情感反应，而这种情绪反应又能够影响对基本心理需求满足的感知（Van Katwyk et al.，2000）。

由于人类行为可以用追求自身利益和他人利益的多元动机来解释，如指导行为、帮助他人，因此属于双重动机。一方面，这些行为可能是由个人利己主义驱动的，个人利己主义的潜在价值是提高个人幸福感。例如，研究表明，处于暂时抑郁状态的个体倾向于帮助他人以缓解消极情绪，因为行善的行为对个人来说是令人满足的（Reavis et al.，2015）。另一方面，帮助他人可以是由纯粹的利他主义欲望驱动的，促进他人的个人职业发展。虽然提供帮助不可避免地需要为他人的利益做出一定程度的个人牺牲，但是帮助他人和自我满足是相容的，也是合理的。积极心理学的研究表明，个人在帮助他人时会感觉良好，因为这种亲社会行为会导致更强的自尊感（Aknin et al.，2015）。帮助他人唤起一种自我超越的意义和对生活的归属感，这反过来增加快乐和减少抑郁。综上所述，无论帮助行为的动机是什么，对指导他人的帮助行为的情绪反应都可能是积极的（Park et al.，2017），会诱发基本心理需求的满足，帮助行为和捐助者的基本心理需求满足、心理健康之间存在高相关性（Park et al.，2017）。基于以上分析，我们提出以下假设：

假设 2：师徒关系显著正向影响师傅基本心理需求满足。

（三）基本心理需求满足的中介作用

在基本心理需求满足的协同视角下，三种需求满足可共享内部动机和内化的外部动机两种心理机制，但三种需求满足对其共享心理机制产生作用的主要着力点存在着差异。自主和能力满足对内部动机的效应更为突出，归属满足则更有助于加速外部动机的内化过程（Deci et al.，2017）。研究结果表明，在工作中受到内部激励的管理者（出于一种享受、信任和自我价值感而行动）更有可能产生变革型领导行为（Barbuto，2005）。基于自我决定理论视角的研究提供了自主支持与某些领导行为联系起来的结果（Taylor et al.，2008）。例如，Taylor 等（2008）发现，自主激励的教师在课堂上使用了更多类似于领导力的策略，如给学生提供选择、提供更多高质量信息和工具性帮助以及更多地参与学生活动。关于自我效能感与领导力关系的研究表明，领导者的自我效能感与领导者的自我认知、下属的领导绩效评价密切相关。一项实验研究发现，参加旨在提高自我效能干预（实验组）的管理者，在后测中报告的变革型领导得分高于对照组的管理者（Fitzgerald and Schutte，2010）。此外，研究还发现，领导者的自我效能感与同事和上级对其领导力的评价有很强的相关性（Chemers et al.，2000）。来自工作场所重要的其他人的积极支持是员工激励因素的核心。越来越多的证据表明，工作场所关系的质量与一个人的自主动机和自我效能感有关（Fernet et al.，2010）。例如，研究表明，个体正是通过人际支持（温暖、喜爱和培养）形成了对自身能力满足需求和成功应对挑战的信念（Fiori et al.，2006）。那些相信自己在工作中的参与有意义的师傅往往认为自己能够激励和传递使命感给他人，这也反映了师徒关系在组织管理中的重要性。那些在管理技巧上感到高效的管理者相信他们的行为能够促进组织及其成员的利益最大化，将自我效能和领导力积极联系在一起。自主需要的满足是转变变革型领导观念的关键因素，因为那些出于快乐或个人重要性而从事工作的管理者认为自己是能够激励他人和激发兴趣的领导者。基于以上分析，我们提出以下假设：

假设3：师傅基本心理需求满足显著正向影响师傅变革型领导。

假设4：师傅基本心理需求满足在师徒关系影响师傅变革型领导中起中介作用。

（四）徒弟正念的调节作用

借鉴了自我决定理论（Deci et al.，2017），本章研究认为心理需求满足可能有助于解释师徒关系如何影响变革型领导。在本章研究中，我们提出徒弟正念能够与师徒关系形成良好的互补效应，并积极影响师傅的基本心理需求满足，继而影响师傅变革型领导。

个体拥有的资源是有限的，如自尊、时间、知识、工作安全感或工作中的社会关系，个体努力获得和保护这些资源。缺乏这些资源的人会感到压力，并容易进一步失去安全感。因此，损耗可能会导致个体采取防御姿态来保存他们所剩下的任何资源（Hobfoll，2001）。由于师傅会激励徒弟，在智力上指导他们，并且展示对徒弟的情感支持，使他们投入更多的努力，因此师傅需要足够的个人资源。由于徒弟正念增强了师傅的自我调节，从而促进了自我照顾，因此其有助于师傅的资源保护效果的产生（Hobfoll，2001），有助于保护师傅免受资源不足和进一步枯竭的负面压力循环的影响。一项元分析表明，正念与压力和倦怠都呈负相关关系（Mesmer-Magnus et al.，2017）。

当徒弟正念有效弥补师傅的（个人）资源时，师傅更有可能得到基本心理需求满足，实施变革型领导。具体到基本心理需求，第一种心理需求即胜任需求，可以描述为成功完成具有挑战性的任务。徒弟正念提高了徒弟能力，因为它直接与自评工作绩效、员工对领导效能和领导力的评价相关（Mesmer-Magnus et al.，2017）。徒弟正念通过对徒弟（情绪）的自我调节、信息处理和决策有助于肯定师傅指导的有效性，从而产生胜任感（Decuypere et al.，2018）。以往研究也发现，正念与效能和信心、工作努力和工作满意度的正相关关系，以及与压力、倦怠和工作戒断的负相关关系也与此相关（Mesmer-Magnus et al.，2017）。在师徒关系有待改善、亟须调整的状态下，徒弟正念通过疏远和（重新）感知师徒指导情境的过程，使徒弟可以变得不那么受思想和情绪的控制，会有更有创造力的新想法和新技能产生，继而也增强了师傅对个人能力的肯定（Verdorfer，2016）。当师傅感到有能力和有效率并正在"做正确的事"时，他们就会成为榜样。这为员工提供了鼓舞人心的激励，这是变革型领导的一部分（Decuypere et al.，2018）。

第二种心理需求即关系需求，是指与他人建立联系并感到被关心。正念已经被证明会影响员工的关系需求满意程度（Reb et al.，2014）。由于工作关系是双向关系，因此当领导—员工关系良好时，领导者对关系需求满意度也很高。一项元分析显示，正念和工作中的人际关系之间存在互补关系（Mesmer-Magnus et al.，2017）。正念可以帮助领导者通过在场和用心倾听与员工建立联系，这有助于领导者更清晰地沟通和发展信任，这也会导致良好的工作关系（Roberts and David，2017）。这与正念增强同理心的研究结果是一致的。当领导者的关系需求满意度高、与员工的联系令人满意时，领导者能够更加关注下属的发展需求。这加强了领导者的支持和指导作用，这与变革型领导的个性化考虑维度有关（De-cuypere et al.，2018）。

第三种心理需求是自主需要。徒弟正念促进师傅自主需求满足，因为它与师傅的自我控制和自我调节有关（Cox et al.，2020）。正念是开放的，在当下的注意力广度范围内信息可以被更准确地处理（Chen and Yang，2020）。通过这种方式，徒弟正念增强了徒弟创造力并减少决策偏差（Decuypere et al.，2018）。徒弟正念有助于在触发和反应之间创造一个"空间"，在这个空间中，困难可以得到充分的评估，情绪反应可以得到更好的管理。神经科学研究也表明，正念通过增强前额皮质对杏仁核（情绪）反应的抑制，有助于调节情感（Decuypere et al.，2018）。徒弟更为理智的行为决策、绩效管理和情绪调节有助于师傅自主需求的满足。特别是对于师徒关系一般的师徒而言，徒弟正念为增强师徒关系提供了更多的情感信任和具体产出的补偿。当师傅的自主性需求得到满足时，他们更有可能激发员工的自主性，这是变革型领导的一部分（Decuypere et al.，2018）。

首先，徒弟正念和师徒关系可以共同通过满足师傅基本心理需求增强师傅魅力，因为它与实际能力和工作投入有关（Leroy et al.，2013）。增强的实际能力可能有助于展示独特的个人领导魅力，而由此产生的工作投入的活力和动力也可能鼓舞员工。一般来说，徒弟正念得分高的领导者被视为组织内鼓舞人心和有影响力的榜样，因为他们可以帮助解决难题，做出平衡的决定，能够在与员工在一起时调节自己对压力事件的情绪反应（Decuypere et al.，2018）。其次，徒弟正念有助于领导者倾向于提供智力激发，这有助于徒弟以初学者的思维看待情况，从而更客观地观察情况，并克服自动过程和认知偏差（Bravo et al.，2018）。正念还能增强灵活性、好奇心，从而提高创造力（Leroy et al.，2013）。总之，它有助于师傅为徒弟提供新颖的想法和观点。再次，徒弟正念也能够影响师傅的感召力，因为它支持价值驱动的道德行为（Mesmer-Magnus et al.，2017）。通过这种方式，师傅可以更好地理解并按照他们的价值观和目标行事。因此，徒弟正念可以帮助师傅阐明价值观，成为一个真实的、参与的角色榜样（Decuypere et al.，2018），并能够激励员工。最后，徒弟正念有助于师傅在与徒弟沟通时通过增强个性化的考虑意识，更好地规范他们（可能的负面和自动）对徒弟的反应，同时考虑到徒弟面临的外部环境，也有助于师傅在行动之前考虑徒弟的个人需求和愿望（Chen and Yang，2020）。研究已经表明，正念增强了观点接受和移情关注。基于以上分析，我们提出以下假设：

假设5：徒弟正念调节了师徒关系和师傅基本心理需求满足之间的关系。

具体而言，这一正向关系对于低心理安全感的员工而言相对较强，而对于高心理安全感的员工而言相对较弱。

假设6：徒弟正念调节了基本心理需求在师徒关系和师傅变革型领导之间的中介作用。

具体而言，这一中介效应对于低心理安全感的员工而言相对较强，而对于高心理安全感的员工而言相对较弱。

三、研究方法

（一）研究过程与样本

采用整群抽样法，选取463名员工作为样本。考虑到共同方法偏差的可能影响，本章研究根据相关研究经验，在间隔3个月的两个时间点对师傅和徒弟发放两张不同的问卷，在程序上对共同方法偏差进行控制。在第一个时间点，师傅回答包括人口统计学变量、师徒关系的问卷，徒弟回答关于正念的问卷。在第二个时间点，师傅回答基本心理需求满足的问卷，徒弟回答师傅变革型领导问卷。最终，前后两次匹配成功且作答有效问卷共366份，有效回收率为79.05%。员工的年龄为30.78±9.57岁，其他员工信息如表3-1所示。

表3-1 被试人口统计学状况

变量	类别	人数	百分比（%）
性别	男	274	25.14
	女	92	74.86

变量	类别	人数	百分比（%）
学历	高中及以下	92	25.14
	专科	43	11.75
	本科	188	51.37
	研究生	43	11.75
工龄	5 年及以下	217	59.29
	6~10 年	39	10.66
	11~15 年	44	12.02
	16~20 年	26	7.10
	21 年及以上	40	10.93

（二）测量工具

问卷计分方式为李克特 5 点量表，其中，1＝非常不同意，5＝非常同意。

（1）师徒关系。采用 Hu 等（2011）修订的师徒关系问卷，包括职业生涯指导、心理社会支持和角色榜样 3 个维度，共 9 个题项，如"我的师傅为我的事业倾注了时间和精力"等。师徒关系的 Cronbach's α 为 0.96，其中，职业生涯指导、心理社会支持和角色榜样的 Cronbach's α 分别为 0.90、0.82 和 0.87。

（2）师傅基本心理需求满足。采用 Broeck 等（2008）修订后的基本心理需求量表。由于原始量表中个别条目会增强工作资源和基本需求满足之间的关系，因此本书量表删除了原始问卷中关于工作环境支持的相关条目，修订后的问卷仍然包括胜任需要、关系需要、自主需要 3 个维度，共 15 个题项，如"我和我接触到的人相处得很好"等。基本心理需求满足的 Cronbach's α 为 0.97，其中，胜任需要、关系需要、自主需要的 Cronbach's α 分别为 0.90、0.91 和 0.91。

（3）徒弟正念。采用 Brown 和 Ryan（2003）编制的量表，包括 15 个题项，如"我很自动化地做事情，而不在意我正在做什么"。由于所有题项均为反向题，为了在分析中更好地解释结果，我们将题项分数进行了转换，进而使得高分表明高水平的正念状态。在本章研究中，量表的 Cronbach's α 为 0.76。

（4）师傅变革型领导。采用 John 等（2016）编制的量表，包括领导魅力、感召力、智能激发、个性化关怀 4 个维度，共 27 个题目，如"师傅为未来的愿景指明了方向"。在本章研究中，师傅变革型领导的 Cronbach's α 为 0.98，其中，领导魅力、感召力、智能激发、个性化关怀的 Cronbach's α 分别为 0.96、0.94、0.95 和 0.93。

（5）控制变量。在本章研究中，选取性别、年龄、学历、工龄为控制变量。

四、研究结果

（一）变量区分效度检验

鉴于样本与题项总数的比率会影响模型总体的拟合度，学者建议使用题项打包的方法（Little et al.，2013）。由于模型中的师傅基本心理需求满足、变革型领导的题项数量相对较多，本章研究采用题项—构念平衡法对这些题项进行打包，其题项分别打包为 3 个和 4 个指标。为检验主要变量之间的区分效度，采用 Mplus 7.0 进行验证性因素分析。四因子模型拟合良好（$\chi^2 = 99.3$，$p < 0.01$；CFI = 0.97；TLI = 0.95；RMSEA = 0.07），且与其他模型存在显著差异，说明各主要变量之间具有良好的区分效度。采用不可测量潜在方法因子效应控制对共同方法偏差进行检验。结果表明，在三因素模型基础上增加一个方法因子变成四因素模型（$\chi^2 = 95.00$，$p < 0.01$；CFI = 0.97；TLI = 0.95；RMSEA = 0.07）之后，模型拟合指数并未得到较大改善。另外，验证性因子分析结果表明，单因素模型拟合情况较差（$\chi^2 = 191.00$，$p < 0.01$；CFI = 0.92；TLI = 0.90；RMSEA = 0.10）。因此，本章研究不存在严重的共同方法变异问题（周浩和龙立荣，2004）。

（二）描述性统计与相关分析

为避免无关变量对研究结果的影响，本章研究将性别、学历和工龄这三个控制变量中的分类变量进行虚拟化处理后进行积差相关分析，并将以上三个控制变量连同年龄一起作为控制变量进行分析。结果如表 3-2 所示，师徒关系和师傅基本心理需求满足、师傅变革型领导呈显著正相关关系（$p < 0.01$），徒弟正念和师

傅基本心理需求满足、师傅变革型领导呈显著正相关关系（p<0.01），师傅基本心理需求满足和师傅变革型领导呈显著正相关关系（p<0.01）。

表 3-2　各变量的均值、标准差和相关系数

	均值	标准差	1	2	3	4
1. 师徒关系	3.43	1.01	—			
2. 师傅基本心理需求满足	3.72	0.91	0.57**	—		
3. 徒弟正念	3.39	0.83	0.45**	0.58**	—	
4. 师傅变革型领导	3.51	1.02	0.62**	0.50**	0.48**	—

注：n=366；＊代表 p<0.05，＊＊代表 p<0.01。

（三）假设检验

运用 Bootstrap 法进行中介效应的检验，重复抽样 5000 次，可以发现，如表 3-3 所示，师徒关系对师傅基本心理需求满足有正向影响（模型 1，β=0.51，p<0.01），师徒关系对师傅变革型领导有正向影响（模型 2，β=0.59，p<0.01），验证了假设 1、假设 2。将师徒关系和师傅基本心理需求满足共同放入方程预测师傅变革型领导后，师傅基本心理需求满足对师傅变革型领导影响显著（模型 3，β=0.25，p<0.01），而师徒关系对师傅变革型领导影响变小（模型 3，β=0.46，p<0.01）。如表 3-4 所示，师徒关系通过师傅基本心理需求满足影响师傅变革型领导的间接效应为 0.13，其 95% 的置信区间为 ［0.05，0.23］，置信区间内不包含 0，师傅基本心理需求满足的中介作用成立，中介效应率为 ab/c=0.13/0.59=22%，验证了假设 3、假设 4。师徒关系与徒弟正念的交互项对师傅基本心理需求满足的效应显著（模型 4，β=-0.20，p<0.01），说明徒弟正念在师徒关系与师傅基本心理需求满足之间起调节作用，验证了假设 5。

表 3-3　师徒关系对师傅变革型领导的影响

自变量	因变量			
	模型 1	模型 2	模型 3	模型 4
	师傅基本心理需求满足	师傅变革型领导		师傅基本心理需求满足
常量	1.89	1.61	2.70	3.73
师徒关系	0.51**	0.59**	0.46**	0.31**
师傅基本心理需求满足			0.25**	
徒弟正念				0.40**
师傅关系×徒弟正念				-0.20**
R²	0.35	0.44	0.47	0.54
ΔR²	0.28	0.29	0.03	0.07
F	19.12**	27.36**	28.27**	34.27**

注：$n = 366$；* 代表 $p < 0.05$，** 代表 $p < 0.01$。

表 3-4　中介效应检验结果

中介路径	效应	效应值	标准误	95%置信区间
师徒关系→师傅基本心理需求满足→师傅变革型领导	总效应	0.59	0.04	[0.50, 0.67]
	直接效应	0.46	0.05	[0.36, 0.56]
	间接效应	0.13	0.05	[0.05, 0.23]

　　为了进一步分析徒弟正念如何调节师徒关系和师傅基本心理需求满足的关系，进行简单斜率分析。如图 3-1 所示，尽管徒弟正念低的回归斜率更陡，但是可以观察到徒弟正念高的师傅基本心理需求更容易得到满足。具体而言，当徒弟正念处于高水平（高于平均值 1 个标准差）时，师徒关系对师傅基本心理需求的正向影响较弱（$\beta = 0.15$，$p < 0.01$），此时无论师徒关系怎样，师傅基本心理需求满足程度都比较高。但当徒弟正念处于低水平（低于平均值 1 个标准差）时，师徒关系越好，师傅基本心理需求满足程度越高（$\beta = 0.46$，$p < 0.01$）。

　　由表 3-5 可知，徒弟正念分别取均值加减一个标准差时，师徒关系对师傅变革型领导的间接影响效应的差异达到 0.08（$p < 0.01$），差异显著。对有调节中介检验显示，职业乐观对求职行为有调节的中介检验的判定指标为 -0.05，95%的

置信区间为 [-0.08, -0.02]，置信区间内不包含 0，验证了假设 6。

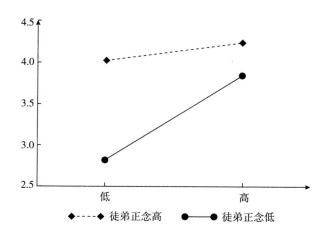

图 3-1 徒弟正念对师徒关系和师傅基本心理需求满足关系的调节效应

表 3-5 有调节的中介效应检验结果

中介路径	调节变量	效应值	标准误	95%置信区间
师徒关系→师傅基本心理需求满足→师傅变革型领导	徒弟正念低	0.12	0.04	[0.05, 0.20]
	徒弟正念高	0.04	0.02	[0.01, 0.09]
	差异	0.08	0.02	[0.04, 0.11]

五、讨论

随着众多企业意识到师徒制在企业发展中的作用，在构建师徒关系时又不得不面对师傅难以招募的问题，企业管理人员逐渐意识到关注师徒关系对师傅的重要性，更多的研究学者呼吁对师徒二元互补作用中的师傅方面进行深入分析。本章研究基于自我决定理论，针对 366 份师傅—徒弟配对两时段的数据进行分析，结果表明：①师徒关系积极预测师傅基本心理需求满足；②师傅基本心理需求满足进一步影响了师傅变革型领导；③师徒关系和徒弟正念交互影响师傅基本心理需求满足，对于徒弟正念低的师傅而言，师徒关系越好，师傅基本心理需求越容易被满足，继而产生更高水平的变革型领导。本章研究是以往师徒关系结果变量研究的拓展和深化。Ghosh 和 Reio（2013）从理论上提出师徒关系对师傅有积极的影响，由于对师傅职业生涯发展的影响研究仅有 Chun 等（2012），导致难以进行元分析。然而，Chun 等（2012）仅从实证上证实了师徒关系持与变革型领导、幸福感的直接关系，并未深入讨论其中的影响机制。此外，尽管研究提出有必要从经验传承的角度探讨师徒关系对师傅的影响，但叶龙等（2020）仅探讨了师徒关系能够激发师傅面对徒弟时的爱岗敬业、精益求精和勇于创新的工匠精神，师徒关系是否以及如何影响师傅的工匠精神又是悬而未解的问题。就像孩子终将离家独立一样，徒弟也终将希望在心理上或者以实际行动离开他们的师傅。没有为这种分离做好准备的师傅可能觉得受到抛弃，感到愤怒或怨恨，乃至阻挠徒弟的进步。因此，要使师徒关系激发师傅的变革型领导，徒弟的态度（正念）发挥重要作用。本章研究聚焦于师徒关系对师傅变革型领导的影响，探讨了师傅基本心理需求满足的中介作用，从徒弟正念的角度阐明了这种传递作用发生的边界条件。

（一）理论贡献

第一，本章研究以师傅变革型领导为落脚点，响应了 Ghosh 和 Reio（2013）的呼吁，有效补充了师徒关系对师傅个人职业生涯发展的积极作用的实证研究。尽管师徒关系受师徒双方影响，又作用于师徒双方，但是长期仅关注徒弟收获师傅指导的结果而忽视师傅付出对自身的回报是研究的断裂，也影响了师傅积极作用的发挥。本章研究从自我决定理论出发，认为师徒关系是一种二元互动中的互惠关系，这一发现和 Chun 等（2012）的发现一致，也进一步佐证了行为经济学的"温情效应"。师傅支持徒弟职业发展要求师傅发挥他们的"感召力"，并有针对性地激发徒弟的智能（Van Vianen et al.，2018）。师傅为徒弟提供心理社会支持，能够加深徒弟作为追随者对师傅的依赖，使其更容易发现师傅的魅力。由师傅自身的模范价值观、行为和成就所代表的角色榜样可以增加徒弟对师傅的尊重和信任，师傅被视为具有参照权力的有影响力的人物（Pellegrini and Scandura，

2016）。以上研究发现将师傅和徒弟两个看似自上而下的给予和接受的角色转换成平等的互惠角色。正如前人研究所指出的，尽管将师傅和徒弟看成独立的自上而下的角色为我们提供了更为简单的视角和更为便利的经验，但是师徒二元互惠的视角能够帮助我们更加全面地理解师徒关系向纵深发展的路径（Chun et al.，2012）。

第二，本章研究厘清了师徒关系对师傅变革型领导影响的内在机制，对现有探索"利他行为—利己效果"关系的研究形成了极为有益的补充。利己主义的个人追求自身价值的最大化，但利他主义呢？研究指出，像慈善捐赠这种增加社会整体福祉的方法，每个成员基于效用函数追求整体效用的最大化，捐赠者的动机会受到政府税收的挤出效应影响，高收入者的捐赠动机应强于低收入者。但事实不符合这种假设。研究者在非纯粹利他动机的效用函数中增加了"温情效应"，即个人不关心总量，而是专注于捐赠行为本身（Park et al.，2017）。如果捐赠行为得到关注，他们会享受关注带来的满足感。尽管关于利他主义行为能够产生良好的感觉或者满足感已经达到共识，但是现实生活中少见纯粹的利他行为，而非纯粹的利他行为很普遍，且动机更为复杂，因此就有必要挖掘其内部动机机制（Decuypere et al.，2018）。本章研究基于自我决定理论发现，师傅为徒弟提供职业生涯指导、心理社会支持和角色榜样的非纯粹利他行为，是因为这些非纯粹利他行为在徒弟社会化、职业发展等方面产生的效果能够得到关注，继而使师傅得到胜任、关系和自主需要的满足，更能激发其变革型领导。这与以往研究的利他行为的动机源自行为带来的满足感和幸福感相一致，也与利他行为是由它所唤起的温情效应的观点相一致。

第三，本章研究强调了徒弟正念在促进师傅基本心理需求满足、激发师傅变革型领导上的积极作用，凸显了师徒关系在徒弟正念不高的状态下的互补作用。徒弟的正念可以通过对师傅的态度和行为产生积极影响。正念高的徒弟能够深入体验自己的内心、想法等，且时刻关注企业当下的环境，可以准确地向师傅传递为实现企业愿景而思考的方法，逐渐与师傅构成"共振"的人际关系（Decuypere et al.，2018）。这种"共振"的关系对于师傅基本心理需求满足十分关键。自我决定理论强调外部环境对自身需求满足的影响，对于师傅而言，师徒关系作为日常工作中的亲密关系尤为重要（Deci et al.，2017）。徒弟的正念为师傅基本心理需求满足提供了一种额外的独特资源。这是因为徒弟正念包含了一种对当前而非过去或未来体验和事件的开放式的知觉和注意。徒弟正念作为一种个体资源不仅可以帮助师傅接受他们当前的资源水平，减少对环境中可用资源的依赖，还能够使其感知更多的替代资源（Kroon et al.，2015）。而徒弟正念低就意味着对外部环境资源更依赖并寻求更多有价值的资源，师徒关系可以帮助徒弟识别出哪些事物是他们真正看重和在意的（Decuypere et al.，2018）。这是因为通过师傅的职业生涯指导等，徒弟有机会识别并采纳那些对于他们生活有重要意义的价值和目标，徒弟目标明确、资源充足就可以改善师傅自身价值的自我调节（Gong et al.，2020）。不仅如此，正念能促使个体准确、有效地调节自身与他人的情感状态，通常可以帮助个体体验和表现出更多的积极情感（Decuypere et al.，2018）。

（二）实践贡献

首先，在管理实践中亟须使师傅从指导计划的一开始就知道自己正在加入一个双方（师傅和徒弟）都可能获得某些利益的伙伴关系，他们更倾向于发展互惠关系，而不是一种等级单向的关系。这种关系主要是针对他们的职业需要，取决于组织在建立等级较低的发展关系方面的建设性措施。然而，很明显，鼓励师傅和徒弟为彼此的职业生涯发展着想，可以增加师徒制成功的可能性，特别是在满足更多人的职业需求方面。企业应该安排关于师傅在指导过程中预期角色的培训，并确定哪种辅导支持与潜在师傅最期望的职业福利相关。如果一个潜在的师傅认为可以获得自身职业成功并知道如何最好地为徒弟的职业提供职业支持，那么师傅和徒弟都能从师徒合作关系中获得最大的利益。

其次，师徒制对组织而言是一种有效的人才培训方式，其中最重要的就是对组织领导者的培训。一项对美国多家百年企业的发展历史的研究发现，永续企业中的领导者大多来自企业内部而非外部，因此在组织内部建立有效的传承制度非常重要。师徒关系是发掘潜力领导者与培育领导人才的有效方式。师傅应更多地关注产生高质量指导关系的因素。由于高质量的指导关系取决于师傅对组织和徒弟职业道路的准确和有意义的了解，师傅应努力提供对徒弟职业发展道路更有意义的知识和信息，或从徒弟那里获得更多信息，以给徒弟提供建议。此外，交流和倾听技能等对于师傅与徒弟发展牢固的关系也是必要的。这些技能是充分理解徒弟和有效提供建议所必需的。

最后，正念影响个人和他人的幸福感和领导力。正念的情绪调节效应对一个组织的所有成员都很重要。因此，我们认为在组织文化中加入员工的正念管理会产生有益的效果。关于集体正念的研究才刚刚出现，但已经显示出了很好的结果（Eastburn，2018）。当组织对员工和领导者实施更多的注意力培训和正念管理实践时，增强员工幸福感可能会使组织表现更为出色。

（三）不足及未来展望

第一，尽管本书把重点放在传统的师徒指导关系上，但是其他形式的指导，如同伴指导和集体指导，也值得注意。这些替代指导安排实际上正在得到学者们的关注，因为通过减少组织的层次结构和采用更扁平化的框架，组织正在进行越来越多的重组。在不同的背景下，其他指导也可能发挥作用。例如，在同伴或团体辅导中，环境因素可能会影响徒弟接受建议的程度，组织文化和组织对指导关系的支持可能对徒弟接受建议更有影响。因此，更多的研究应该针对不同形式的指导关系，如同伴指导、团体指导以及传统指导关系的其他替代方法。

第二，尽管本章研究采用了两时段、师徒双方数据期望以更有力的数据阐述因果关系，但是仍难达到纵向研究和实验研究的说服力。在发放问卷时，没有对两个时段所有变量进行测量并控制，这里面可能会夹杂变量间的交叉影响。迄今为止，大多数师徒研究主要依靠横向实地研究，即使用单一的数据收集方法从单一来源（通常是徒弟）收集数据。根据 Allen 等（2008）对 200 篇师徒关系文章进行的元分析，96%的研究采用了现场问卷和访谈设计，只有 5.1%的研究采用了实验设计。就发放时间而言，在收集数据的 176 项研究中，90.9% 的研究采用了横断面设计。因此，迫切需要对师徒指导进行更多的实验和纵向研究，以确定指导和结果变量之间的因果关系。

第三，从研究结论的普适性来看，师徒关系发挥作用有着较大的行业差异，而本章研究的数据来源于工业企业，且在分析的时候没有将师徒关系的三种功能拆分开进而具体分析。如果换作金融企业，可能会注重角色榜样和职业生涯指导，尤其注重风险控制。未来研究可以采集跨行业数据进行分析，从而增强研究结论的普适性。

六、结论

"温情效应"体现了非纯粹利他行为中对助人者的回报和激励。本章研究聚焦于师徒关系，探讨了师徒关系对师傅变革型领导的"温情效应"，以及这一关系产生的机理和边界条件，为以往两者关系不明确提供了一个新的解释视角。基于自我决定理论，发现师徒关系通过师傅基本心理需求满足的路径间接对师傅变革型领导产生影响，师徒关系和徒弟正念交互影响师傅基本心理需求满足，对于徒弟正念低的师傅而言，师徒关系越好，师傅基本心理需求越容易被满足，继而产生更高水平的变革型领导。

参考文献

［1］Aknin L B, Broesch T, Hamlin J K, et al. Prosocial behavior leads to happiness in a small-scale rural society ［J］. Journal of Experimental Psychology General, 2015, 144（4）: 788-795.

［2］Aknin L B, Broesch T, Hamlin J K, Van de Vondervoort J W. Prosocial behavior leads to happiness in a small-scale rural society ［J］. Journal of Experimental Psychology: General, 2015, 144（4）: 788.

［3］Allen T D, Eby L T, Brien O, et al. The state of mentoring research: A qualitative review of current research methods and future research implications ［J］. Journal of Vocational Behavior, 2008, 73 （3）: 343-357.

［4］ Allen T D, Poteet M L, Burroughs S M. The mentor's perspective: A qualitative inquiry and future research agenda ［J］. Journal of Vocational Behavior, 1997, 51 （1）: 70-89.

［5］ Barbuto J E Jr. Motivation and transactional, charismatic, and transformational leadership: A test of antecedents ［J］. Journal of Leadership & Organizational Studies, 2005, 11 （4）: 26-40.

［6］ Basualdo-Delmonico A M, Spencer R. A parent's place: Parents', mentors' and program staff members' expectations for and experiences of parental involvement in community-based youth mentoring relationships ［J］. Children and Youth Services Review, 2016, 61: 6-14.

［7］ Beek G J, Zuiker I, Zwart R C. Exploring mentors' roles and feedback strategies to analyze the quality of mentoring dialogues ［J］. Teaching and Teacher Education, 2019, 78: 15-27.

［8］ Bravo A J, Pearson M R, Kelley M L. Mindfulness and psychological health outcomes: A latent profile analysis among military personnel and college students ［J］. Mindfulness, 2018, 9 （1）: 258-270.

［9］ Broeck A V D, Vansteenkiste M, Witte H D, et al. Explaining the relationships between job characteristics, burnout, and engagement: The role of basic psychological need satisfaction ［J］. Work & Stress, 2008, 22 （3）: 277-294.

［10］ Brown K W, Ryan R M. The benefits of being present: Mindfulness and its role in psychological well-being ［J］. Journal of Personality and Social Psychology, 2003, 84 （4）: 822-848.

［11］ Burmeister A, Li Y, Wang M, et al. Team knowledge exchange: How and when does transformational leadership have an effect? ［J］. Journal of Organizational

Behavior, 2020, 41（1）: 17-31.

[12] Chemers M M, Watson C B, May S T. Dispositional affect and leadership effectiveness: A comparison of self-esteem, optimism, and efficacy [J]. Personality & Social Psychology Bulletin, 2000, 26（3）: 267-277.

[13] Chen G, Yang T. The influence of mindfulness on intimate relationships [J]. Advances in Psychological Science, 2020, 28（9）: 1551-1563.

[14] Chun J U, Sosik J J, Yun N Y. A longitudinal study of mentor and protégé outcomes in formal mentoring relationships: Mentor and protégé outcomes [J]. Journal of Organizational Behavior, 2012, 33（8）: 1071-1094.

[15] Cox C C, Adler-Baeder F, McGill J, et al. The influence of anxiety and mindfulness on relationship quality: An investigation of comparative and dyadic effects [J]. Mindfulness, 2020, 11（8）: 1956-1966.

[16] Crisp G, Alvarado-Young K. The role of mentoring in leadership development [J]. New Directions for Student Leadership, 2018, 158: 37-47.

[17] Day D V, Harrison M M, Halpin S M. An integrative approach to leader development: Connecting adult development, identity and expertise [M]. New York: Routledge, 2009.

[18] Deci E L, Olafsen A H, Ryan R M. Self-determination theory in work organizations: The state of a science [J]. Annual Review of Organizational Psychology and Organizational Behavior, 2017, 4（1）: 19-43.

[19] Decuypere A, Audenaert M, Decramer A. When mindfulness interacts with neuroticism to enhance transformational leadership: The role of psychological need satisfaction [J]. Frontiers in Psychology, 2018, 9: 2588.

[20] Deutsch N L, Lawrence E C, Henneberger A. Social class [M]. Handbook of Youth Mentoring, 2014: 175-188.

[21] Earl S R, Taylor I M, Meijen C, et al. Young adolescent psychological

need profiles: Associations with classroom achievement and well-being [J]. Psychology in the Schools, 2019, 56 (6): 1004-1022.

[22] Eastburn R W. Organizational mindfulness in banking: A discriminating factor for firm performance [J]. Journal of Managerial Issues, 2018, 30 (1), 122-127.

[23] Fernet C, Gagné M, Austin S. When does quality of relationships with co-workers predict burnout over time? The moderating role of work motivation [J]. Journal of Organizational Behavior, 2010, 31 (8): 1163-1180.

[24] Fiori K L, Mcilvane J M, Brown E E, et al. Social relations and depressive symptomatology: Self-efficacy as a mediator [J]. Aging & Mental Health, 2006, 10 (3): 227-239.

[25] Fitzgerald S, Schutte N S. Increasing transformational leadership through enhancing self-efficacy [J]. The Journal of Management Development, 2010, 29 (5): 495-505.

[26] Gettings P E, Wilson S R. Examining commitment and relational maintenance in formal youth mentoring relationships [J]. Journal of Social and Personal Relationships, 2014, 31 (8): 1089-1115.

[27] Ghosh R, Reio T G. Career benefits associated with mentoring for mentors: A meta-analysis [J]. Journal of Vocational Behavior, 2013, 83 (1): 106-116.

[28] Ghosh R. Antecedents of mentoring support: A meta-analysis of individual, relational, and structural or organizational factors [J]. Journal of Vocational Behavior, 2014, 84 (3): 367-384.

[29] Gong Z, Li T. Relationship between feedback environment established by mentor and nurses' career adaptability: A cross-sectional study [J]. Journal of Nursing Management, 2019, 27 (7): 1568-1575.

[30] Gong Z, Van Swol L M, Hou W, et al. Relationship between protégés' self-concordance and life purpose: The moderating role of mentor feedback environment

[R]. Nursing Open, 2020.

[31] Graves L M, Sarkis J, Zhu Q. How transformational leadership and employee motivation combine to predict employee proenvironmental behaviors in China [J]. Journal of Environmental Psychology, 2013, 35: 81-91.

[32] Grube J A, Piliavin J A. Role identity, organizational experiences, and volunteer performance [J]. Personality and Social Psychology Bulletin, 2000, 26 (9): 1108-1119.

[33] Hastings L J, Kane C. Distinguishing mentoring, coaching, and advising for leadership development [J]. New Directions for Student Leadership, 2018, 158: 9-22.

[34] Hobfoll S E. The influence of culture, community, and the nested-self in the stress process: Advancing conservation of resources theory [J]. Applied Psychology, 2001, 50 (3): 337-421.

[35] Hu C, Pellegrini E K, Scandura T A. Measurement invariance in mentoring research: A cross-cultural examination across Taiwan and the U.S. [J]. Journal of Vocational Behavior, 2011, 78 (2): 274-282.

[36] Humberd B K, Rouse E D. Seeing you in me and me in you: Personal Identification in the phases of mentoring relationships [J]. Academy of Management Review, 2016, 41 (3): 435-455.

[37] John M S, Simon S K L, Ann C P. Can peers' ethical and transformational leadership improve coworkers' service quality? A latent growth analysis [J]. Organizational Behavior and Human Decision Processes, 2016, 133: 45-58.

[38] Joo M, Yu G, Atwater L. Formal leadership mentoring and motivation to lead in South Korea [J]. Journal of Vocational Behavior, 2018, 107: 310-326.

[39] Karcher M J, Nakkula M J, Harris J. Developmental mentoring match characteristics: Correspondence between mentors' and mentees' assessments of relationship

quality [J]. Journal of Primary Prevention, 2005, 26: 93-110.

[40] Keller T E. A systemic model of the youth mentoring intervention [J]. Journal of Primary Prevention, 2005, 26: 169-188.

[41] Keller T E, Overton B, Pryce J M, Barry J E, Sutherland A, DuBois D L. I really wanted her to have a big sister: Caregiver perspectives on mentoring for early adolescent girls [J]. Children and Youth Services Review, 2018, 88: 308-315.

[42] Kroon B, Menting C, Van Woerkom M. Why mindfulness sustains performance: The role of personal and job resources [J]. Industrial and Organizational Psychology, 2015, 8 (4): 638-642.

[43] Leroy H, Anseel F, Dimitrova N G, et al. Mindfulness, authentic functioning, and work engagement: A growth modeling approach [J]. Journal of Vocational Behaviour, 2013, 82 (3): 238-247.

[44] Little T D, Rhemtulla M, Gibson K, Schoemann A M. Why the items versus parcels controversy needn't be one [J]. Psychological Methods, 2013, 18 (3): 285.

[45] Mesmer-Magnus J, Manapragada A, Viswesvaran C, et al. Trait mindfulness at work: A meta-analysis of the personal and professional correlates of trait mindfulness [J]. Human Performance, 2017, 30 (2): 79-98.

[46] Montes-Maroto G, Rodríguez-Muoz A, Antino M, et al. Mindfulness beyond the individual: Spillover and crossover effects in working couples [J]. Mindfulness, 2018, 9 (4): 1258-1267.

[47] Park S Q, Kahnt T, Dogan A, et al. A neural link between generosity and happiness [J]. Nature Communications, 2017, 8 (1): 15964.

[48] Pellegrini E K, Scandura T A. Construct equivalence across groups: An unexplored issue in mentoring research [J]. Educational & Psychological Measurement, 2016, 65 (2): 323-335.

［49］ Penner L A. Dispositional and organizational influences on sustained volunteerism: An interactionist perspective ［J］. Journal of Social Issues, 2002, 58 （3）: 447-467.

［50］ Penner L A, Finkelstein M A. Dispositional and structural determinants of volunteerism ［J］. Journal of Personality and Social Psychology, 1998, 74 （2）: 525.

［51］ Preston E G, Raposa E B. A two-way street: Mentor stress and depression influence relational satisfaction and attachment in youth mentoring relationships ［J］. American Journal of Community Psychology, 2019, 65 （3）: 455-466.

［52］ Pryce J M, Gilkerson L, Barry J E. The mentoring FAN: A promising approach to enhancing attunement within the mentoring system ［J］. Journal of Social Service Research, 2018, 44 （3）: 350-364.

［53］ Pryce J, Keller T E. An investigation of volunteer-student relationship trajectories within school-based youth mentoring programs ［J］. Journal of Community Psychology, 2012, 40 （2）: 228-248.

［54］ Pryce J. Mentor attunement: An approach to successful school-based mentoring relationships ［J］. Child and Adolescent Social Work Journal, 2012, 29: 285-305.

［55］ Reavis R D, Donohue L J, Upchurch M C. Friendship, negative peer experiences, and daily positive and negative mood ［J］. Social Development, 2015, 24 （4）: 833-851.

［56］ Reb J, Narayanan J, Chaturvedi S. Leading mindfully: Two studies on the influence of supervisor trait mindfulness on employee well-being and performance ［J］. Mindfulness, 2014, 5 （1）: 36-45.

［57］ Roberts J A, David M E. Put down your phone and listen to me: How boss phubbing undermines the psychological conditions necessary for employee engagement

[J]. Computers in Human Behavior, 2017, 75: 206-217.

[58] Rodriguez A, Rodriguez Y. Metaphors for today's leadership: VUCA world, millennial and "Cloud Leaders" [J]. The Journal of Management Development, 2015, 34 (7): 854-866.

[59] Rusbult C E. Commitment and satisfaction in romantic associations: A test of the investment model [J]. Journal of Experimental Social Psychology, 1980, 16 (2): 172-186.

[60] Rusbult C E, Martz J M, Agnew C R. The investment model scale: Measuring commitment level, satisfaction level, quality of alternatives, and investment size [J]. Personal relationships, 1998, 5 (4): 357-387.

[61] Rusbult C E, Martz J M. Remaining in an abusive relationship: An investment model analysis of nonvoluntary dependence [J]. Personality and Social Psychology Bulletin, 1995, 21 (6): 558-571.

[62] Ryan R M, Deci E L. Self-Determination theory: Basic psychological needs in motivation, development, and wellness [J]. Guilford Publications, 2017.

[63] Scandura T A, Williams E A. Mentoring and transformational leadership: The role of supervisory career mentoring [J]. Journal of Vocational Behavior, 2004, 65 (3): 448-468.

[64] Spencer R, Basualdo-Delmonico A, Lewis T O. Working to make it work: The role of parents in the youth mentoring process [J]. Journal of Community Psychology, 2011, 39 (1): 51-59.

[65] Spencer R, Gowdy G, Drew A L, McCormack M J, Keller T E. It takes a village to break up a match: A systemic analysis of formal youth mentoring relationship endings [J]. In Child & Youth Care Forum, Springer US, 2020, 49: 97-120.

[66] Spencer R. It's not what I expected: A qualitative study of youth mentoring relationship failures [J]. Journal of Adolescent Research, 2007, 22 (4): 331-354.

［67］Taylor I M, Ntoumanis N, Standage M. A self-determination theory approach to understanding the antecedents of teachers' motivational strategies in physical education ［J］. Journal of Sport & Exercise Psychology, 2008, 30 (1): 75-94.

［68］Van Katwyk P T, Fox S, Spector P E, et al. Using the job-related affective well-being scale (JAWS) to investigate affective responses to work stressors ［J］. Journal of Occupational Health Psychology, 2000, 5 (2): 219-230.

［69］Van Vianen A E M, Rosenauer D, Homan A C, et al. Career mentoring in context: A multilevel study on differentiated career mentoring and career mentoring climate ［J］. Human Resource Management, 2018, 57 (2): 583-599.

［70］Verdorfer A P. Examining mindfulness and its relations to humility, motivation to lead, and actual servant leadership behaviors ［J］. Mindfulness, 2016, 7 (4): 950-961.

［71］Wang B, Qian J, Ou R, et al. Transformational leadership and employees' feedback seeking: The mediating role of trust in leader ［J］. Social Behavior and Personality: An International Journal, 2016, 44 (7): 1201-1208.

［72］Weinberg F J, & Lankau M J. Formal mentoring programs: A mentor-centric and longitudinal analysis ［J］. Journal of Management, 2011, 37 (6): 1527-1557.

［73］Yu L, Zellmer-Bruhn M. Introducing team mindfulness and considering its safeguard role against conflict transformation and social undermining ［J］. Academy of Management Journal, 2018, 61 (1): 324-347.

［74］叶龙, 刘园园, 郭名. 传承的意义：企业师徒关系对徒弟工匠精神的影响研究 ［J］. 外国经济与管理, 2020, 42 (7): 95-107.

第四章　建言对职业发展的
影响机制研究

员工建言行为在近年组织行为领域中是相当重要的研究议题，目前已累积不少实证研究成果（Klaas et al., 2012；Morrison, 2011）。尽管建言行为的实证研究日益增加，但是理论分析与整合仍待加强。就建言行为的前因或动机来说，虽然已有多篇研究分析过员工个人特质、工作态度、工作知觉等对建言行为的影响，但是这些个人特质对工作态度的影响与作用方式可能是不同的。例如，在人格特质中，尽责、外向性与一般性自我效能虽然都与建言行为有正相关关系（Landau, 2009；LePine and Van Dyne, 2001），但是尽责涉及建言时的责任和义务认知，外向性与一般性自我效能则涉及员工建言时的效能或沟通能力。工作满意度、组织承诺、程序正义知觉等虽然也都与建言行为有正相关关系（Rusbult et al., 1988；Withey and Cooper, 1989），但是前两者可能与员工对组织的责任和义务有关，后者可能与心理安全感有关。厘清这些前因变量的性质和角色，对于解释和影响建言行为是非常重要的，因为建言行为并非单纯的或无争议性的组织公民行为，单一因素未必能够直接促进员工建言（Detert and Edmondson, 2011），有时需要多种因素的共同作用（Hsiung and Tsai, 2017）。在理论上，过去的概念型论文通常依照组织行为研究中常见的方式进行归类（如个人特质、态度变量、情境变量等），但本章研究认为，依照影响性质分为影响建言安全、影响建言效能与影响建言义务三类可能更具有理论意义。在这三类影响因素中，影响建言心理安全的因素类似于 Hertzberg 等（1959）二因论中的保健因子，而影响建言效能与义务的因素则较接近于激励因子。建言行为多属于角色外行为（Van Dyne and LePine，1998），因此心理安全感本身可能无法有效激励员工提出创新或变革想法，更有意义的影响因素应为激励因子，如员工本身对于建言成功的乐观预期，以及对组织绩效的责任和义务知觉。在建言安全、建言效能与建言义务三个影响层面，文献中对于建言安全的探讨最多也最完整。例如，Detert 和 Burris（2007）、Kish-Gephart 等（2009）、Detert 和 Edmondson（2011）等均探讨过员工心理安全感与情境安全对建言行为的影响。文献中也有诸多构念直接或间接与心理安全感有关，包括个人心理安全知觉（Liang et al.，2012；Tangirala et al.，2013）、团队建言安全气候（Morrison et al.，2011）、道德领导（Walumbwa and Schaubroeck，2009）、程序正义气候（Tangirala and Ramanujam，2008）等。在影响建言效能与建言义务方面，尽管过去也有一些文献，但是整体来说，其理论网络的发展仍不成熟，实证数量也明显不足。就建言效能而言，Morrison 等（2011）的研究认为，团队建言气候可分为建言安全与建言效能两个向度，但是对于建言效能的前因并没有深入探究。Kish-Gephart 等（2009）虽然也提出了建言效能的理论概念，但是并未发展出理论模型，也未进一步实证。就建言义务而言，Tangirala 等（2013）发现责任导向（duty orientation）的人格特质对建言角色形成具有正向影响，Liu 等（2010）指出员工对主管的个人认同和对组织的认同与建言行为呈正相关关系，但这些研究并未特别考虑主管领导风格对于员工建言义务的影响效果。就现阶段的建言文献来说，与建言效能或建言义务有关的理论网络仍需要发展。

员工对组织的价值不仅体现在他们拥有的劳动力上，还体现在他们产生和说出创新想法的能力和勇气上（Morrison，2011）。员工建言指的是"对工作相关问题的建设性意见、担忧或想法的表达"（LePine and Van Dyne，2001）。Liang 等（2012）将建言行为分为促进型建言和抑制型建言。促进型建言是指提出新的想法和方法来提高企业的效率。抑制型建言是指表达禁止性的观点以妨碍组织效率受损。大量研究发现，员工的建言行为与组织成果正相关（Morrison，2011）。例如，建言行为可以建立和稳定雇佣关系，提高员工的工作生活质量和工作满意度，并促进组织学习和创新（Morrison，2011）。然而，尽管主管鼓励员工发表意见，但是下级在有新想法时仍可能决定保持沉默（Morrison，2014）。

员工建言是一种变革导向的行为，涉及员工为了改善团队或组织而自由提供的改进性信息。因此，建言成为当今组织研究领域中的热点。学者们对建言结果的研究主要有两个方向：一是检验建言行为对集体结果的影响，比如团队绩效；二是检验建言对上级反馈的影响，比如绩效评价和认可。研究发现，员工建言与集体结果之间在很大程度上呈正向关系，即一个人建言的次数越多，对组织绩效的积极影响越大，则更容易获得来自上级的反馈。但以往研究大多考察的是建言中上级的影响，而忽视了建言中同事的影响，并且同事对建言者的看法和反应也可能会影响员工建言，特别是在他们的建言有可能会影响团队工作的情况下。因此，建言中同事的影响以及同事对建言者的看法及其影响也有待研究。

首先，从理论上讲，当人们选择建言的时候，总是要权衡一下利弊，既要考虑上级的潜在反应，也要考虑同事们的潜在反应，也就是社会影响。但一般来说，建言总是以领导为目标，所以以往关于建言的研究大多是以领导为目标的，探索的是领导对于建言的反应。然而，研究者发现，领导并总不是对经常建言的人印象更好。显然，这类研究缺乏关于同事或团队成员对建言者看法的探索。因此，同事们对建言者的评价也有待研究。

其次，以往涉及建言的社会影响的研究大多关注其消极影响，并且同事确实有可能会对建言者更不友好，因为建言所带来的改变可能意味着工作负担和焦虑的增加，甚至被看作一种从天而降的麻烦。但是，建言也有积极影响。第一，多数情况下建言是为了造福团体，尽管改变现状可能会对一些领导者产生威胁，但是威胁到同事的可能性较小，因为建言的本意是为了让他们更好。建言还有可能会改善集体成果，在带来组织绩效提升的同时，可能获得更多的来自上级的反馈，继而有利于薪水的增加，因此从理论上来说同事也有可能会对建言者有积极的评价。第二，建言作为一种变革导向型行为，被认为是领导力的关键，有可能会使建言者在团体中被同事视为一个像领导一样的角色，因为建言意味着更有能力并且更容易在社交中如鱼得水。此外，来自多个领域的研究表明，团队中积极参与的人可能内部人身份感知会更高，因为他们会获得更多的主人翁意识。

在当前的研究中，我们探讨了建言的潜在益处，并认为在团队中建言与内部人身份感知有关，会影响之后的领导成长。因此，我们采用预期状态理论来解决同事对建言的回应问题，因为它为理解小组成员对他们同事行为的看法以及这些看法与团队的社会秩序相关性提供了框架。预期状态理论表明，内部人身份感知是由个体的行为和社会特征决定的。预期状态理论认为，当个体被他人接受和重视时，自信行为就会提高个体的内部人身份感知。也就是说，个体内部人身份感知的高低取决于他的行为能否被同事所接受。而建言有不同的方式，本章研究探讨促进型建言和抑制型建言，即表达对组织建设性的改进意见的和在工作不满意时所表达的抑制型意见，这两种建言方式会影响个体内部人身份感知及其领导力。虽然还有几种建言的分类方法，但是促进型建言和抑制型建言的区分已经广泛建立，并且是最容易捕捉到人们是如何建言的。本章研究对建言文献作出了一些贡献。我们通过考察建言影响个体内部人身份感知的过程来推进建言结果的相关理论。在这样做的过程中，我们发现了一个未被发现的个人层面的建言益处，即建言者会提高在团队中的内部人身份感知并被视为领导。有趣的是，我们发现抑制型建言也和促进型建言一样都与内部人身份感知正相关，并影响个体领导力。总而言之，本章研究的目的在于探索建言的潜在益处，研究不同类型的建言如何影响个体的内部人身份感知，进而影响其领导力。

一、问题的提出

组织擅长于成功的可视化，并通过以自我对话、鼓励和惩罚的方式增加他们对组织的控制，这些都与提高自我领导力有关（Gong and Li，2019）。提议改善集体成果的人，即使他们面临风险，也可能被同事认为是利他的和以公众为导向的，并获得组织的自然回报，如能力和控制感。员工帮助他们的组织创新并成功适应动态环境的一种方式是"建言"——表达对工作相关问题的建设性意见、关注或想法。事实上，员工对工作流程中的改进或现有失败的意见与积极的组织成果相关，如危机预防、改进工作流程以及创新和团队学习（Detert and Edmondson，2011）。

当选择是保持沉默还是建言时，个人会进行计算，权衡预期收益和风险（Detert and Edmondson，2011）。考虑这些很重要，因为研究发现建言行为和个人结果之间存在负相关关系。主管并不总是积极回应表达意见的下属（Howell et al.，2015）。畅所欲言的员工也可能会考虑建言的社会效应，因为建言带来的变化可能会让其他同事感到尴尬并带来更多的工作，同事可能会责怪建言者（Dyne et al.，2003）。建言者面临着真实的风险（Morrison，2014），如公众形象受损（被视为抱怨者或麻烦制造者）、绩效评估较低或工作分配不利（Chamberlin et al.，2017）。

以前的研究强调了建言行为对组织的价值和建言者的风险，较少关注建言对组织的个体价值（Chamberlin et al.，2017）。研究的疏漏可能会导致文献中的真空，即使组织鼓励员工建言，员工也可能会认为对自身意义不大或利益受损而选择保持沉默，解决这一疏漏非常重要。从理论上来说，我们有理由期待领导和同事能够以有利于说话者的方式积极评价建言者。第一，建言行为有利于组织（McClean et al.，2018）。虽然现状的改变可能会威胁到一些领导者（Burris，2012），但是它不太可能威胁到同事，因为建言行为的初衷是让组织变得更好。第二，建言被视为领导力的关键（McClean et al.，2018）。因此，建言行为主体越努力解决组织发展问题，就越能提高他们的自我调节、自我管理和自我领导力。第三，来自多个领域的研究表明，积极参与团队的人可以获得更高的社会地位（McClean et al.，2018）。直言不讳的人可以被视为在团队中具有更高的内部地位，因为团队成员认可发言者的能力和社交技能（Kennedy et al.，2013）。根据以上的想法，我们推断建言是积极的并通过感知内部状态与自我领导力间接相关。回顾以往的研究，学者们从理论和实证两个不同的角度分析了建言行为的影响机制（Liang et al.，2012）。然而，在审查文献后，有一些问题需要进一步澄清。

首先，现有的关于建言的研究主要集中在建言的前因以及建言与结果之间的关系上（Liang et al.，2012），但关于建言行为的个人结果的实证研究很少。表达新的和有用想法的员工被认为是一个有责任心和自主的员工，如果建言者表达的想法得到应用，这可能导致建言者对单位有更多的自制力和责任感（Gilal et al.，2020）。自我领导是人们为了自我指导和自我激励而进行的自我影响过程（Manz，2011）。研究发现，内部控制点和自我领导之间存在正相关关系（Manz，2011）。因此，在影响自我领导结果的吸引—选择—消耗的强化循环中，可以在单位中形成特有的建言水平。

其次，关于促进型建言和抑制型建言的效力和强度仍有争议。尽管研究一致发现两种建言行为都可以提升任务绩效，但是每种行为都与组织公民行为、创新绩效、安全绩效和反生产行为有着特殊的关系（Morrison，2014）。先前的研究强调了积极的建言和单位层面的结果之间呈正相关关系，但是抑制型建言可能与个人层面的结果有更强的正相关性（Chamberlin et al.，2017）。我们认为，促进型和抑制型的建言行为与建言者感知的内部人身份和自我领导力有不同的关系强度。

最后，以往关于谏言行为影响机制的研究主要集中在提高工作满意度、减少心理压力和程序公平上（Ng and Feldman，2012）。然而，先前的研究和理论并不总是转化为实践。当外部的组织形式和领导已经解决了上述问题时，为什么有些下属仍然对建言保持沉默？此外，即使一些员工的自尊不强，他们仍然敢于参与建言，即使他们知道建言行为是有风险的，他们也愿意建言，因为他们对组织产生了强烈的归属感和责任感。先前的研究没有考虑到这些情况。感知内部人身份可以弥补这一差距。感知内部人身份是员工能够感知他或她的内部人身份和接受程度（Stamper and Masterson，2002）。具有集体主义倾向的个体专注于他们群体的目标（Hofstede and Bond，1988）。在这种文化背景下，员工的建言行为能否促进他们对"内部群体成员"身份的认知，将直接影响他们的自我领导力。

本章研究的目的是分析建言行为、感知的内部人身份和自我领导力等因素之间的关系。我们认为促进型建言与自我领导力之间的正向关系弱于抑制型建言与自我领导力之间的正向关系。从历史的角度来看，无论是像魏征（中国唐代政治家、思想家，即后来被称为中国古代"名相"的人，他直言不讳，协助唐太宗创造了"贞观之治"）选择的历史人物，还是其他敢于直言的掌权者，他们的建言可以增加对统治者的认同感，增加其对辅助王朝的高度归属感，进而可以提高自我管理的有效性。那么，类似的过程会发生在组织中吗？促进型建言和抑制型建言是否提高了个体的内部认同知觉，进而促进了自我领导力的提高？这是本章研究试图回答的核心问题。

（一）理论基础

资源保存理论（Hobfoll，1989）常被用来探讨压力的产生以及个人与社会系统中资源供需的运作方式，其包含数种压力理论，是一个整合性的理论架构（Hobfoll and Shirom，2001）。资源保存理论可以解释资源供需之运作模式：个人会取得、保护、保存及培养其所重视的资源（Hobfoll and Lilly，1993），此为资源获得；反之，资源损失为构成压力反应的主要因子。而当个人面临资源损失的威胁、遭遇实际的资源损失以及投入资源后无法获得资源作为回报时，个人会感受到心理上的不适（Hobfoll，1989）。Hobfoll（1989）将个人资源分成四类：一是实体资源。实体资源的价值在其物理特性，或其能够创造某些有利于个人的情境、状态。二是生活状况资源。它是指与工作、家庭相关的生活状况资源，如工作稳定性、家人健康、婚姻关系等，资源的价值会通过个人或群体认为此资源的抗压可能性来决定。三是个人特征。个人特征是指可以协助个人抵抗压力的资源，如自尊、工作能力等。而社会支持的效果将决定此资源的价值，故 Hobfoll（1989）认为社会支持也是一种资源，可提供或促进有价资源的取得、保持与保护。四是能量，如时间、金钱、个人健康等。这类型资源主要的价值在于如何协助个人获取其他类型的资源。资源保存理论不仅可以解释角色内与角色间的冲突如何导致压力的产生（Grandey and Cropanzano，1999），还可以说明个人与社会系统中资源供需的运作模式（Hobfoll，1989）。本章研究以资源保存理论说明员工个人与组织系统中资源供需的运作模式，探讨员工为避免个人资源的损耗，经由投机心理、和谐人际关系、印象管理、维护面子、确保利益、自我保护等个人因素产生的报喜不报忧行为来响应组织系统，试图减少资源的损耗并寻求获得资源的机会。

资源保存理论针对资源获得与资源损失提出两点基本原则：一是首重资源损失，次重资源获得。资源损失远比资源获得来得重要，即当资源损失与资源获得相同时，资源损失远比资源获得有较大的影响。二是为了获取资源或是防止关键资源流失，必须要投入其他资源。当个人遭受到资源损失的威胁或遭遇到实际的资源损失时，为了阻止关键资源的丧失，个人会很自觉地投入其他资源以预防或弥补资源的流失（Hobfoll and Lilly，1993）。

在职场中，员工在组织内的说话行为表现，往往无形中影响组织成员间的工作气氛，特别是将意见向上传递给主管的部分，因为在职场中下属与主管的沟通多少存在一些察言观色的说话方式，以避免破坏人际和谐。这些在组织内的说话行为无论是考虑投机心理、和谐人际关系、印象管理、维护面子，还是确保利益、自我保护等，皆是员工付出内在资源的耗损，同时寻求资源的资助。因此，员工在组织内的说话行为会依据资源保存理论来进行决策，即评估内在资源的耗损与资源的资助后采取何种沟通行为。从各学者对于员工沉默的定义大致可归纳出，员工沉默即为员工考虑自身因素后刻意地隐藏与工作相关的想法，以保护自己或他人。Dyne 等（2003）根据员工保持沉默的内在动机将员工沉默分为默许性沉默、防御性沉默和亲社会性沉默。默许性沉默是一种相对消极的行为，当员工预期说出来没有意义或者不能改变现状的时候，就会保留自己的想法。防御性沉默是指当员工考虑到自己的建议不能给自身带来好处，甚至有可能会损失自身利益时，会主动选择保留信息。亲社会性沉默则是以利他合作为动机，为使他人或组织不受损害，而保留与工作相关的想法和观点。Milliken 等（2003）将员工沉默的原因分为五类：一是担心被贴上负向标签；二是担心破坏关系而失去信任、尊重以及支持；三是觉得提出观点也不能改变什么，没有意义；四是担心会受到报复或是惩罚；五是担心会对其他人造成负面的影响，不想让他人陷入麻烦。在职场中，员工常会害怕面临多说多错的情况，或是因为表达意见而被视为特立独行，进而影响个人人际关系及主管评价，因此尽量不表达自己的意见以求明哲保身。究其根本，是因员工表达建言行为时是有潜在风险的，建言行为可能会使他人感到不舒服，也可能会产生负面的公众形象，甚至可能损害与他人的关系（Liu et al.，2010）。另外，Morrison 和 Milliken（2000）认为，沉默本身也会对员工产生影响，当员工知觉到不能完全表达自身的想法时，会感觉到没有受到重视，若员工感觉自己没有得到很好的评价，便会减少对组织的认同与信任，对工作的满意度将会随着对组织的承诺减少而降低，甚至选择离职。员工沉默也会使得与组织问题有关的负面信息无法有效地传递给管理者，管理者因为无法收到信息、收到不完全或者不准确的信息而很难做出有效的决策。

（二）建言和自我领导力

第一，建言行为依照不同的理论发展，在定义方面有其各自的重点。在早期的管理研究中，Hirschman（1970）的 EVL 模型认为，建言行为是对工作不满意或组织衰退时，愿意表达意见的反应。相对于员工所采取的其他反应，这是一种较为积极且有利于组织的反应。然而，对建言行为较为正式且普遍被接受的定义，则来自角色外行为或组织公民行为方面的研究。Van Dyne 等（1995）对角色外行为依照亲和—挑战与促进—抑制两向度进行分类，指出建言行为是一种挑战组织现状，但可促进组织进步与变化的一种自发性的角色外行为。依循角色外行为的看法，Van Dyne 和 LePine（1998）将建言行为定义为一种为了进步而表达出建设性质疑的行为，而不仅是批评。此外，建言行为也是为了变革而提出的创新性建议以及对标准程序做出的改善建议，即使他人并不同意。

自我领导策略可以分为三种：行为焦点策略、自然奖励策略和建设性思维策略（Houghton and Neck，2002）。建言与自我领导力的某些方面有关。建言行为是一种以改变为导向的行为，建言代表了公共导向和承担他人风险的意愿（Houghton and Neck，2002）。先前的文献表明，建言与自我领导力的某些方面有关。建言行为是一种以改变为导向的行为，建言代表公众导向和承担他人风险的意愿。个人需要掌握足够的关于组织和工作流程的信息，然后他们可以提出改变的建议。因此，从事建言工作的人对目标设定有清晰的认识（Morrison，2014）。先前的研究已经证实，敢于表达自己意见的人被认为更有能力和自信（Detert and Edmondson，2011）。Cody 和 McGarry（2012）使用学生样本发现，个体自主的建言可以增强自信心。一种可能的解释是，当有很多机会表达意见时，下属会获得公平感、价值感和对工作的控制权。因此，促进型和抑制型建言行为可能与自我领导力正相关。

第二，从反馈回路的角度来看，建言是一种积极的行为，可以给主体带来积极的反馈（Morrison，2014）。研究表明，个人可以通过各种积极主动的改变行为来提高自我领导力，包括做证明能力的事情、代表团队无私地行动以及以其他方式提高个人对团队的价值（Houghton and Neck，2002）。建言的建设性本质和使组织受益的潜在意图表明，使用建言可以提高员工对组织的感知价值。促进型建言所传达的思想可以导致该单元的创新。抑制型建言可能揭示了说话者单位中个体的反作用行为（Chamberlin et al.，2017）。建言是个人决定和塑造工作环境的一种方式。作为回报，主管和同事在组织中将提供材料和信息支持，帮助建言者提高自我领导力（Avery and Quiñones，2002）。我们认为，积极主动的建言可以以动态的方式解决行为上的问题（McClean et al.，2018）。研究总结强调了自主性、个人控制或影响力在个人产生积极情感反应中的重要性。关于一个人工作角色各个方面的建言行为应该使工作要求与一个人的才能、需求和价值观更好地匹配。这种匹配是自我领导力的关键要素（Ng and Feldman，2012）。

第三，促进型和抑制型建言行为通过不同的机制起作用，其效果也不同。促进型建言需要新的想法来执行工作任务和实现目标，以及长期的改进和创新，晋升的核心是通过做面向未来的新事物来提高组织绩效的想法。因此，促进型建言经常被称为"可能是什么"的表达，并嵌入了良好的意图，通常容易被解释为是积极的。相比之下，抑制型建言关注的是当前存在的有害或错误的工作实践或事件。员工使用抑制型建言作为一种通过防止负面后果来使组织受益的方式。因此，抑制型建言通常被框定为"不可能"的表达，引起对现状的关注，积极强调与组织价值观不一致的有问题的做法。因为产生创造性想法需要时间和努力，所以抑制型建言比促进型建言更有效。相比之下，抑制型建言侧重于阻止伤害，尤其是在安全和反生产活动具有后果的特殊工作环境中（Morrison，2011）。因此，促进型建言与自我领导力的关联较弱。基于以上分析。我们提出以下假设：

假设 1：积极建言行为和自我领导力之间存在积极的关系。

假设 2：抑制型建言行为和自我领导力之间存在正相关关系。

假设 3：鼓励性建言与自我领导力之间的正向关系弱于禁止性建言与自我领导力之间的正向关系。

（三）建言和感知的内部人身份

建言行为是一种人际沟通行为，团队成员之间的沟通已被证明对团队绩效有重要影响（Burris，2012；Van Swol et al.，2018）。通过反复提出想法和建议，成员们在团队内部分享知识和专长。建言行为以多种方式影响内部人员的身份认知，产生由专业思维形成的想法是建言行为的基础。团队成员的专业知识和异质知识经常在团队内部交流。这种信息交流可以促使成员被贴上在某一专门领域具有专长的标签。因此，成员被认为提供了促进团队发展的多样化知识，建言行为提高了成员的内部身份。建言行为建立在团队心理安全的基础上（Chamberlin et al.，2017）。建言者基于信任和对建言行为结果的积极期望提出建议。积极的建言有助于形成开放和信任的氛围（Howell et al.，2015）。这种氛围将进一步刺激建言行为，从而形成建言行为、团队认同、融入感和心理安全感之间的相互促进循环。个体通过他们的群体成员来定义让他们尊敬的人加入团队，因为个人倾向于选择能够积极影响自我认同的成员（Chamberlin et al.，2017）。群体成员通过选择有能力的人作为合作者而受益，因为通过这些成员的建言，群体可以获得足够的资源和利益相关者的信任，并通过思考组织发展的机遇和挑战来确保团队的发展（Morrison，2011）。因此，团队成员将受益于他们的合作者，并感到完全融入。建言者积极地指出团队中的问题和提出解决方案，这可以帮助其他成员理解建言者的意图，并据此选择适当的应对方法。因此，建言行为有助于成员实现适当的合作。

有关员工建言行为的相关研究，综合学者观点以及建言行为发展脉络可以发现，早期学者对建言的定义着眼于成员对组织不满意所产生的抱怨及不满情绪，当员工感到不满意时，会倾向以建言的方式与组织进行互动沟通，企图尝试改变现状（Hirschman，1970；Farrell，1983），而晚期学者则是强调建言是一种组织成员基于改变现状动机而表现出个人想法与见解的组织公民行为（Van Dyne and LePine，1998）。近年来，学者也多将建言行为视为员工自愿地表达建设性意见与建议（Detert and Burris，2007；Van Dyne and LePine，1998；Zhou and George，2001），以及认为建言是促进行为的一种，而不仅仅是批评（Walumbwa and Schaubroeck，2009）。建言行为已经似为一种改变组织的正面力量与组织绩效改善的重要原动力。建言行为相关研究从 1970 年发展至今，多数研究主要集中在探讨员工建言行为的本质、前因、后果及中介历程与调节效果等相关条件（Morrison et al.，2011）。回顾过往建言行为的研究文献，大致可归纳四个研究方向：一是探讨建言行为的定义及意涵，依不同的建言性质、动机及对象，它有不同的定义（Van Dyne et al.，2003；Liu et al.，2010；Liang et al.，2012；Van Dyne and LePine，1998）；二是建言行为对员工个人的绩效评价（Whiting et al.，2008；Whiting et al.，2012）和组织效能（Ng and Feldman，2012；Podsakoff et al.，2000）的作用；三是建言行为的形成机制，即主要透过工作满意度、心理契约、心理安全感等对组织的心理认知及社会交换理论、领导—成员交换理论、道德领导及不当督导等理论，探讨组织中员工建言行为的形成机制（Burris et al.，2008；Van Dyne et al.，2008；Botero and Van Dyne，2009；Hagedoorn et al.，1999；Turnley and Feldman，1999；Detert and Burris，2007；Walumbwa and Schaubroeck，2009；Cheng et al.，2014）；四是建言行为的认知发生机制，即从认知的观点、调节焦点、角色概念和心理安全等认知因素，探讨建言行为的调节因素（Botero and Van Dyne，2009；Detert and Edmondson，2011；Cheng et al.，2014）。员工建言是一种沟通，员工与主管两个人间的建言行为过程是一种复杂且丰富的沟通过程。而沟通是为了说服他人接受信息发送者的意见，因此沟通的技巧性很重要。有关沟通方式的分类，沟通研究的相关文献指出，沟通可分为直接沟通与间接沟通：直接沟通是信息的传送者直接地表达他们的需求或目的，这是直截了当、不含糊的表达方式；间接沟通是信息的传送者会掩饰、隐瞒、掩藏地表达他们的需求或目的（Gudykunst et al.，1988）。而信息发送者在沟通过程中会采取间接的沟通方式考虑的因素有很多，如信息发送者利己主义的价值观（Gudykunst and Ting-Toomey，1988），考虑信息接收者的面子问题与信息发送者的自我教养（Brown and Levinson，1987），强联系沟通情境（Gudykunst and Ting-Toomey，1988）以及信息接收者的特质（Brown and Levinson，1987），为了与信息接收者维持良好的关系等。因此，员工在与主管的沟通过程中，会采取非直接的沟通方式，采取小心翼翼、使用包裹糖衣的语词来与主管沟通，而不直截了当地表达。

内部人身份感知是员工对作为组织成员获得的个人空间和接受程度的感知，即员工感知到的被接受程度越高，内部人身份感知越高，并且它是主观赋予过程的结果。作为预期状态理论中的重要观点，个体的行为模式和其对在团队中的身份的感知是有关的，即与内部人身份感知有关，当个体被他人接受和重视时，自信行为就会提高个体的内部人身份感知，像建言这样的主动参与行为就是想提高个体内部人身份感知的行为。从管理决策制定与组织策略的角度来看，为了适应环境变迁和应对组织外部的挑战，管理者必须反复检视组织所面临的各种机会和威胁，进行整合性的评估，以作出对组织发展较为有利的决策与策略。其中，机会指的是对组织有正向帮助，并且可从中获取利益的策略议题；威胁为对组织有负向伤害，可能会造成组织损失的策略议题（Dutton and Jackson，1987）。Carver和 Scheier（1990，2012）提出了趋近—避离系统（approach-avoidance systems），他们认为人类的行为可被视为一种持续性地朝向或避开特定目标（包含某些标准、渴望）的过程。前者称为趋近系统（approach system），被定义为追求诱因，趋近想要的状态或目标；后者称为避离系统（avoidance system），被定义为避开不想要的状态、目标与威胁。因此，根据 Carver 和 Scheier（1990，2012）趋近—避离系统的观点，在管理决策的过程中：一方面，需设法把握可以趋近组织所追求的目标、减少组织与目标差距的相关信息；另一方面，需掌握那些有助于避开可能的威胁与不利处境的相关信息。

员工之所以愿意在组织或单位中工作，提出个人对工作的建议，或表达个人在工作场所所发现的问题，乃是预期做出建言或发声之后能够使组织或单位产生改变。Morrison（2011）针对员工建言行为，在进行一系列的文献回顾后，主张员工对建言表达之后该建言或意见是否能产生效用或效能的知觉，乃是影响其表达建言的心理考虑因素之一；Tangirala 和 Ramanujam（2009）亦提出类似的主张，认为员工对于建言表达是否有效用的知觉会影响组织忠诚和建言表达的关系。由此可知，员工对于建言表达之后是否真能对组织或单位带来改变，可谓极为重视，这更凸显员工建言行为对组织或单位最基本且重要的作用在于使组织产生改变或变革。个体可以通过各种主动行为积极参与到集体中，以此来提高地位，包括做能表明能力的事情，代表团体无私地行事，或者以其他方式来提高自身对他人的价值。来自多个领域的研究表明，在中国国情下，团队中积极参与的人可以获得更强的主人翁意识，也就是个体对其"内团体成员"身份的感知程度更高，这在很大程度上与评价预期的观点不谋而合。而建言作为一种变革导向的、主动的、有风险的行为，同时也代表着责任的承担和能力，因此很可能会使建言者受到同事们的认可，从而获得更高的内部人身份感知。个体也只有在足够了解团体、工作流程以及周边环境以后，才能够提出变革建议。以往研究也证实了定期建言的人会被认为更自信和更有能力，这些都与内部人身份感知有关。此外，如果有人冒着风险提出了改进集体的建议，同事们可能会认为他是一个利他主义的人，而这些都有利于其内部人身份感知的提高。因此，我们认为，敢于建言的人比那些没有建言的人获得更高的内部人身份感知。

然而，并不是所有的自信行为都能获得内部人身份感知，而是更有可能被他人所接受的行为才更有可能影响个体的内部人身份感知。在建言文献中，学者们注意到了建言的不同类型，这些类型可能在其被他人接受的程度上有所不同。促进型建言是指为改进单位或组织的整体运作而提出的新想法或建议。促进型建言背后的推动力是将集体推向理想状态。它本质上是面向未来的，因为它涉及提出关于如何在未来做得更好的想法以及改进组织的方法。相比之下，抑制型建言是表达对危害组织的工作实践、事件或员工行为的担忧。抑制型建言背后的动机是带领集体远离令人不安的状况。它既可以是面向过去的，也可以是面向未来的，因为它强调了应该停止现有的或即将发生的事情。

既然这两种类型的建言行为都会潜在影响内部人身份感知，并且两者都具有价值，可以将它们作为反思方法或避免方向。促进型建言和抑制型建言可能会对团体成员产生不同的影响，并与建言者的内部人身份感知相关。促进型建言在增加价值的同时会产生积极的影响，因此应该更有可能被看作影响团体的正确方式。而抑制型建言虽然可能会增加价值，但是也会引发负面影响。引起负面影响的个体可能不会与产生积极影响的个体获得相同的认可，因此对其内部人身份感知的影响也会不一样。

员工为组织工作的时间越长，他们对组织的理解就会变得越深，产生对组织的融入感，增加他们作为内部人的认同感（McClean et al.，2018）。员工越想为组织提出建议，他们就越熟悉组织内部的程序和守则，也就越有可能接触到公司内部的重要人物或信息。因此，他们最有可能获得属于内部人员的知识和经验，从而产生"内部人员"的概念。获得更多奖励的员工会认为自己应该更努力工作，为组织做出贡献（McClean et al.，2018）。因为这种循环，所以组织对待员工的方式不同，以致员工对"内部人"和"外部人"有不同的认知。因此，积极或抑制的建言行为可能与感知的内部身份正相关。基于以上分析，我们提出以下假设：

假设4：促进型建言行为和感知的内部人身份之间存在正相关关系。

假设5：抑制型建言行为和感知的内部人身份之间存在正相关关系。

（四）感知的内部人身份在建言和自我领导力之间的中介作用

当员工将自己归类为组织的"内部人员"时，他们会主动了解自己在组织中扮演的角色，采取适合内部人员角色的态度和行为，并遵守组织的规范。以前的研究表明，对自己的内部人身份有更高认同感的员工会表现出与组织更合作的态度和行为（李超平等，2014）。自信和团体参与与自我领导力的成长相关（Stamper and Masterson，2002）。当员工视自己为内部人员时，由于他们的责任感，他们可以更容易地与成员沟通。员工可以在自我奖励和惩罚的指导下集中行动。感知到内部人员身份是对参与建言行为的人的信任和认可，这是团队"投资"于参与建言行为的人的重要信号。一旦员工收到这些信号，他们通常会超越自己的责任，希望在交换中获取对等的责任。感知的内部人身份有助于满足员工对社会和情感联系的需求，并形成对员工身份的自我认知（Stamper and Masterson，2002）。为了避免认知失调，人们倾向于以与他们的感知一致的方式行事。因此，高层次的内部人身份认知会影响员工的行为。它使员工倾向于以符合其员工意识的方式行事，将维护整个组织的有效运作视为他们的责任。基于以上分析，我们提出以下假设：

假设6：感知的内部人身份和自我领导力之间存在正相关关系。

鉴于建言的重要性，表现出建言的员工往往会获得更多认可和高绩效评估（Chamberlin et al.，2017）。这种认知将激发员工利用建言积极获取资源的效用动机。换句话说，员工会采取行动积累资源。内部人认同感高的员工会尽力培养资源增殖，更愿意将其投入到有利于组织运营的自我领导中（McClean et al.，2018）。研究表明，那些更愿意向组织表达自己意见的员工更有可能与他们的团队成员团结一致。员工与组织的关系越密切，他们越容易将自己视为组织中的"内部人"（Chamberlin et al.，2017）。因此，人们通过与他人的互动来构建自我概念。晋升不仅带来权力和地位等资源的满足，还使员工感到被组织认可，增强了对组织的责任和义务，以及增加提升自己的机会。基于以上分析，我们提出以下假设：

假设7：感知的内部人身份调节建言和自我领导力之间的关系。

二、方法

（一）研究设计

本章研究是一项时滞调查设计，使用了608名中国注册护士的样本。我们在三个时间点向参与者发送了调查，两个时间段总计3个月。

（二）数据收集

经组织护理部主任同意，所有问卷均在护士工作时间内完成。我们在调查前获得了书面知情同意书。参与者自愿匿名完成调查，没有任何负面影响。在签署并交回同意书后，研究人员向每位护士发放了调查问卷。为了配合3波问卷调查并确保匿名，每个参与者都被要求写出身份证的最后六位数字。使用方便抽样，问卷发送给18个社区组织分支机构和15个综合组织单位的护士。采用分层整群抽样的方法对护士进行调查。根据方便抽样原则，共发放问卷683份，其中608份有效问卷直接返还给研究者（有效回复率为89.02%）。

（三）参与者

根据功效分析标准，我们需要136个以上的样本，实际上共有608名护士完成了有效调查。如表4-1所示，在完成有效调查的608名护士中，75%（N=456）是女性，25%（N=152）是男性。关于年龄，34.21%（N=208）在25岁以下，39.47%（N=240）在25~35岁，26.31%（N=160）在35岁以上。关于工龄，26.97%（N=164）工作了5年及以下，36.02%（N=219）工作了6~15年，37.01%（N=225）工作了15年以上。关于教育，84.05%（N=511）为本科学历及以下（如2~3年大专和中专毕业），15.95%（N=97）为本科以上。

表 4-1 被试人口统计学状况

变量	类别	人数	百分比（%）
性别	男	152	25
	女	456	75
年龄	小于 25 岁	208	34.21
	25~35 岁	240	39.47
	大于 35 岁	160	26.31
工龄	5 年及以下	164	26.97
	6~15 年	219	36.02
	15 年以上	225	37.01
学历	本科及以下	511	84.05
	本科以上	97	15.95
总和		608	100.0

（四）变量

所有项目都使用李克特 7 点量表，以 1（完全没有）到 7（非常多）进行测量。

（1）促进型建言。使用 Liang 等（2012）的量表。我们要求每个样本通过使用三个项目来评价他们建言的频率，如"我主动建议对工作单位有益的新项目"。Cronbach's α 的内部一致性标准在 0.70 以上。该量表的拟合指数为 $\chi^2/df = 1.12$，$SRMR = 0.02$，$RMSEA = 0.03$，$CFI = 0.99$，$TLI = 0.98$，$CR = 0.96$，$AVE = 0.82$。

（2）抑制型建言。我们使用 Liang 等（2012）的量表测量抑制型建言。我们要求每个样本使用三个项目来评价他们发出禁止性建言的频率，如"我诚实地说出可能给工作单位造成严重损失的问题，即使存在不同意见"。禁止性建言的 Cronbach's α 为 0.89。该量表的拟合指数为 $\chi^2/df = 2.49$，$SRMR = 0.04$，$RMSEA = 0.05$，$CFI = 0.94$，$TLI = 0.88$，$CR = 0.92$，$AVE = 0.70$。

（3）内部人身份感知。为了测量感知的内部人员状态，使用了 Stamper 和 Masterson（2002）的 6 项量表（时间 2），如"我感觉自己是工作组织的一部分"。Cronbach's α 为 0.78。该量表的拟合指数为 $\chi^2/df = 2.2$，$SRMR = 0.04$，

RMSEA＝0.08，CFI＝0.98，TLI＝0.96，CR＝0.95，AVE＝0.76。

（4）自我领导力。为了测量状态，我们采用了 Houghton 和 Neck（2002）（时间 3）中的项目。这个量表由 35 个项目组成，如"当我特别出色地完成一项任务时，我喜欢用我特别喜欢的东西或活动来犒劳自己"。Cronbach's α 为 0.94。该量表的拟合指数为 $\chi^2/df = 3.8$，SRMR＝0.04，RMSEA＝0.07，CFI＝0.93，TLI＝0.92，CR＝0.90 和 AVE＝0.83。

（五）数据分析和可用性

统计程序采用 Jamovi 1.2.2 和 PROCESS 3.3。采用 Jamovi 进行人口分布分析、描述性分析、效度和信度的测量分析、相关分析和回归分析。宏 PROCESS3.3 用于通过 Bootstrapping 确认变量和显著性之间的关系（Bolin，2013）。我们使用该程序来测试两个 β 系数之间的差异（Cumming and Finch，2005）。在同一调查中测量所有结构时，有可能出现通用方法偏差。本章研究采用单因素试验来明确通用方法偏差问题。当将所有因素固定为一个因素进行主成分分析（非旋转）时，具有最大解释力的因素不大于总方差的一半（39.87%），确认没有问题。用于支持这项研究结果的数据可向笔者索取。

三、结果

表 4-2 显示了标准偏差、平均值和相关性。促进型建言（r＝0.55，p<0.01）和抑制型建言（r＝0.43，p<0.01）与自我领导显著相关。促进型建言（r＝0.23，p<0.01）和抑制型建言（r＝0.25，p<0.01）与感知的内部人身份正相关。此外，感知内部人身份与自我领导正相关（r＝0.36，p<0.01）。

表 4-2 测量变量的均值、标准差和相关系数

	均值	标准差	1	2	3	4
1. 促进型建言	3.61	0.97	—			
2. 抑制型建言	3.44	0.87	0.47**	—		
3. 内部人身份感知	3.02	0.58	0.23**	0.25**	—	

续表

	均值	标准差	1	2	3	4
4. 自我领导	3.44	0.71	0.55**	0.43**	0.36**	—
5. 性别	1.75	0.43	-0.02	0.04	-0.05	0.13*
6. 年龄	3.70	1.15	-0.05	0.03	0.03	-0.04
7. 工龄	4.74	1.67	-0.06	-0.04	0.02	0.01
8. 学历	1.43	0.49	-0.07	-0.02	0.16*	0.05

注：n=608；＊代表 p<0.05，＊＊代表 p<0.01。

为了检验促进型建言和抑制型建言是否通过感知的内部人状态与护士的自我领导相关，我们采用了过程分析，同时验证了直接和间接关系的影响。95%置信区间中不存在 0，表明统计显著性（见表4-3）。

表4-3　促进型建言、抑制型建言和内部人身份感知与领导力的回归分析

	模型1	模型2	模型3	模型4	模型5	模型6
	内部人身份感知为因变量			自我领导为因变量		
常量	2.24	2.31	1.28	0.60	1.26	0.62
促进型建言	0.15**		0.42**	0.37**		
抑制型建言		0.16**			0.53**	0.48**
内部人身份感知				0.30**		0.28**
性别	0.09	-0.11	0.28**	0.31**	0.23*	0.26*
年龄	0.08	0.05	-0.07	-0.09	-0.14*	-0.16*
工龄	-0.05	-0.04	0.06	0.08	0.10*	0.11*
学历	0.25*	0.22*	0.09	0.01	0.02	-0.04
R^2	0.31	0.31	0.59	0.64	0.66	0.7
ΔR^2	0.1	0.1	0.35	0.40	0.44	0.49
F	3.18	3.14	15.61**	16.38**	22.96**	22.98**

注：n=608；＊代表 p<0.05，＊＊代表 p<0.01。

如表4-3所示，以性别、年龄、工作年限和学历作为控制变量，发现促进型建言（模型3，β=0.42，p<0.01）和抑制型建言（模型5，β=0.53，p<0.01）

与自我领导显著相关。以性别、年龄、工作年限和学历作为控制变量，发现促进型检验（模型 1，β = 0.15，p < 0.01）和抑制型建言（模型 2，β = 0.16，p < 0.01）与感知的内部人身份显著相关。当感知到内部人身份加入模型时，促进型建言和自我领导之间的关系变得不那么显著（模型 4，β = 0.37，p < 0.01），但内部人身份感知（模型 4，β = 0.30，p < 0.01）与自我领导显著相关。促进型建言和自我领导之间通过感知内部状态的间接关系的效应大小得到了证实（间接效应 = 0.05，p < 0.01），Bootstrap 95%置信区间为 ［0.01，0.09］，其中不包含 0。当感知到内部人身份存在时，抑制型建言和自我领导之间的关系变得不显著（模型 6，β = 0.48，p < 0.01），但感知内部人身份（模型 6，β = 0.28，p < 0.01）与自我领导显著相关。抑制型建言和自我领导之间通过感知内部状态的间接关系的效应大小得到了证实（间接效应 = 0.06，p < 0.01），95%置信区间为 ［0.01，0.11］，其中不包含 0。

如图 4-1 所示，置信区间中大约有 50%的重叠。为了更精确地验证假设，我们在这里使用了 3 个小数位。计算重叠置信区间平均值的一半（0.031），并加到抑制型建言 β 加权下限估计（0.465）上，得到 0.496。作为促进型建言，0.481

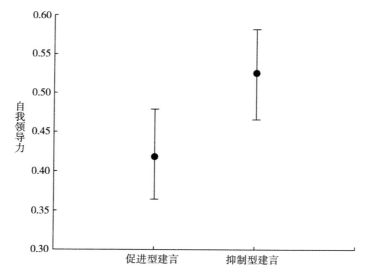

图 4-1 两个自变量在 95%置信区间的平均数图

的上限估计没有超过 0.496。抑制型建言和自我领导标准化 β 权重之间的正相关关系被认为明显强于促进型建言。

四、讨论与结论

（一）结果讨论

在这项研究中，我们调查了不同类型的建言是如何与个人的内部人身份和自我领导力相联系的。研究表明，与促进型建言相比，抑制型建言会有更大风险。如果建言行为是无益的，那么建言者的动机是什么呢？在对自己不利的情况下，为什么人们愿意冒风险继续发表自己的意见？我们发现，从建言者的角度来看，建言行为对建言者有积极的影响。这一发现与之前的研究（Liang et al.，2012）一致。敢于发表意见的人更有可能积极参与管理自己的职业生涯（McClean et al.，2018）。这项研究证实了一个普遍的观点，即抑制型建言行为更有可能提高自我领导力，建言行为通过感知内部人身份间接影响自我领导力。这些发现对我们接下来讨论的关于建言和自我领导的文献有理论上的贡献。

这项研究的主要贡献在于，它从建言者的角度探索建言，从而扩展了对建言行为的理论理解。这种视角的改变凸显了发言权是团队内部人员提高自我领导力的一种潜在方式。先前的研究几乎完全集中在外部性能评估和建言行为识别上（Howell et al.，2015）。虽然外部认知对一个组织的成功至关重要，但是个人成长是一个内在的社会过程，取决于对自我领导力的认可。不考虑个体对建言行为的看法，不能充分体现人们在决定是否进行建言时对建言行为利弊的权衡。然而，从建言者的角度来看，先前的研究已经强调组织环境对行为的影响。相比之下，研究者认为，人们可以积极地塑造环境，从而为自己创造有利的结果（Chamberlin et al.，2017）。

我们还将建言行为研究与内部感知和自我领导研究相结合，为长期以来的信念提供了重要条件，即团队中的建言行为与内部人身份和自我领导有关（McClean et al.，2018）。通过主动了解组织和其他相关人士，员工可以发现组织发展中的机遇和问题，特别是新员工，可以减少不确定性，更好地了解新环境，增加心理安全感。通过搜索信息，员工可以提高他们的工作能力和增强文化融合（Howell et al.，2015）。员工可以主动提出建议，为领导和组织提供信息。提供有价值的信息会使新员工更加认同组织，尤其是他们在新组织中的角色。员工向他人提供信息或创新想法不仅证明了自己的能力，提高了自己在组织中的地位，还带来了自己的创新成果，从而加速了社会化的进程。控制欲很强的员工更有可能积极思考，并对信息做出反应，以增强他们的信心和自我效能。与消极的员工相比，表现出积极形象的员工更容易被同事接受和认可。

本章的研究还有助于我们理解促进型建言和抑制型建言行为的结果。以往的实证研究大多关注建言的"促进"方面，而不是不同建言的不同效果，导致研究结果不一致（Liang et al.，2012）。例如，学者们关于建言和工作表现之间的实证关系观点一直不一致，有研究者认为建言的影响可能随着建言是促进还是抑制而变化。也有研究人员认为，促进型建言在语气上是积极的，因此参与促进型建言的员工可能会因其建言而获得更高的工作绩效评级。相比之下，抑制型建言关注的是风险和有害情况的存在，但这种信息可能会引起防御性反应，因此研究发现建言和工作表现之间存在负相关关系。晋升之声可以为改进工作流程和提高组织效能提出建设性的建议，也可以防止组织面临困难，避免重大的损失。尽管如此，抑制型建言的影响在实证研究中似乎并不积极（Chamberlin et al.，2017）。在当前的研究中，我们建立并测试了模型，以证明为什么促进型建言行为和抑制型建言行为对个体会有不同的结果，并发现抑制型建言行为比促进型建言行为更有利于自我领导力的提高（Chamberlin et al.，2017）。由于本章研究的样本集中在护士身上，该职业要求护士尽量避免失误，获得安全绩效，因此在个人关注方面更关注安全性能和反生产行为，禁止性的建言行为对其具有更大的影响。

（二）对管理的启示

在中国文化背景下，应该更充分地考虑中国文化对人们说话行为的独特影响。组织需要多样化表达方式，保护表达行为的隐私，不断提供关于表达行为的反馈，并为禁止型表达设置特殊鼓励。在工作场合，应该鼓励主管、下属和同事之间的非正式交流，以增进关系。鉴于中国文化中较为强烈的面子观念和员工的高权力距离，实施非正式的进谏行为机制可能有利于促进进谏行为。员工大部分时间是在组织中度过的，成为团队的内部人是他们的追求。特别是在传统文化和集体主义的影响下，作为组织成员，成为"大家庭"的一员是职场成功的重要标志。具有内部人身份感知的员工会对组织忠诚，发扬主人翁精神，为组织做出更多贡献。因此，组织应采取尊重员工、公平对待员工，实施人性化的管理措施，让员工真正成为企业的"局内人"。

公司与主管应该采取更积极的做法，激励员工、提升员工的自尊，让员工有主动应对现场状况的能力与信心。虽然文献已指出许多领导风格都可以用来增进员工的角色外公民行为与角色内工作绩效，但是大部分领导理论并未强调主管本身作为服务性的角色可对员工带来的多种正面影响。仆人领导行为中强调主管要够谦卑，体察员工基本需求，重视与关怀他人利益等（Van Dierendonck，2011），若主管本身能够以身作则，则这些言传身教将可对服务业员工具有实质的示范与教育意义。前线服务人员在现场可能会遇到许多不同状况，因此前线服务人员若能具有较强的组织义务感与自我效能知觉，将更能够积极妥善应对顾客多样化的需求，适时调整服务并对公司提出改善建议。

企业员工是否愿意不断提出改善建议和新想法是影响企业能否成功的因素之一。员工们针对工作问题主动建言，提出建设性改正意见，甚至向上级表达出其所担忧的长短期发展问题等，这些信息的沟通交流有助于企业改善工作效率和创新（Argyris and Schon，1978）、提升决策质量（Nemeth，1997）与组织绩效（Argote and Ingram，2000）。早期的建言研究大多着眼于探讨组织成员对管理阶层在制度或执行上的不满意，以及所产生的抱怨（Hirschman，1970；Farrell，1983）。后来的学者将建言行为视为员工对组织、工作团队的进步与改变寄予希望，从而自愿表达建设性意见的行为（LePine and Van Dyne，2001；Zhou and George，

2001；Avery and Quiñones，2002；Podsakoff et al.，2000；Gao et al.，2011；Brian et al.，2012；Liu et al.，2013；Ng and Feldman，2012；Whiting et al.，2012），着重强调其是对组织有益的正面力量。总结来说，后来的研究主张建言行为是以自主性改善工作环境为目的，应激发员工表达说出建设性想法与意见，以协助组织实时发现与处理问题，一方面让员工们在良好环境中锻炼成长，另一方面让企业能持续经营下去。然而，员工往往不愿意直白表达意见、心声或问题，因为说出来可能会让主管或部门同仁不舒服，从而让自己暴露于人际风险之中（Detert and Burris，2007；Liu et al.，2010）。因此，员工在职场中如何适当地表达他们的建议与意见是很重要的，员工可选择许多种方式来表达自己的想法或疑虑，而不同的表达方式将造成不同的建言行为结果，对组织也会产生不同的影响。研究建言行为的战术将有助于我们对建言行为有更深入的了解（Morrison，2011）。而在企业工作职场中，员工报喜不报忧的行为表现经常上演着，尤其在业绩挂帅的业务部门更是常见。顾名思义，报喜不报忧的行为，是指员工在与主管的沟通过程中，挑选对自己或部门有利的话来说（报喜），或是避免提出对自己或部门不利的发言（不报忧）。报喜不报忧是员工经常选择的向上沟通方式。本书运用 Hobfoll（1989）的资源保存理论观点来诠释员工报喜不报忧行为的决策心理历程。依据资源保存学理论，人们有获取、保存和维持资源的动机，而这些资源包括时间、体力、情绪与注意力等，无论是感知上还是实质上资源的损失都会造成心理压力。在职场环境中，维护人际关系、避免被主管责骂、印象管理的营造以及明哲保身等，这些行为都会耗损员工的内在资源，资源的耗损会让员工处于资源稀少的情况，进而产生心理压力，导致员工不愿意做出风险性的建言。相反地，员工会在组织中寻求资源的注入，如获得奖酬与薪资、获得主管支持或组织支持等资源，员工会以报喜的方式来沟通，进而获得资源。因此，基于资源保存理论，员工在与主管的沟通过程中会表现出报喜不报忧的行为。报喜不报忧似乎是职场常见的现象。例如，企业新手在初入职场时就会有前辈与其分享如何避重就轻、如何进行印象管理等各种说话技巧。虽然常有主管对下属说"年轻人不要有太多的顾虑，要敢于说真话，讲实话"，但是事实上如果真的不加修饰用词，率直说出让人尴尬的真话和实话，很多主管不一定能理性地接受，反而会对敢于讲真话、实话的下属产生排斥心理。如果下属避重就轻地粉饰太平，主管又往往会质疑其诚信和能力。企业员工"说"与"不说"的两难课题演变成如何说的权变反应。例如，在业务报告例会或业务检讨会议上，下属无法永远保持沉默不语，但往往也不会真实地报告其所面临的问题，或者真诚地表达实际的状况，而是选择一种报喜不报忧的方式来进行沟通。然而，组织实务繁复，在现实的组织环境中，有些员工常将有利于自身利益的事情极力向上司或同仁建言宣说，而对自身利益有害的问题或缺点则是轻描淡写乃至隐瞒不说。此外，员工常存在失去职位的恐惧感（Detert and Burris，2007），但碍于同仁、部门文化与主管等因素，其常有所顾虑，不愿意主动作出风险性的建言行为。例如，Ioannis 等（2008）认为，建言是一种反向的变革导向行为，员工若说出工作上的问题或提出改善的建议，总被认为是麻烦的制造者，造成被同事排挤或被上司孤立。因此，为避免影响自己在公司的地位或避免威胁到上司，员工选择隐瞒自己的意见，不愿说出真心话，或是尽挑一些好话来说。因此，在积极、坦然、诚实说出建设性改善言论或永远保持沉默的建言类型中，尚存在着员工为确保自身利益、增加良好人际关系与讨好主管的报喜不报忧行为，这是过去文献中较少探讨的。

通过提供特定领域知识和促进与发散思维相关的过程，社会互动（一个人的网络）在很大程度上影响了创造力。为了更好地促进这种互动，组织经常组建团队，成员可以相互交流并帮助解决问题，以提高创造力。事实上，现有的研究表明，旨在帮助他人的行为与创造力之间存在着普遍的联系，尽管这种联系主要是针对跨团队比较所驱动的团队水平效应。当然，这限制了对团队内部重要现象的理解，而这些现象更容易在个人层面上捕捉到。个人的创造力很可能受到个人对其网络资源的接受和其对网络贡献的共同影响。因此，本章研究同时考虑了给予者和接受者在创造力产生中的作用，重要的是引入了建议给予者的中介作用，以区分建议交互中潜在的重要因素，这与某些行为的影响可能会因参与者的网络位置而发生实质性变化的研究一致。一般网络理论认为，为不相连个体架起桥梁的个体（如经纪人）能够获得更多样化的信息。对不同信息源的访问反过来又增加了中介获取非冗余的特定领域知识、采纳新模式以及集成可能被视为不相关的概念的可能性。然而，传统的经纪业务理论是在考虑到一般网络运营的情况下发展起来的，这些网络很可能被认为比团队内部网络更大、连接更少。此外，传统理论倾向于关注建议经纪业务的自我中心观点，而没有考虑其网络中的其他参与者。因此，有必要更加注意明确团队内部建议经纪业务的概念。在一个更大的网络中，很容易想象一个焦点参与者如何连接两个彼此完全未知的参与者。然而，团队经常被相对清晰的边界和较不相互依赖的参与者所划分，这些使得绝对的经纪位置不太可能出现。但团队具有多个并发网络类型，可以表现出显著差异的特点，而这种差异特别可能表现出来的一种途径是团队的建议提供网络，它捕捉了成员非正式地参与其他人解决与任务相关问题的工作模式。从这个意义上说，与其他互动相比，团队参与者之间的建议互动可能表现出较少的一致性，如那些强制或通常难以忽视的互动。与此相关的是，团队通常使用基于无数标准的内部较小互动组来运作。一些成员可能会提供跨小组的建议，因此，他们可以享受信息优势，并控制新信息在团队中的传播。从这个意义上说，成员可以在团队中履行重要的经纪职能。

　　另外需要考虑的重要问题是，团队中的经纪人是否真的提供了反映他们不同信息和想法的建议。例如，一些研究表明，经纪人可能利用自己的地位来囤积信息，以获得最大的个人利益或政治操纵能力，当经纪人有机会利用信息不对称对对方不利时，这会成为一个特别突出的问题。然而，由于团队具有相对较高的相互依赖性，即成员必须相互依赖才能获得关键信息和材料，实现共同目标，并获得奖励，因此经纪人应该愿意分享他们的各种信息和想法，以帮助他人解决问题，帮助别人本质上就是帮助自己。此外，团队中相对较弱势且相互关联的参与者小组的存在，使得信息囤积成为一种有一定风险的主张。从本质上说，作为信息囤积者，被"发现"后可能会导致被排斥。从信息共享的角度来看，给予者的建议经纪应该与非冗余信息的积极共享相关，因为这些建议至少部分是来自给予者过去帮助不同团队解决问题的努力。因此，建议本质上允许接受者访问更广泛的领域特定知识，并为接受者提供进行远程关联所需的原始资料，即不同的想法，这两者都可以促进创造力提升。建议经纪可能让建议给予者提供建议，而这些建议传达的不仅仅是给予者先前已有的知识和想法的总和。事实上，提供建议的行为不是一个简单的回忆行为，而是要求给予者首先收集信息，从寻求者的角度看待问题，理解接受者的问题，反思和综合他们自己的相关知识，然后提供一个综合的解决方案。因此，一个建议给予者，尤其是那些拥有大量经纪人的给予者共享的最终信息，可能已经在提供者内部经历了与创造力相关的过程，如换位思考、思想整合、远程关联等，从而为增加接受者的创造力提供了一个更加直接的途径。

从本质上说，能够融入工作场所是员工和组织之间关系质量的具体反映。高工作嵌入意味着员工与工作组织有密切的关系，员工会采取更积极的行为。嵌入式人力资源战略是企业提高员工嵌入水平的重要举措。因此，组织应从战略高度制定一系列资源管理政策。例如，长期就业保障、企业养老金计划和工作—家庭平衡计划，这些可以增强员工对组织的忠诚度和归属感，降低员工的离职倾向，从而提高员工的工作嵌入水平。为了充分利用本书研究中发现的这些关系，企业应该积极鼓励员工向同事提供新颖而有用的建议，包括那些在相对不同的"阵营"中的同事。管理者可以积极主动地在没有合作关系的成员之间寻找合作机会，也可以根据员工的核心专业知识领域，进一步推动跨小组的互动，从而帮助员工自己意识到知识交互的机会。期望提高创造力的管理者还应该努力营造员工心理安全的环境，降低员工对尝试新想法的恐惧和对与尝试新思维有关的风险感知。管理者可以针对每个创造性表现制定积极明确的奖赏标准，公开承认并奖励有创造性行为的员工，并严格禁止对失败的创造性尝试的否定行为，甚至可以给予相应处罚。总而言之，管理者可以在弥合信息鸿沟、推动思维发散和为团队提供提高创造力条件方面发挥积极作用。

外部成员的建议对决策准确性和减少偏差有好处。建议可以通过提供新的信息和观点来改进预测，决策者可以将这些信息和观点纳入他们的预测。然而，人们通常不会尽可能多地接受建议，尤其不太可能接受支持外部群体的顾问的建议。然而，来自支持外部群体的顾问的建议实际上可能是最好的建议，因为它可以挑战决策者持有的观点。有关建议利用的研究和决策已经根据经验验证了在做出数值预测决策时同等权重的独立信息片段的好处。然而，人们在接受建议时并没有遵循这一点。由于天真的现实主义（Ross and Ward，1995），决策者可能认为不同意他们观点的顾问是错误的（Pronin et al.，2004）。然而，如果与建议接受者的偏见不同，与建议接受者的预测更不一致的建议可能是最有用的建议类型。当顾问被不同的偏见驱使，将他们的建议推向与决策者不同的方向时，更有可能出现分歧。

人们通常关注他们希望成功的群体，尤其是当这个群体在询问他们的预测时被突出显示时，如"你支持哪个群体？"由于这种关注，他们可能会寻找或回忆支持这一点的信息，并在做出预测时高估其团队的未来成功。对预测中的乐观情绪有影响的想法被称为一厢情愿的想法，尽管其更准确的命名应为"合意性效应"，因为该效应与其说是由于一厢情愿，不如说是由于注意力的集中。

人们有选择地关注那些有利于记录期望的事件（Bar-Hillel et al.，2008），尤其是当事件与个人相关时（Bar-Hillel and Budescu，1995），如在竞技体育方面（Babad and Katz，1991；Bar-Hillel et al.，2008）。接受关注不同信息的人的建议，特别是来自外部顾问的建议，可以帮助克服在预测中的有限关注的缺陷，从而提高准确性。这是假设组外顾问正在陈述他们认为正确的事情，并且没有破坏组外成员预测的动机。例如，外部顾问可能会试图帮助决策者从不同的角度看问题。然而，由于组外建议可能更不被重视，决策者可能不会从组外建议中受益，而更有可能利用同道中人的建议（组内建议）。由于来自外部顾问的建议更有可能使决策者做出正确的预测，并且是更有用的建议（Minson et al.，2011），因此我们认为，当从外部群体而不是内部群体顾问那里获得建议时，建议利用和预测准确性之间的关系会更强。此外，当决策者从一个组内顾问那里得到建议时，这些建议会加强决策者想要关注的信息的倾向，并可能增加偏见。然而，由于组外顾问的期望偏差应该有利于对方团队，决策者的期望偏差将会减少。因此，我们预测，在组外顾问条件下决策者的期望偏差会减少，但在组内顾问条件下不会。

在认知失调的框架下进行的广泛研究发现，人们有偏见地处理信息，以获取对其初始立场的不当支持（Janis and Mann，1977；Lord et al.，1979），即使遇到明确的信息，即他们最初的判断是错误的（Ross et al.，1975）。一般来说，偏好一致的建议和信息更容易被接受（Faulmüller et al.，2010）。然而，如果参与者在做出预测之前收到建议，能够减少确认偏差。决策者既可以在收到建议之前做出预测（独立决策），也可以在做出预测之前收到建议（暗示决策）。有了暗示决策，决策者不太可能处理和关注关于其他选择的信息，而更可能接受向他们提出的建议（Ronis and Yates，1987；Sniezek et al.，1990），但有了独立的决策，决策者可以将建议与他们的预测进行比较，并可能觉得有必要确认他们的初步意见。决策者可能参与动机推理（Kunda，1990），在这种情况下，决策者对不同于自己最初预测的建议进行有偏见的评估和评价。被提示的决策者将不会做出可能被建议质疑的初始预测（Sniezek and Buckley，1995；Sniezek et al.，1990）。尽管已经发现当在决策之前呈现的提示信息不相关时提示会降低准确性（Sniezek et al.，1990），但是在组外建议的情况下，提示应该增加准确性，因为决策者还没有做出可能导致确认偏差和拒绝建议的初始预测。从本质上说，暗示可以提高在接受外部建议时的准确性，这些建议在独立决策时更有可能被忽略。但是，当收到与决策者有相似偏见的小组顾问的建议时，提示会降低准确性，因为提示会导致对预测的处理减少（Sniezek et al.，1990）。因此，暗示决策者接受群组外建议的预测应该比独立决策者的预测更准确。然而，接受群体建议的暗示决策者的预测应该不如独立决策者准确。

从不同的角度和关注不同的信息给出的建议可能是有益的，特别是如果这些建议是由与决策者不同的偏见所驱动的。然而，人们经常不重视与他们意见相左的人或成员的建议。群体外的建议可能是有益的。当建议来自外部顾问时，在独立决策的情况下，建议的利用与决策准确性的提高相关（通过与建议的接近程度来衡量）。在暗示决策的情况下，决策者在接受小组外建议时决策更加准确。此外，接受群体外的建议可以减少偏见。在我们可以测量建议前后预测偏差的独立条件下，决策者在组外建议下减少了他们的期望偏差，而在组内建议下则没有。接受外部成员的建议是有益的，但是人们通常会因为动机推理而抵制不同的观点（Kunda，1990）和确认偏差（Steele，1988）。为了测试确认偏差的作用，我们操纵了决策的类型，因为先前的研究已经发现在暗示决策中可以减少确认偏差（Sniezek et al.，1990）。在接受外部顾问的建议时，受暗示的决策者比独立的决策者更有可能做出准确的预测。在存在组内顾问的情况下，这种趋势是相反的，但并不显著。因此，有外部顾问的暗示决策是最准确的。研究表明，当人们进行更深思熟虑的思考时，他们的态度不太可能改变（Kunda，1990；Petty et al.，1995）。当做出独立决策时，人们有机会处理他们已经知道的信息，而不是通过暗示决策，所以他们更容易受到动机推理的影响，更不容易接受群体外的建议。

（三）局限性和未来研究

本章研究只关注个体的建言行为，但建言过程可以分为两个阶段：信息处理阶段和想法实施阶段，这点在模型中没有实证验证。未来的研究可以在一个统一的模型中测试这两个阶段。现有的研究很少考虑信息处理阶段的说话行为质量，许多学者把注意力集中在说话行为本身，但较少考虑说话行为的数量和质量。因此，未来的研究可以从行为品质的角度拓展噪音的构建。在想法实施阶段，管理者的不同特征，如执行力、调整焦点、控制点和权力动机，也会影响理念实施的效果，这些可以在未来的研究中进行探讨。

员工建言的测量采用了自我评估法，但同源变异可能会影响研究结果。除主管之外，员工也可以发言。因此，仅用主管评估方法来衡量员工的建言行为影响了研究结果的客观性。鉴于此，未来的研究应该采用多重评价的方法来收集不同人的有关建言行为数据，以得出更准确的研究结论。

这项研究的一个优势是一项关于建言行为的跨文化研究。目前，国外学者对说话行为的研究主要基于西方文化的数据，带有更多的个人主义文化取向。而在东方文化背景下，学者们对说话行为可能会有不同的解释。谏言行为与个体的特征、组织环境和社会环境密切相关，并深受社会文化的影响。东西方有着不同的文化传统和制度安排，因此，东西方文化背景下的话语权行为的影响因素、生成机制和结果应该是不同的。例如，在东方文化的背景下，人们强烈的面子感和组织内巨大的权力距离不利于实施建言行为，而西方则不同。因此，未来的学者有必要对员工建言行为进行跨文化研究，以提高研究结论的普适性。

（四）结论

本章研究从说话者的角度分析建言的价值，为建言研究提供了新的视角。这凸显了建言是团队内部人员提高自我领导力的一种潜在方式。根据我们的发现，当个体敢于建言时，个体的自我领导力可以通过感知内部人身份的提高而增强，尤其是对于敢于抑制型建言的个体。

参考文献

［1］Argote L, Ingram P. Knowledge transfer：A basis for competitive advantage in firms［J］. Organizational Behavior and Human Decision Processes，2000，82（1）：150-169.

［2］Avery D R, Quiñones M A. Disentangling the effects of voice：The incremental roles of opportunity, behavior, and instrumentality in predicting procedural fairness［J］. Journal of Applied Psychology，2002，87（1）：81-86.

［3］Babad E, Katz Y. Wishful thinking—Against all odds［J］. Journal of Applied Social Psychology，1991，21（23）：1921-1938.

［4］Balliet D, Wu J, De Dreu C K W. Ingroup favoritism in cooperation：A meta-analysis［J］. Psychological Bulletin，2014，140（6）：1556.

［5］Bar-Hillel M, Budescu D V, Amar M. Predicting World Cup results：Do goals seem more likely when they pay off? [J]. Psychonomic Bulletin & Review, 2008, 15: 278-283.

[6] Bar-Hillel M, Budescu D. The elusive wishful thinking effect [J]. Thinking & Reasoning, 1995, 1 (1): 71-103.

[7] Bolin J H. Introduction to mediation, moderation, and conditional process analysis [J]. Journal of Educational Measurement, 2013, 51 (3): 335-337.

[8] Botero I C, Van Dyne L. Employee voice behavior: Interactive effects of LMX and power distance in the United States and Colombia [J]. Management Communication Quarterly, 2009, 23 (1): 84-104.

[9] Brown P, Levinson S C. Politeness: Some universals in language usage [M]. Cambridge University Press, 1987.

[10] Burris E R, Detert J R, Chiaburu D S. Quitting before leaving: the mediating effects of psychological attachment and detachment on voice [J]. Journal of Applied Psychology, 2008, 93 (4): 912.

[11] Burris E R. The risks and rewards of speaking up: Managerial responses to employee voice [J]. Academy of Management Journal, 2012, 55 (4): 851-875.

[12] Carver C S, Scheier M F. Origins and functions of positive and negative affect: A control-process view [J]. Psychological Review, 1990, 97 (1): 19.

[13] Chamberlin M, Newton D W, Lepine J A. A meta-analysis of voice and its promotive and prohibitive forms: Identification of key associations, distinctions, and future research directions [J]. Personnel Psychology, 2017, 70 (1): 11-71.

[14] Cialdini R B, Borden R J, Thorne A, et al. Basking in reflected glory: Three (football) field studies [J]. Journal of Personality and Social Psychology, 1976, 34 (3): 366.

[15] Cody J L, Mcgarry L S. Small voices, big impact: Preparing students for learning and citizenship [J]. Management in Education, 2012, 26 (3): 150-152.

［16］Cumming G, Finch S. Inference by eye: Confidence intervals and how to read pictures of data ［J］. American Psychologist, 2005, 60 (2): 170-180.

［17］Detert J R, Burris E R. Leadership behavior and employee voice: Is the door really open? ［J］. Academy of Management Journal, 2007, 50 (4): 869-884.

［18］Detert J R, Edmondson A C. Implicit voice theories: Taken-for-Granted rules of self-censorship at work ［J］. Academy of Management Journal, 2011, 54 (3): 461-488.

［19］Dutton J E, Jackson S E. Categorizing strategic issues: Links to organizational action ［J］. Academy of Management Review, 1987, 12 (1): 76-90.

［20］Faulmüller N, Kerschreiter R, Mojzisch A, et al. Beyond group-level explanations for the failure of groups to solve hidden profiles: The individual preference effect revisited ［J］. Group Processes & Intergroup Relations, 2010, 13 (5): 653-671.

［21］Gao L, Janssen O, Shi K. Leader trust and employee voice: The moderating role of empowering leader behaviors ［J］. The Leadership Quarterly, 2011, 22 (4): 787-798.

［22］Gilal F G, Channa N A, Gilal N G, et al. Corporate social responsibility and brand passion among consumers: Theory and evidence ［J］. Corporate Social Responsibility and Environmental Management, 2020, 27 (5): 2275-2285.

［23］Gong Z, Li T. Relationship between feedback environment established by mentor and nurses' career adaptability: A cross-sectional study ［J］. Journal of Nursing Management, 2019, 27 (7): 1568-1575.

［24］Grandey A A, Cropanzano R. The conservation of resources model applied to work-family conflict and strain ［J］. Journal of Vocational Behavior, 1999, 54 (2): 350-370.

［25］Gudykunst W B, Ting-Toomey S. Culture and affective communication

[J]. American Behavioral Scientist, 1988, 31 (3): 384-400.

[26] Hagedoorn M, Van Yperen N W, Van de Vliert E, et al. Employees' reactions to problematic events: A circumplex structure of five categories of responses, and the role of job satisfaction [J]. Journal of Organizational Behavior: The International Journal of Industrial, Occupational and Organizational Psychology and Behavior, 1999, 20 (3): 309-321.

[27] Hastorf A H, Cantril H. They saw a game: A case study [J]. The Journal of Abnormal and Social Psychology, 1954, 49 (1): 129.

[28] Herzberg F, Mausner B, Snyderman B. Themotivation to work [M]. Wiley, 1959.

[29] Hirschman A O. The search for paradigms as a hindrance to understanding [J]. World Politics, 1970, 22 (3): 329-343.

[30] Hobfoll S E, Lilly R S. Resource conservation as a strategy for community psychology [J]. Journal of Community Psychology, 1993, 21 (2): 128-148.

[31] Hobfoll S E. Conservation of resources: A new attempt at conceptualizing stress [J]. American Psychologist, 1989, 44 (3): 513.

[32] Hofstede G, Bond M H. The confucius connection: From cultural roots to economic growth [J]. Organizational Dynamics, 1988, 16 (4): 5-21.

[33] Houghton J D, Neck C P. The revised self-leadership questionnaire [J]. Journal of Managerial Psychology, 2002, 17 (8): 672-691.

[34] Howell T M, Harrison D A, Burris E R, et al. Who gets credit for input? Demographic and structural status cues in voice recognition [J]. Journal of Applied Psychology, 2015, 100 (6): 1765-1784.

[35] Janis I L, Mann L. Decision making: A psychological analysis of conflict, choice, and commitment [M]. Free Press, 1977.

[36] Kennedy J A, Anderson C, Moore D A. When overconfidence is revealed to

others: Testing the status-enhancement theory of overconfidence [J]. Organizational Behavior and Human Decision Processes, 2013, 122 (2): 266-279.

[37] Kish-Gephart J J, Detert J R, Treviño L K, et al. Silenced by fear: The nature, sources, and consequences of fear at work [J]. Research in Organizational Behavior, 2009, 29: 163-193.

[38] Klaas B S, Olson-Buchanan J B, Ward A K. The determinants of alternative forms of workplace voice: An integrative perspective [J]. Journal of Management, 2012, 38 (1): 314-345.

[39] Kunda Z. The case for motivated reasoning [J]. Psychological Bulletin, 1990, 108 (3): 480.

[40] LePine J A, Van Dyne L. Voice and cooperative behavior as contrasting forms of contextual performance: Evidence of differential relationships with Big Five personality characteristics and cognitive ability [J]. Journal of Applied Psychology, 2001, 86 (2): 326-336.

[41] Liang J, Farh C I, Farh J. Psychological antecedents of promotive and prohibitive voice: A two-wave examination [J]. Academy of Management Journal, 2012, 55 (1): 71-92.

[42] Li J, Wu L, Liu D, et al. Insiders maintain voice: A psychological safety model of organizational politics [J]. Asia Pacific Journal of Management, 2014, 31 (3): 853-874.

[43] Liu W, Tangirala S, Ramanujam R. The relational antecedents of voice targeted at different leaders [J]. Journal of Applied Psychology, 2013, 98 (5): 841.

[44] Liu W, Zhu R, Yang Y. I warn you because I like you: Voice behavior, employee identifications, and transformational leadership [J]. The Leadership Quarterly, 2010, 21 (1): 189-202.

[45] Lord C G, Ross L, Lepper M R. Biased assimilation and attitude polariza-

tion: The effects of prior theories on subsequently considered evidence [J]. Journal of Personality and Social Psychology, 1979, 37 (11): 2098.

[46] Manz C C. Self-leadership: Toward an expanded theory of self-influence processes in organizations [J]. Academy of Management Review, 1986, 11 (3): 585-600.

[47] Manz C C. The leadership wisdom of Jesus: Practical lessons for today [M]. San Francisco: Berrett-Koehler Publishers, 2011.

[48] McClean E J, Martin S R, Emich K J, et al. The social consequences of voice: An examination of voice type and gender on status and subsequent leader emergence [J]. Academy of Management Journal, 2018, 61 (5): 1869-1891.

[49] Milliken F J, Morrison E W, Hewlin P F. An exploratory study of employee silence: Issues that employees don' t communicate upward and why [J]. Journal of Management Studies, 2003, 40 (6): 1453-1476.

[50] Morrison E W, Milliken F J. Organizational silence: A barrier to change and development in a pluralistic world [J]. Academy of Management Review, 2000, 25 (4): 706-725.

[51] Morrison E W, Wheeler-Smith S L, Kamdar D. Speaking up in groups: A cross-level study of group voice climate and voice [J]. Journal of Applied Psychology, 2011, 96 (1): 183.

[52] Morrison E W. Employee voice behavior: Integration and directions for future research [J]. Academy of Management Annals, 2011, 5 (1): 373-412.

[53] Morrison E W. Employee voice and silence [J]. Annual Review of Organizational Psychology and Organizational Behavior, 2014, 1 (1): 173-197.

[54] Nemeth C J. Managing innovation: When less is more [J]. California Management Review, 1997, 40 (1): 59-74.

[55] Ng T W H, Feldman D C. Employee voice behavior: A meta-analytic test

of the conservation of resources framework [J]. Journal of Organizational Behavior, 2012, 33 (2): 216-234.

[56] Nikolaou I, Vakola M, Bourantas D. Who speaks up at work? Dispositional influences on employees' voice behavior [J]. Personnel Review, 2008, 37 (6): 666-679.

[57] Petty R E. Creating strong attitudes: Two routes to persuasion [J]. NIDA Research Monograph, 1995, 155: 209-224.

[58] Phua J J. Sports fans and media use: Influence on sports fan identification and collective self-esteem [J]. International Journal of Sport Communication, 2010, 3 (2): 190-206.

[59] Podsakoff P M, MacKenzie S B, Paine J B, et al. Organizational citizenship behaviors: A critical review of the theoretical and empirical literature and suggestions for future research [J]. Journal of Management, 2000, 26 (3): 513-563.

[60] Pronin E, Gilovich T, Ross L. Objectivity in the eye of the beholder: Divergent perceptions of bias in self versus others [J]. Psychological Review, 2004, 111 (3): 781.

[61] Qin X, Direnzo M S, Xu M, et al. When do emotionally exhausted employees speak up? Exploring the potential curvilinear relationship between emotional exhaustion and voice [J]. Journal of Organizational Behavior, 2014, 35 (7): 1018-1041.

[62] Ross L, Ward A. Psychological barriers to dispute resolution [C] //Advances in experimental social psychology. Academic Press, 1995, 27: 255-304.

[63] Rusbult C E, Farrell D, Rogers G, et al. Impact of exchange variables on exit, voice, loyalty, and neglect: An integrative model of responses to declining job satisfaction [J]. Academy of Management Journal, 1988, 31 (3): 599-627.

[64] Simons E. The secret lives of sports fans: The science of sports obsession [M]. Abrams, 2013.

［65］Sniezek J A, Buckley T. Cueing and cognitive conflict in judge-advisor decision making ［J］. Organizational Behavior and Human Decision Processes, 1995, 62 （2）: 159-174.

［66］Sniezek J A, Paese P W, Switzer Ⅲ F S. The effect of choosing on confidence in choice ［J］. Organizational Behavior and Human Decision Processes, 1990, 46 （2）: 264-282.

［67］Stamper C L, Masterson S S. Insider or outsider? How employee perceptions of insider status affect their work behavior ［J］. Journal of Organizational Behavior, 2002, 23 （8）: 875-894.

［68］Steele C M. The psychology of self-affirmation: Sustaining the integrity of the self ［C］ //Advances in experimental social psychology. Academic Press, 1988, 21: 261-302.

［69］Tangirala S, Kamdar D, Venkataramani V, et al. Doing right versus getting ahead: The effects of duty and achievement orientations on employees' voice ［J］. Journal of Applied Psychology, 2013, 98 （6）: 1040.

［70］Tangirala S, Ramanujam R. Employee silence on critical work issues: The cross level effects of procedural justice climate ［J］. Personnel Psychology, 2008, 61 （1）: 37-68.

［71］Tangirala S, Ramanujam R. The sound of loyalty: Voice or silence ［J］. Voice and Silence in Organizations, 2009: 203-224.

［72］Turnley W H, Feldman D C. The impact of psychological contract violations on exit, voice, loyalty, and neglect ［J］. Human Relations, 1999, 52 （7）: 895-922.

［73］Van Dierendonck D. Servant leadership: A review and synthesis ［J］. Journal of Management, 2011, 37 （4）: 1228-1261.

［74］Van Dyne L, Cummings L L, Parks J M. Extra role behaviors: In pursuit of construct and definitional clarity ［J］. Research in Organizational Behavior, 1995, 17: 215-285.

［75］ Van Dyne L, Kamdar D, Joireman J. In-role perceptions buffer the negative impact of low LMX on helping and enhance the positive impact of high LMX on voice ［J］. Journal of Applied Psychology, 2008, 93（6）: 1195.

［76］ Van Dyne L, LePine J A. Helping and voice extra-role behaviors: Evidence of construct and predictive validity ［J］. Academy of Management Journal, 1998, 41（1）: 108-119.

［77］ Van Dyne L V, Ang S, Botero I C. Conceptualizing employee silence and employee voice as multidimensional constructs ［J］. Journal of Management Studies, 2003, 40（6）: 1359-1392.

［78］ Van Swol L M, Chang C T, Gong Z. The benefits of advice from outgroup members on decision accuracy and bias reduction ［J］. Decision, 2023, 10（1）: 81-91.

［79］ Van Swol L M, Paik J E, Prahl A. Advice recipients: The psychology of advice utilization ［M］//MacGeorge E L, Van Swol L M. Oxford Handbook of Advice. Oxford: Oxford University Press, 2018.

［80］ Walumbwa F O, Schaubroeck J. Leader personality traits and employee voice behavior: Mediating roles of ethical leadership and work group psychological safety ［J］. Journal of Applied Psychology, 2009, 94（5）: 1275.

［81］ Wann D L, Dolan T J. Influence of spectators' identification on evaluation of the past, present, and future performance of a sports team ［J］. Perceptual and Motor Skills, 1994, 78（2）: 547-552.

［82］ Whiting S W, Maynes T D, Podsakoff N P, et al. Effects of message, source, and context on evaluations of employee voice behavior ［J］. Journal of Applied Psychology, 2012, 97（1）: 159.

［83］ Whiting S W, Podsakoff P M, Pierce J R. Effects of task performance, helping, voice, and organizational loyalty on performance appraisal ratings ［J］. Journal of Applied Psychology, 2008, 93 （1）: 125.

［84］ Withey M J, Cooper W H. Predicting exit, voice, loyalty, and neglect ［J］. Administrative Science Quarterly, 1989: 521-539.

［85］ Zhou J, George J M. When job dissatisfaction leads to creativity: Encouraging the expression of voice ［J］. Academy of Management Journal, 2001, 44 （4）: 682-696.

［86］ 李超平, 苏琴, 宋照礼. 互动视角的组织社会化动态跟踪研究 ［J］. 心理科学进展, 2014, 22 （3）: 409.

第五章　职业适应能力和心理授权对员工开放式创新的影响机制研究

在过去的几十年里，授权已经为众多的管理者所接受并运用于管理实践。大多数研究者认为，授权是领导层与其下属分享权力的过程，领导者是授权管理实施过程中的主体。但这种只在机关结构上或领导层上的授权忽视了授权的客体因素，即下属。随着这种授权行为效果越来越不明显，一些研究者意识到，机关组织为下属提供了机会和权力，但是组织的授权措施能否顺利得到实施最终取决于下属是否愿意运用这些权力。研究者开始从下属心理知觉的角度研究授权，并提出"心理授权"。心理授权关注个体对工作及其在单位中的角色的知觉或态度，注重个体内心的认知，将授权视为一种内在激励，个体从能产生激励和满意感的工作中获得积极、有价值的经历，这是一个内在激励的过程。心理授权的提出更新了领导者对授权的认识，使其更加注重员工自身的感受，体现了管理的人性化和科学化。

一、问题的提出

创新是企业获得竞争优势的源泉（李森森、巩振兴，2018），然而强调独立、封闭式完成的传统创新模式正面临创新周期缩短、研发投入大幅增加、知识转移加快的挑战（West and Bogers，2017）。创新管理的新模式强调不同组织间的信息连接以及信息技术开放性，因此研究者提出了开放式创新的概念（Chesbrough，2003）。开放式创新是指企业跨越组织边界，整合组织内外部信息、技术等促进企业内部创新，通过拓展市场将内部创新加以外部应用的创新模式（Chesbrough and Brunswicker，2014）。Chesbrough 等（2006）将开放式创新分为内向开放式创新（inbound open innovation）和外向开放式创新（outbound open innovation）。内向开放式创新是企业将外部知识、技术用于内部研发；外向开放式创新是企业将内部的知识或技术寻求合适的外部组织商业化利用（Chesbrough and Bogers，2014）。

由于创新一直被认为是企业行为，研发也是企业间的创新竞赛，因此开放式创新的前因研究更多地关注企业层面（高良谋、马文甲，2014）。然而，企业领导者或员工的买入、对外联系和出售都是对开放式创新的积极态度（Lichtenthaler，2011），因此，开放式创新中的个人因素应成为关注的重点。Dahlander 和 Gann（2010）研究指出，由于开放式创新是对传统创新模式的挑战，企业需要采取新的管理方法以适应创新模式的变更。领导方式变革作为管理变革的一种，成为应对创新管理变革的关键因素（Robbins and O'Gorman，2015）。权变理论认为，领导方式的有效性取决于内外部环境和设立的目标（Sims Jr and Yun，2009）。以往只关注企业内部创新的研究发现，由于交易型领导、指导型领导、厌恶型领导强调控制、服从且灵活性低，因此其会阻碍创新（Dong et al.，2003；Podsakoff et al.，2006）。现代创新管理强调企业创新的开放性，就有必要探讨何种领导方式能够有效促进开放式创新（Krogh and Hippel，2003）。开放式创新强调人力资本在选择、获取、转换、应用创新信息上的作用（Tirabeni et al.，2015），因此开放式创新需要有效管理人力资本的领导者（Lee and Cole，2003）鼓励追随者参与信息交流（Whelan et al.，2011），信任并鼓励追随者参与创新活动（Fleming and Waguespack，2005），而授权型领导恰恰具备上述特点（Sok and O'Cass，2015）。West 和 Bogers（2017）认为，企业的开放式创新是由员工解释、决定和实施的，同样对于授权型领导而言，员工如何理解、感知授权型领导的授权行为，形成对授权行为的建构，直接影响了员工的行为（巩振兴、张剑，2015）。心理授权是领导授权行为的个体体验的综合体，包含意义、自我效能感、自我决定以及影响四个维度（Spreitzer et al.，1999）。尽管以往研究强调授权在创新中的作用，但是从员工的心理授权出发挖掘开放式创新的影响路径是重要而又被忽视的问题。因此，本章研究将探讨开放式创新中员工心理授权的作用。

除了探索心理授权对开放式创新的直接影响，本章研究还探讨其中的影响机制。尽管以往研究关注了领导方式和心理授权对创新的影响机制，但是对于心理授权如何影响开放式创新还有有待实证研究的问题。以往研究发现，领导者鼓励追随者构建并维持组织内部人际间的信息交流环境（Fleming and Waguespack，2005），帮助追随者发展信息交流的网络（Whelan et al.，2011）。而人际间最常用的信息交流就是反馈。反馈是组织常用的激励策略和行为矫正工具（Andiola，2014），反馈发生在反馈环境中。反馈环境是指日常工作环境中领导与员工、同事与同事之间的反馈情境，而不是组织定期的、正式的绩效反馈行为（张剑等，2017）。Kratzer 等（2017）认为开放式创新依赖于以创新为导向的外部关系、发生在规则和制度支持创新的情境中，因此有利于信息沟通的反馈环境是构建良好外部关系的前提。是否有良好的反馈环境直接取决于领导行为以及员工对领导行为的建构。心理授权高被视为一家企业对员工知识挖掘和鼓励反馈信息交流的程度高（Jonsson et al.，2015）。员工通过在反馈环境中与其他成员的反馈交流，更加有效地支持个体创新和他人创新（Lee and Cole，2003；Yang，2007）。因此，本章研究的第二个目的就是探索反馈环境在心理授权对开放式创新影响中的中介作用。

尽管反馈环境促进了信息的内外部交流（Lee and Choi，2003），但是企业的开放式创新还依赖于员工探索和挖掘信息的能力（Naqshbandi，2016），需要员工应对现在或将来工作角色可以预测的任务，以及调适难以预测的工作或工作环境变化所需要的一种准备状态，也就是职业适应能力。职业适应能力是个体对于职业生涯中可预测的任务、所参与的角色以及面对的改变或不可预测的问题的准备程度，将职业行为视为应对内外部职业要求，以帮助个体变成独立的个体来对自己的职业进行管理（Savickas，1997；Zikic and Klehe，2006）。已有研究发现，职业适应能力是开放式创新成功的前提（Kokshagina et al.，2017），企业更倾向于挖掘和发现职业适应能力高的员工的知识和信息（Carayannis and Wang，2012）。因此，本章研究认为一个在支持性的反馈环境中，企业开放式创新的提升会因为员工职业适应能力的提高而进一步加强。企业在开放式创新氛围中如果不能有效寻求、转换并应用反馈信息交流中的资源，就难以获得开放式创新的成功。因此，本章研究的第三个目的就是检验职业适应能力在反馈环境对开放式创新影响中的调节作用。

基于上述分析，本章研究运用问卷调查的方法，研究心理授权对开放式创新（内向开放式创新和外向开放式创新）的影响，并探讨反馈环境在其中的中介作用，以及职业适应能力在其中的调节作用。

二、理论背景与研究假设

（一）心理授权研究综述

"授权"这一概念最早来自参与式管理理论，是指管理者与下属进行权力分享。20 世纪 70 年代后，授权已经被许多组织管理者所接受并运用于管理实践中。不同的研究者从不同的视角对授权进行了不同的定义（Kuokkanen and Katajisto，2003）。授权可以归结于个人，也可以归结于组织（Ryles，1999）。授权可以从工作中产生，也可以从个体心理中产生（Conger and Kanungo，1988），可以被看作一个过程，也可以被看作结果（Gibson，1991）。

结构授权理论认为，个体的工作习惯和态度是由工作地点的社会结构决定的，而不是由员工个人决定的，社会结构包括权力结构、机会结构、成员结构、比例结构。当这些条件缺少时，个体会感到没有权力，就会降低工作满意度、增加倦怠的程度。这种授权理论的中心在于组织的授权行为，而不在于员工如何从心理上对这些行为进行解释（Conger and Kanungo，1988）。结构授权已经被用于预测工作满意度（Laschinger et al，2001）、组织承诺（McDermott et al.，1996）、决策投入（Laschinger et al.，1996）、管理信任度和工作压力（Laschinger et al.，2001）等方面。

　　而近年来的研究发现，在管理实践中，尽管越来越多的部门采用授权管理措施，但是授权的效果并不明显。Conger 和 Kanungo（1988）从员工心理知觉的角度定义授权，认为授权应该是属于内在激励的概念，是增强组织成员间自我效能感的过程而非单纯地授予下属以权力和资源。Thomas 和 Velthouse（1990）在此基础上进一步提出了心理授权的概念，他们认为授权是指个体体验到的心理状态或认知的综合体，这个综合体是由个体对工作环境的主观评估及他人对相同环境的看法而产生的自我对工作的评价，进而影响到工作行为。心理授权是多维度的，具体表现在四个认知维度上：意义、自我效能、选择和影响。Spreitzer 等（1999）在心理授权认知模型的基础上加以修改，除保留原有的意义、能力、影响力三个维度外，将第四个维度"选择"改为自主性，同时他还编制了一个测量心理授权的量表。Menon 通过综合不同的研究取向，指出在个体层面心理授权包含三个基本成分，即控制感、胜任感和目标内化。控制感体现了传统授权方法中分权、提升员工自主性等措施的效果，相当于"影响"或"自主性"；胜任感与 Conger 等的"自我效能感"类似；目标内化则代表了授权的动力方面。

　　目前，Thomas 等提出的心理授权概念已经得到了大多数学者的认可，Spreitzer（1995）的心理授权量表（Psychological Empowerment Scale，PES）在研究中得到了广泛应用，是目前有关授权研究领域中相对比较成熟的测量工具。近年来，国内关于心理授权的研究较多使用 Spreitzer（1995）编制的量表。李超平等（2006）在中国文化背景下对 Spreitzer（1995）编制的心理授权问卷的适用性进行了检验，结果表明该量表具有较好的信度（α 在 0.72~0.86）和效度，也进一步验证了授权的四维度结构。鉴于此，本书将心理授权定义为由个体对工作环境的主观评估及他人对相同环境的看法而产生的心理状态或认知的综合体（包括工作意义、自主性、自我效能和工作影响四个维度），这个综合体通过对工作的评价影响工作行为，调查采用 Spreitzer（1995）的心理授权量表。

心理授权是个体在工作环境影响下形成的一系列心理认知。个人特点和组织情境共同决定心理授权的认知。在个人特点上，影响心理授权的人口学变量主要有性别、年龄、教育程度、工作年限等，但不同研究的结果并不完全一致（Jean-Sébastien et al.，2004）。不同个性品质的个体对不同的情境有不同的解释（Thomas and Velthouse，1990）。个性品质和工作内容共同影响了个体对心理授权的认知，并进一步影响工作行为。在人格特质中，自尊与心理授权存在显著的正相关关系。控制点对心理授权也有影响：与外控型的个体相比，偏内控倾向的个体心理授权水平更高（罗世辉、汤雅云，2003）。

在组织情境方面，工作特征对心理授权具有显著的正向预测效度（Chen and Klimoski，2003）。组织环境能对授权的认知产生强大的影响。支持型的组织氛围对授权的感知显著正相关（Spreitzer，1996）。领导行为对下属的心理授权存在影响，具体而言，魅力型领导、变革型领导、领导者的支持性管理行为、领导者的分权和商议行为能显著提高下属的心理授权水平，而领导者的集权化则会对下属的心理授权产生不利影响（凌俐、陆昌勤，2007）。大量实证研究结果表明，个体心理授权水平的提高对管理有效性个体工作满意度、组织承诺、创新行为、绩效等结果变量均存在一定的影响，具体而言：

（1）提高管理有效性。管理有效性被定义为管理者完成或超出期望目标的程度。心理授权程度高的管理者更容易积极采取措施改善自己的工作和工作情境，管理的有效性就会得到提高（Thomas and Velthouse，1990）。Ashforth 通过研究发现，心理授权的四个维度都有利于提高管理有效性。

（2）提高个体工作满意度。心理授权水平较高的个体对自己的工作及工作环境会产生更为积极的知觉或体验（Hechanova et al.，2006）。在一项对医院较低层次员工的心理授权情况的调查发现，当他们感知到被授权后，他们就会有较高的薪水满意度、晋升满意度和较低的离职意向（Sprrowe，1994）。

（3）增强组织承诺。组织承诺是个体对组织产生的一种依附。忠诚和认同感研究发现，提高心理授权程度，给个体有意义的工作、更多的决策权力、更多的自我挑战，会大大增强个体对单位的依附感和认同感（Liden et al.，2000）。

（4）增加创新行为。创新行为包括对产品、服务和过程的创新，而当心理授权水平高，个体感知到有自我决定力和影响力时，就会促进他们的创新行为（Spreitzer，1995）。心理授权中的影响维度与个体的创新行为显著正相关，并且主管支持对这一关系具有调节作用，主管支持程度越高，两者之间的正向关系越紧密（Janssen，2005）。

（5）提高工作绩效。自我效能对工作绩效有显著积极的影响。心理授权与绩效是一种上升螺旋关系。新进人员最初的心理授权对其初始绩效及绩效改进均具有显著的正面影响，而新进人员的初始绩效对其之后的心理授权水平也具有显著的正向预测力（Chen，2005）。

李超平、李晓轩等对 Spreitzer 的心理授权量表进行了检验与修订，其为国内研究心理授权提供了一个有效的工具。随后他们对中国企业进行了实证研究，结果表明：工作意义对工作满意度、组织承诺、离职意向和工作倦怠均有显著的影响；自主性对工作满意度与组织承诺有正向的影响，但对工作倦怠没有显著的影响；自我效能对组织承诺有正向的影响，而对工作满意度、离职意向与工作倦怠没有显著的影响；工作影响对工作满意度、组织承诺、离职意向与工作倦怠都没有显著的影响。

以往相关研究表明，心理授权是变革型领导与组织承诺（陈永霞等，2006）、领导—成员交换与工作满意度以及授权气氛与工作满意度（Seibert et al.，2004）之间的完全中介变量，亦即变革型领导行为、领导—成员交换和授权气氛等变量对组织承诺或工作满意度的影响完全是通过提升个体的心理授权水平来实现的；而心理授权对结构授权与工作满意度之间的关系也具有部分中介作用。心理授权的不同维度和相关变量间会出现中介效应。研究表明，心理授权中的意义维度在工作特征与工作满意度及组织承诺之间起着中介作用，自我效能感维度在工作特征与工作满意度之间起着中介作用（Liden et al.，2000）；变革型领导中的德行垂范维度完全通过心理授权中的意义维度影响工作满意度及组织承诺；愿景激励完全通过自我效能感影响工作满意度，通过意义和自我效能感两个维度影响组织承诺（李超平等，2006）。

综上所述，心理授权从个体心理层次出发研究授权，兼有个体和组织两种特性，这就决定了心理授权的前因和结果变量都分为组织因素和个体心理因素，其中心理授权的影响结果中行为结果和个体心理结果是相互影响的。例如，组织承诺感、工作满意感会持续影响个体的工作绩效和创新行为，好的工作绩效会带来成就感、工作满意度和承诺感增强。可以说，心理授权的提出是组织管理者对授权认识的深入。国外对心理授权的研究已经取得了一定的成效，而我国在这方面的研究刚刚起步，且研究对象有限，还没有涉及更多行业，为此探讨更多心理授权及其影响就很有必要。

（二）心理授权和内向开放式创新

内向开放式创新是将外部有价值的信息、资源进行汲取、评价、整合进入内部系统和流程的创新（Gassmann and Enkel，2004）。这个过程需要识别和确定哪些潜在的资源能够被利用和被检验出能够为组织创新战略服务（Dahlander and Gann，2010），因此企业需要有知识、有动力、自信的、自主工作的员工来促进新知识、新技术的产生。领导在激发员工完成既定任务目标的动机方面起着关键作用（Ribière and Sitar，2003），这种既定任务目标也包含内向开放式创新。对于内向开放式创新，领导需要支持追随者创建并获取新的想法，并将这些想法与内部系统和过程相结合。在各种领导风格中，授权型领导被认为是对追随者有信心和信任，鼓励追随者运用参与式决策并激励他们表现得更好（Arnold et al.，2000）。授权型领导的特点是激发追随者去探索、创新的想法，包括以身作则、参与式决策、指导、通知和关心成员（Arnold et al.，2000）。这种领导为员工呈现愿景，并表明了期望员工为组织目标做出更大的贡献（Conger and Kanungo，1988），这样就会提高员工的心理授权，而心理授权高低直接决定了授权型领导行为的有效性大小。

追随者所建构的心理授权会给追随者灌输信心，并使他们参与以知识为基础的活动，从而有助于实现组织目标（Singh，2008）。员工的心理授权高能够提高工作中的自主性和影响，在工作中就会增强向追随者分享他们的想法的动机，并相互协作（Rosen et al.，2007），进而促进有效的知识流动。领导者通过奖励、明确角色期望，并允许追随者自己做出决定提高员工的心理授权，能够使追随者感知到更多来自领导对工作意义的诠释，从而增加工作自主性、影响力和效能感（Gagne，2009）。同时，心理授权还增加了人际间的信任，这种信任使追随者能够有效地沟通，了解市场趋势，建设性地协作评估外部市场机会，并评估获得外部知识可能带来的预期收益（Bligh，2017）。而反过来，这种信任的环境也扩展了追随者将外部知识整合到组织过程中的能力（Burke et al.，2006）。授权也意味着组织允许员工承担风险，并容忍失败，这是创新的一个重要条件（Bligh，2017）。研究表明，授权和信任对个人和公司层面的创新能力都有积极的影响（Çakar and Ertürk，2010；Ertürk，2012）。Khazamchn 等指出，创新需要灵活性、授权、控制和效能。心理授权是追随者感受到组织中一种支持性的文化、结构和系统，从而产生良好的组织结果（Ugwu et al.，2014）。基于以上分析，提出以下假设：

假设 1：心理授权正向影响内向开放式创新。

（三）心理授权和外向开放式创新

外向开放式创新是企业将内部知识或技术寻求合适的外部组织商业化利用（Chesbrough and Bogers，2014）。心理授权高的员工能够感受到领导会重塑员工的信任和信息，并允许员工探索创新所需的所有可能的选择（Haas and Hansen，2005）。心理授权高的员工自我效能感强，能够在工作中把控工作目标和方向，能够在工作实践中感受到领导对追随者通过实验来开发新的想法的期望，即使这样的追求会有风险（Sullivan and Williams，2011）。在支持创新的想法和解决方案的过程中，员工通过建构的心理授权感知领导者展示的与实施新思想和新技术相关的期望的冒险行为。此外，领导者通过允许员工根据自己的知识和经验参与决策，而不受领导者的直接干预（Jung et al.，2008），提高员工的心理授权，从而促进基于知识交流的活动。心理授权高的员工通过角色确定做出行为上的改变（Haas and Hansen，2005；Jung et al.，2008），领导者会通过承认、认可和奖励的方式鼓励追随者有效利用知识的行为（Sullivan and Williams，2011；Tung and Chang，2011）。

基于上述内容可以推断，心理授权增加了员工作为追随者的主动性和自主权（Martin et al.，2013；Xue et al.，2011；Yin et al.，2017），并让员工感受到领导者对员工知识、技术、能力的认可（Bligh，2017），即将员工在组织内部产生的新想法、观点、技术推向外部市场，并且商业化。这样的活动通常会加强公司的战略地位，并确保其资源与目标的最佳一致性。这导致了对知识流出的有效管理，从而促进了对外的开放式创新。基于以上分析，提出以下假设：

假设2：心理授权正向影响外向开放式创新。

（四）反馈环境在心理授权影响开放式创新中的中介作用

从微观角度出发，心理授权理论认为只有当员工感受到"被授权"，才能产生态度和行为上的改变，将授权视为一种内在激励（巩振兴、张剑，2015）。从个体角度看，以往研究表明，心理授权高的个体对个体工作及环境产生更为积极的体验（Hechanova et al.，2006），会有更多自我挑战的行为，大大增加个体对组织的依附感和认同感（Liden et al.，2000）。根据社会交换理论，当外部感到个体对组织的认同增加时，作为回报组织也会给予其更多提升自我的信息，领导者也将更倾向给予更多高质量的反馈支持，进而促进反馈环境的优化（Steelman and Young，2014）。从任务角度看，心理授权高的个体自我效能感强，对工作目标的清晰度较高，个体感知到反馈的准确性和反馈满意度越高，进而个体的胜任力越强。作为对胜任力提高的回报，外部会塑造更好的反馈环境以期进一步提升绩效（Jawahar and Radha，2010）。

在鼓励信息交流和创新的反馈环境中，个体可以自由地分享、获取和交换彼此和外部资源的想法，领导可以通过反馈帮助追随者找到解决问题的出路，帮助成员之间相互配合（Arnold et al.，2000）。员工从反馈环境中明确了领导对于各个员工的角色期望，并受到领导奖励系统的影响促进内部动机和外部动机的结合。一方面，心理授权的提高使个人所设定的目标与自己的内在兴趣、价值观的整合程度得到提高（Ryan and Deci，2000）。支持性的反馈环境能够促进工作目标的内化，更容易发现一些解决问题的新方法，从而表现出更高的创新水平（巩振兴、张剑，2015）。另一方面，通过心理授权的提高有助于个体在反馈环境中从外部获取、学习并与他人分享知识（Rosen et al.，2007），并且被赋予了更多的领导能力，可以让追随者尝试新的想法和知识。Xue 等（2011）认为，当员工基于心理授权做出决策时，他们更有可能获得足够的知识，做出合理的决策，从而提高创新水平（Naqshbandi and Kaur，2015）。总之，心理授权有助于反馈环境的优化，进而促进创新知识、技术、能力在组织间的交流。基于以上分析，提出以下假设：

假设 3：反馈环境中介心理授权对内向开放式创新的影响。

假设 4：反馈环境中介心理授权对外向开放式创新的影响。

（五）职业适应能力在反馈环境影响开放式创新中的调节作用

在反馈环境中，员工通过反馈信息进行创造、传播和内化，被鼓励利用外部资源促进自身的发展（Lee and Choi，2003），进而促进企业创新（张剑等，2017）。因此，反馈环境能够促进内向开放式创新，但是影响的大小受到员工主动适应时代要求能力的影响。随着社会文化价值观的多元化，员工的工作更多是为了自己的未来（Strauss et al.，2012），员工的主动适应成为时代的要求，也是自我提升的必然需要。职业适应能力对于寻找和获取创新知识至关重要，在开放式创新步伐加快的时代愈加重要。职业适应能力是个体对于职业生涯中可预测的任务、所参与的角色以及面对的改变或不可预测的问题的准备程度，将职业行为视为应对内外部职业要求，以帮助个体变成独立的个体来对自己的职业进行管理（Savickas，1997；Zikic and Klehe，2006）。研究者将关切、控制、好奇和自信作为个体职业适应能力的构念维度（Savickas and Porfeli，2012）。以往研究证明了职业适应能力对创新行为有积极影响（Denger et al., 2013；温兴琦、David Brown，2016）。研究发现，职业适应能力高的个体对于目标的设定是基于未来的，而对于现状的打破成为职业适应能力的典型特征，个体就会有更多学习新知识、应用新知识和普及新知识的动机，继而转化为利用外部资源来促进企业内部创新、将企业内部创新成果应用于外部的创新（温兴琦、David Brown，2016）。

知识获取、扩散和共享等反馈环境的作用可能会被更高的职业适应能力增强，这样具有较高职业适应能力的个体就能更好地获取和吸收新的知识。换句话说，可以推断反馈环境与职业适应能力的交互作用会增强外部开放式创新。支持性的反馈环境鼓励成员之间的知识共享，并支持新思想的实施，支持有效地将知识商业化。然而，为了获得积极的创新成果，反馈环境需要有个体探索和利用这些知识的能力。更高的职业适应能力将促进企业发展更好地理解和利用知识资源的能力，将其知识资源应用于外部市场，这将有利于反馈环境支持的企业实现对外开放创新成果的提升。这表明，反馈环境支持的职业适应能力较高的员工，其对外开放式创新成果的提升要高于那些职业适应能力较低的员工。基于以上分析，提出以下假设：

假设5：职业适应能力调节反馈环境对内向开放式创新的影响，其中反馈环境越好、职业适应能力越高，内向开放式创新更强。

假设6：职业适应能力调节反馈环境对外向开放式创新的影响，其中反馈环境越好、职业适应能力越高，外向开放式创新更强。

综上所述，本章研究的总体研究模型如图5-1所示。

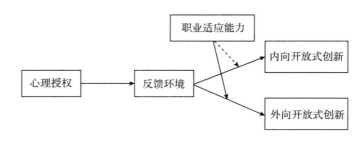

图5-1 总体研究模型

三、研究设计

（一）样本

本章研究以从山东省、江苏省、广东省 15 家工业企业的研发部、技术部、市场部、财务部、销售部、人力资源部选取的 350 名员工作为调研对象，采取现场发放、现场回收问卷的方式完成横向研究。有效问卷 315 份，是参与调研人员比例的 90%。其中，男、女样本分别为 182 例、133 例，在整个样本总量中的占比分别为 57.8%、42.2%；年龄小于或等于 35 岁的样本共有 175 例，占 55.6%；工龄 5 年以下的 196 例，占 62.2%；学历在本科及以上的样本共有 231 例，占73.3%，被试样本的受教育水平较高。

（二）变量测量

（1）心理授权。心理授权量表采用 Spreitzer（1995）编制的包含 12 个题目的问卷，如 "在如何完成工作上，我有很大的独立性和自主权"，为李克特 7 点量表。和以往研究一样（Avolio et al.，2004），本章研究只考虑总体的心理授权水平，将所有题目的平均值记为心理授权水平。Cronbach's α 为 0.87。

（2）反馈环境。反馈环境量表采用 Steelman 等（2004）编制的包含 32 个题目的问卷，如 "当我的工作没有达到组织的标准时，领导会告诉我"，为李克特 7 点量表。Cronbach's α 为 0.83。

（3）职业适应能力。采用职业适应能力量表（中国版）（Hou et al.，2012），该量表包含 24 个题目，如 "我在做决定前先进行调研"，为李克特 7 点量表。Cronbach's α 为 0.94。

（4）内向开放式创新。采用 Sisodiya（2008）编制的内向开放式创新量表，包含 6 个题目，如 "我所在单位认为使用外部资源是有用的。例如，研究小组、大学、供应商、客户、竞争对手等"，为李克特 7 点量表。Cronbach's α 为 0.91。

（5）外向开放式创新。采用 Jaworski 和 Kohli（1993）、Lichtenthaler 和 Lichtenthaler（2009）编制的外向开放式创新量表，包含 4 个题目，如 "我所在单位从其他公司、研究团体或大学寻求技术和专利",为李克特 7 点量表。Cronbach's α 为 0.93。

（三）控制变量

将员工的性别、年龄、工龄和学历等人口统计学变量归为控制变量，在统计中予以控制。同时，控制了不同类型企业在其中的影响。以往研究指出，不同类型的企业、行业之间的差异（Chesbrough and West，2006）或者公司所有权的差异（Li et al.，2008；Väätänen et al.，2011）可以影响人们的态度、行为，进而影响个体接受开放式创新。因此，我们对内向开放式创新和外向开放式创新在不同行业、所有权企业中进行 F 检验。研究显示，在不同行业，内向开放式创新差异不显著（F = 4.96，p > 0.05），但外向开放式创新差异显著（F = 7.27，p < 0.05）；对于不同所有权的企业，内向开放式创新（F = 1.57，p < 0.05）和外向开放式创新（F = 6.08，p < 0.05）的差异均显著。因此，本章研究还将行业、所有权列为控制变量。

（四）共同方法变异控制

应用 t 检验（Boström et al.，1993）对前 40 个和最后 40 个受访者的结果进行了比较，结果表明，两组受访者的平均变量得分没有显著差异，因此排除了非反应性倾向。为了避免共同方法变异，在问卷开发阶段，将与不同变量相关的问题混合在一起。通过进行 Harman 的单因素测试（Podsakoff et al.，2003），检验同源方差的严重程度，对所有题项进行探索性因子分析，将特征值超过 1 的因子全部提炼出来。第一主成分对 26.23% 的变异量做出了阐释，低于建议值 40%。因此，变量同源方差并不会影响到最终的结论。此外，以方差膨胀因子针对变量之间的多重共线性效应进行检验，结果表明，相关变量的方差膨胀因子值都处在 2.43 ~ 3.22 的范围内，比临界值 10 小得多，这就意味着不存在共同方法偏差问题。

四、研究结果

表 5-1 列出了各个变量的标准差、均值及其之间的相关关系。研究发现，心

理授权和反馈环境（r＝0.69，p<0.01）、职业适应能力（r＝0.66，p<0.01）、内向开放式创新（r＝0.65，p<0.01）、外向开放式创新（r＝0.57，p<0.01）显著正相关；反馈环境和内向开放式创新（r＝0.64，p<0.01）、外向开放式创新（r＝0.43，p<0.01）显著正相关；职业适应能力和内向开放式创新（r＝0.49，p<0.01）、外向开放式创新（r＝0.38，p<0.01）显著正相关，这些相关关系为验证直接效应、中介效应和调节效应打好基础。

表5-1 各变量均值、标准差和相关系数

	均值	标准差	1	2	3	4	5
1. 心理授权	5.01	1.37	—				
2. 反馈环境	4.97	1.53	0.69**	—			
3. 职业适应能力	5.42	1.31	0.66**	0.59**	—		
4. 内向开放式创新	4.44	1.69	0.65**	0.64**	0.49**	—	
5. 外向开放式创新	3.98	1.856	0.57**	0.43**	0.38**	0.75**	—

注：n＝315；＊代表p<0.05，＊＊代表p<0.01。

假设1、假设2拟验证心理授权对开放式创新的直接作用。根据表5-2中模型2、模型5，自变量心理授权对因变量内向开放式创新（β＝0.80，p<0.01）、因变量外向开放式创新（β＝0.78，p<0.01）影响显著，验证了假设1、假设2。

表5-2 心理授权对开放式创新的多层线性回归分析

自变量	因变量						
	模型1	模型2	模型3	模型4	模型5	模型6	模型7
	反馈环境	内向开放式创新			外向开放式创新		
心理授权	0.78**	0.80**	0.49**	0.48**	0.78**	0.72**	0.73**
反馈环境			0.40**	0.17		0.37**	0.19*
职业适应能力				-0.14			0.20
反馈环境							
职业适应能力				0.04			0.15*

续表

自变量	因变量						
	模型 1	模型 2	模型 3	模型 4	模型 5	模型 6	模型 7
	反馈环境	内向开放式创新			外向开放式创新		
常量	1.07 **	0.41	−0.01	0.79	0.10	0.02	2.04
R	0.70	0.65	0.70	0.71	0.57	0.61	0.59
R^2	0.49	0.43	0.49	0.50	0.33	0.36	0.35
F	142.82 **	111.22 **	72.46 **	36.32 **	73.64 **	36.91 **	19.59 *

注：n=315；* 代表 $p < 0.05$，** 代表 $p < 0.01$。

假设 3、假设 4 拟验证反馈环境在心理授权对内向和外向开放式创新影响中的中介作用。按照 Baron 和 Kenny（1986）的标准以及 Preacher 和 Hayes（2008）的建议，对加入中介变量后的间接效应采用 Bootstrap 法进行重复抽样 5000 次检验，检查 95% 的置信区间内是否包含 0（Preacher and Hayes，2008）。在分析之前，所有变量均进行了中心化处理（Miller and Aiken，1996）。

由表 5-2 可知，自变量心理授权对中介变量反馈环境（模型 1，$\beta = 0.78$，$p < 0.01$）影响显著。将自变量心理授权和中介变量反馈环境共同纳入方程预测内向开放式创新和外向开放式创新后，经过多层线性回归分析可知，中介变量反馈环境对内向开放式创新（模型 3，$\beta = 0.40$，$p < 0.01$）和外向开放式创新（模型 6，$\beta = 0.37$，$p < 0.01$）影响显著，而自变量心理授权对内向开放式创新（模型 3，$\beta = 0.49$，$p < 0.01$）和外向开放式创新（模型 6，$\beta = 0.72$，$p < 0.01$）影响较小，符合 Baron 和 Kenny（1986）关于部分中介的标准。

根据 Preacher 和 Hayes（2008）的建议，检验中介效应需要依照间接相应在 95% 置信区间是否涵盖了 0 来对中介效应是否显著做出准确的判定。采用 PROCESS 插件（Hayes，2013），通过 Bootstrap 法重复抽样 5000 次分析，结果如表 5-3 所示，以心理授权为自变量、反馈环境为中介变量、内向开放式创新为因变量，反馈环境的中介效应为 0.31（置信区间为 [0.16，0.48]）；以心理授权为自变量、反馈环境为中介变量、外向开放式创新为因变量，反馈环境的中介效应为 0.12（置信区间为 ［0.04，0.23］）。由于这两个效应的置信区间都不包含 0，因此这两个中介关系都是显著的，假设 3、假设 4 都得到了支持。

表 5-3 反馈环境的中介效应 Bootstrapping 检验

结果变量	效应	标准误	z	p	下限	上限
内向开放式创新	0.31	0.07	4.16	0.00	0.16	0.48
外向开放式创新	0.12	0.05	2.66	0.01	0.04	0.23

根据不同职业适应能力对反馈环境—开放式创新关系调节作用分析结果（见表 5-4），模型 4 反馈环境和职业适应能力交互项对内向开放式创新的回归系数（β=0.04，ns）不显著，模型 7 反馈环境和职业适应能力交互项对外向开放式创新的回归系数（β=0.15，p<0.05）显著，说明职业适应能力对反馈环境—外向开放式创新的关系有调节作用。

表 5-4 不同职业适应能力水平上反馈环境对外向开放式创新的效应对比

调节变量		条件间接效应				有调节的中介效应			
		效应	标准误	下限	上限	判定指标	标准误	下限	上限
职业适应能力	低值	-0.04	0.11	-0.26	0.19	0.07	0.04	0.01	0.16
	中值	0.05	0.10	-0.15	0.26				
	高值	0.12	0.11	0.10	0.37				

为了检验有调节的中介效应（Preacher et al.，2007），本章研究首先证实了反馈环境和职业适应能力的交互项对外向开放式创新存在正向关系（b=0.15，p<0.05），这是后续分析的前提。其次，本章研究通过 PROCESS 插件运算得到在调节变量不同取值下的条件间接效应。从表 5-4 左边部分的结果可以看出，当员工职业适应能力比较低时，心理授权通过反馈环境影响外向开放式创新的间接效应为-0.04（置信区间为 ［-0.26，0.19］）。当员工职业适应能力比较高时，心理授权通过反馈环境影响外向开放式创新的间接效应为 0.12（置信区间为

[0.10，0.37]）。结果表明，只有职业适应能力取高值的时候，心理授权通过反馈环境影响外向开放式创新的间接效应才是显著的。从表5-4的右侧检验的有调节的中介效应可以看出，职业适应能力对心理授权通过反馈环境影响外向开放式创新的中介效应的调节作用的判定指标为0.07（置信区间为[0.01，0.16]），置信区间不包含0，说明这个有调节的中介作用是显著的。

通过 West 与 Aiken（1991）给出的建议绘制出基于不同的职业适应能力调节反馈环境与外向开放式创新之间的关系图。由图5-2可知，当职业适应能力处于高水平时，反馈环境与外向开放式创新之间关系的直线由近似于平行于横轴变化为较为陡峭的，而斜率为正的直线表示职业适应能力越高，反馈环境和外向开放式创新的正向关系就越强。

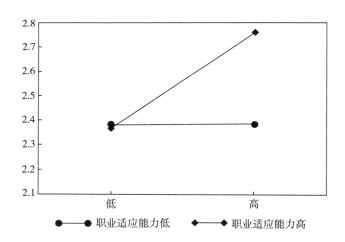

图 5-2　不同职业适应能力对反馈环境与外向开放式创新的调节效应

进一步应用 Johnson-Neyman 方法分析显示，职业适应能力在4.12以上时，反馈环境对外向开放式创新的影响是显著的，在本章研究中有84.87%的样本反馈环境对外向开放式创新的正向影响强而显著。综合上述，分析研究结果支持了假设6，未支持假设5。

五、结论与讨论

本章研究旨在探讨心理授权对开放式创新（内向和外向）之间的影响，以及反馈环境的中介效应和职业适应能力的调节效应。研究表明，心理授权通过反馈环境影响开放式创新，其中当员工职业适应能力更高时，反馈环境对外向开放式创新的积极影响更大。

本章研究是在中国情境下的研究，对大众创业、万众创新的一系列措施从微观层面为创新驱动的增长和创业提供支持。与 Curan 和 Blacburn（1994）的观点一致，要实现经济发展，就必须实现创造、应用和引进创新在不同层次（个人、组织和国家）上实现（Jackson，2011）。由于开放创新范式在世界范围内得到了越来越广泛的普及和接受，因此在中国情境下应用可以为开放式创新模式提供新发展。创新生态系统由知识生产者，如科学技术机构、学术界、创新个人以及公共和私营部门的知识用户组成。相关利益相关者之间的组织间协作是开放式创新的本质，因为开放式创新带来的合作能够减少创新研发支出，这一概念对于中国等新兴经济体的经济成功尤其重要。

本章研究的大多数假设得到了实证支持。心理授权促进内向、外向开放式创新。员工心理授权感强，感知到领导者鼓励追随者开展与创造和获取知识有关的活动，从而获得更好的内向开放式创新成果。员工认为领导通过授权关注并塑造领导者想要的行为、态度，激励员工寻找外部市场的新知识和新想法。这一发现与以往的研究发现领导授权能够促进创新相一致（Bhatnagar，2012；Zhang and Bartol，2010）。同样地，这一发现也与 Bubitt 和 Bigonss（1997）的研究相一致。该研究表明，创新需要让员工感觉到自己有能力、有权力、有动力去独立做出决定。而心理授权包含了这些需要的因素，如心理授权高可能会促进知识获取和采纳，从而导致更好的内向开放式创新成果。此外，心理授权高的公司能够更有效地管理他们的知识流出。心理授权高的员工所处的环境鼓励员工通过在外部市场获得许可来利用知识流入和开发内部资源。以往的研究表明，赋予权力是实现创新的必要条件（Bhatnagar，2012；Çakar and Ertürk，2010；Zhang and Bartol，2010）。过去的研究也表明，领导者应赋予工作自主性，让追随者参与决策，并激励他们通过内在和外在的奖励来完成任务。随着授权领导者对其追随者的信任和信心增加，热情的追随者表现出规避风险的行为，从而在创新活动中表现得更好。

本章研究还确定了反馈环境在心理授权与内向、外向开放创新之间的中介作用。反馈环境从整合角度集合了接收者对反馈源可信性、反馈方式的质和量、反馈的准确性、反馈的可利用性和对反馈寻求支持的感知，支持性的反馈环境鼓励员工和组织交流知识和能力。心理授权高的员工所带表现出的行为使得领导更加倾向于创造一个支持创造、交流和利用新思想的环境，从而形成一种支持性的反馈环境，促进知识的流入，从而促进开放式创新（Bhatnagar，2012；Çakar and Ertürk，2010；Zhang and Bartol，2010）。这一发现与 Ogbonna 和 Harris（2000）的研究一致，强调了对特定领导力的感知是发展组织交流氛围、文化的关键因素。以往研究（Slåtten et al.，2011；Xue et al.，2011）表明，心理授权高的员工能够更好地感知领导者为支持创新营造的组织氛围，从而促进创新知识流入等。此外，研究还表明，心理授权影响反馈环境，进而影响外向开放式创新。心理授权高的员工感知到领导者在他们的公司中发展一种反馈交流文化，以促进成员之间的知识交流。这反过来有助于向组织成员传播信息，这些组织成员可以利用它来产生创新的解决办法。这与以往研究也有相似之处（Tung and Chang，2011）。以往研究指出，通过鼓励和奖励员工，心理授权高的员工工作动力增加，进而促进了组织成员之间的意见交流，从而导致了创新水平的提高（Srivastava et al.，2006；Xue et al.，2011）。

然而，反馈环境只是部分中介了心理授权和开放式创新之间的关系。由此我们得出结论，反馈环境在开放创新中发挥了重要作用，但还有其他可能的中介因素。例如，Oke 等（2009）研究了影响领导风格与创新之间关系的更广泛的情境因素，包括组织内的文化、正式和非正式的沟通过程，它使组织单位之间能够有效地协调，以促进各个阶段的创新。Hemlin（2012）强调了领导者在个人、团队和组织层面诱导创新行为的机制、个人的主动性以及员工对知识资产开发的态度，领导者可以通过上述因素影响并提高创新水平。在未来的研究中，评估这些和其他可能的中介变量对研究其与创新之间关系的影响可能是有趣的。

本章研究没有证明职业适应能力在反馈环境和内向开放式创新关系中的调节作用。因此，本章研究不能推断反馈环境在职业适应能力较高的情况下对内向开放式创新有更大的积极影响。许多研究（Gann，2001；Muscio，2007）指出，由于研发投入不足或投资有限，企业员工往往表现出较弱的职业适应能力，员工在与研发相关或开放创新活动方面的能力不足（Spithoven et al.，2010）。由于缺乏对职业适应能力的调节作用的具体研究，因此很难将这一发现与类似研究联系起来。然而，Kokshagina 等（2017）注意到，在缺乏职业适应能力的情况下，开放式创新的中介方可能会提高个体的职业适应能力。鉴于此，在本章研究中未被证实的职业适应能力的调节作用可能会被解释，本章研究没有集中于开放创新的中介方或外部合作伙伴（如供应商）的职业适应能力研究。因此，需要进一步研究一个公司是否有能力去挖掘、吸收和利用未来将会用到的新知识和能力，如职业适应能力，以及与它所在的反馈环境相互作用，促进有效地购买、扩散、分享和内化新知识，增加创新来源并获取创新知识的能力（Liao et al.，2008），最终获得内向开放式创新水平的提高。

研究结果证实了在一个反馈环境中，当职业适应能力高时，会有更多的对外开放式创新。这与其他研究结果相一致。公司员工拥有更高水平的动态发展与知识创造和运用能力（职业适应能力），以及一种鼓励成员之间的信息共享、表达新的想法和强调持续学习的氛围（反馈环境），可能会有利于组织更成功地商业化，即外向开放式创新。Carayannis 和 Wang（2012）的研究只考虑了吸收能力，发现更强的吸收能力有助于企业理解所接收的知识，将其释放并获取这些知识的内在价值，并最终将其应用于商业目的。此外，还需要考虑内向和外向开放式创新需要的不同能力，后者侧重于职业适应能力，而前者则可能只关注吸收能力

（Lichtenthaler and Lichtenthaler，2010）。这就说明了为什么职业适应能力在内向和外向开放式创新中的调节作用不同了。

（一）理论贡献和实践贡献

本章研究以开放创新的综合模式为基础，对理论与实践做出了贡献。这项研究的结果可能为中国的企业管理决策者提供新的视角，并帮助其实现创新驱动的增长和发展。本书研究拓展了开放创新领域的研究理论成果。此外，它阐明了心理授权与开放创新之间的关联过程和条件因素，为开放式创新领域提出新的研究视角。

本章研究从微观层面关注了开放式创新的形成机制，突破以往只关注宏观、中观层面的不足，为企业提高开放式创新的软实力提供依据。本章研究的理论贡献为三点：首先，发现了心理授权对开放式创新的影响。尽管现存的文献强调了领导者在塑造创新方面的作用，但是本章研究对以往领导力研究进行深入挖掘，并结合建构理论分析了授权型领导也即心理授权程度在开放式创新中的作用。其次，探索了心理授权对开放式创新影响的机制，从反馈环境的角度挖掘了其中的中介机制，基于社会交换理论角度诠释了心理授权对开放式创新影响的路径。最后，还发现了职业适应能力在两种开放式创新中不同的调节作用，并发现了职业适应能力在内向和外向开放式创新中作用的不同，更加细致地探讨了内向和外向开放式创新不同的原因。

从管理实践角度看，本书研究能够为决策者提供新的视角。管理者可以从企业微观管理的角度出发，更好地理解授权在促进开放创新方面的作用，不仅在领导层面需要发挥授权型领导的作用，还需要注重员工心理感知到的授权。尽管以往研究已经确定了促进开放式的因素，但是少有关注支持开放式创新的领导类型。因此，对于企业来说，识别和发展有利于开放创新的领导风格是非常重要的。鉴于此，本章研究为寻找合适的领导风格以实现更高水平的开放式创新提供了见解。作为一项实践建议，企业应促进授权，以实现更高水平的内向和外向开放式创新。由于开放式创新需要更加开放和灵活的管理活动，企业应该任命灵活的领导者，他们在决策过程中为追随者提供自主权，通过举例说明期望的行为，并通过内在和外在的奖励激励他们。反馈通过明确告知个体他们的确切表现水平来提高绩效。这有助于个体比较他们的表现和他们的目标。他们能够评估自己过去的表现和目标表现的差异，以确定他们未来的目标是否需要改变。然而，人们在日常生活中往往没有这种正式的反馈，他们需要依靠自己的感知。他们通过完成一项任务，然后主动不断地告诉自己完成得很棒来获得暗示性的反馈。这种内在的反馈是外在反馈的一种替代品，在一定程度上是比较准确的。自我监督对自我调节很重要。人们观察自己的行为，判断自己做得如何，决定了他们还会这样进行多久，接着调整他们对于自己的能力和未来目标的想法。建设性的反馈不一定是积极的。它可能从积极的反馈开始，以抓住接受者的注意力和参与点，然后精确地指出可以改变的具体行为。

要提供建设性的反馈。建设性的反馈是关于接受者的行为，它不会责备接受者或威胁接受者的自我概念。建设性的反馈会考虑接受方接收信息的能力。太多过于复杂的信息或数据可能被扭曲、忽略或误解。建设性的意见不应等到年度绩效评估的时候提出。不管怎样，反馈应该是及时的，这样接受者才知道哪些行为和绩效结果是有问题的。反馈应该在给出反馈的行为或性能之后立即提出。提供反馈应该是一种常见的做法，而不是一种好像具有重大意义的不寻常事件。建设性的反馈伴随着解释，这样接受者就能理解如何应用它来调整任务。不要认为接受者知道如何处理反馈。建设性的反馈包括给予接受者从反馈中获益的支持。这可能是培训或特殊的工作分配，让接受者可以练习和改进，或者只是另一个机会去做不同的事情、做得更好。

此外，在企业中，领导要努力营造高水平的反馈环境，提高可信性反馈，支持员工主动寻求反馈的行为，提高自身反馈的质量，并在进行反馈时多考虑员工的心理体验等方面。在企业管理实践中，不仅要实现反馈的自上而下流通，而且要保证反馈的平行沟通，提高员工的职业适应能力。完善的反馈环境有助于促进学习和交流新的想法与信息，培养员工产生和获得新想法的实验和兴趣。

（二）局限和未来展望

本章研究的不足之一在于所有数据均来自自评问卷。这种数据采集方式有可能产生共同方法变异，尽管我们在程序和数据处理上采取了一定措施来克服共同方法变异带来的问题，如所有参与调查者均被告知是匿名填写，选项没有对错之分。在克服同源数据的共同方法变异时，应该更关注变量如何被测以及这种特殊的变异如何影响变量之间的关系（Spectorab，2006）。在未来研究中，应该发现更加客观的测量开放式创新的工具，以准确反映真正的开放式创新，或关注哪些变异容易影响变量间的关系。

反馈环境关注的层面和角度还需要扩展。目前所有关于反馈环境的测量还局限在个体层面（Dahling and O'Malley，2011），未来需要将反馈环境上升到更高的层次来研究。反馈环境的概念也可以是团体或组织层面的概念，如在同一领导管理下团队的员工将反馈环境视为团队或组织层面的因素有助于指出在团队认同上的不同。此外，同事反馈环境也是研究的重要方面。在工作环境中，同事之间有着很多接触，不同的同事反馈环境可能在影响员工的开放式创新中发挥着不同的作用。

参考文献

［1］Aiken L S. Multiple regression：Testing and interpreting interactions ［M］. Sage Publications Google Schola，1991，2：513-531.

［2］Andiola L M. Performance feedback in the audit environment：A review and synthesis of research on the behavioral effects ［J］. Journal of Accounting Literature，2014，33（1）：1-36.

［3］Arnold J A, Arad S, Rhoades J A, et al. The empowering leadership questionnaire：The construction and validation of a new scale for measuring leader behaviors ［J］. Journal of Organizational Behavior，2000，21（3）：249-269.

［4］Avolio B J, Gardner W L, Walumbwa F O, et al. Unlocking the mask：A look at the process by which authentic leaders impact follower attitudes and behaviors

[J]. Leadership Quarterly, 2004, 15 (6): 801-823.

[5] Baron R M, Kenny D A. The moderator-mediator variable distinction in social psychological research: Conceptual, strategic, and statistical considerations [J]. Journal of Personality and Social Psychology, 1986, 51 (6): 1173.

[6] Bhatnagar J. Management of innovation: Role of psychological empowerment, work engagement and turnover intention in the Indian context [J]. International Journal of Human Resource Management, 2012, 23 (5): 928-951.

[7] Bligh M C, Kohles J C, Pillai R. Romance of leadership: Past, present, and future [J]. The leadership Quarterly, 2011, 22 (6): 1058-1077.

[8] Boström G, Hallqvist J, Haglund B J, et al. Socioeconomic differences in smoking in an urban Swedish population. The bias introduced by non-participation in a mailed questionnaire [J]. Scand J Soc Med, 1993, 21 (2): 77-82.

[9] Boudrias J S, Gaudreau P, Laschinger H K S. Testing the structure of psychological empowerment: Does gender make a difference? [J]. Educational and Psychological Measurement, 2004, 64 (5): 861-877.

[10] Burke C S, Stagl K C, Klein C, et al. What type of leadership behaviors are functional in teams? A meta-analysis [J]. Leadership Quarterly, 2006, 17 (3): 288-307.

[11] Carayannis E G, Wang V W L. Competitiveness model—A double diamond [J]. Journal of the Knowledge Economy, 2012, 3 (3): 280-293.

[12] Chen G, Klimoski R J. The impact of expectations on newcomer performance in teams as mediated by work characteristics, social exchanges, and empowerment [J]. Academy of Management Journal, 2003, 46 (5): 591-607.

[13] Chen G. Newcomer adaptation in teams: Multilevel antecedents and outcomes [J]. Academy of Management Journal, 2005, 48 (1): 101-116.

[14] Chesbrough H, Bogers M. Explicating open innovation: Clarifying an emerging

paradigm for understanding innovation [M]. Oxford: Oxford Scholarship Online, 2014.

[15] Chesbrough H, Brunswicker S. A fad or a phenomenon?: The adoption of open innovation practices in large firms [J]. Research – Technology Management, 2014, 57 (2): 16-25.

[16] Chesbrough H, Vanhaverbeke W, West J. Open Innovation: Researching a New Paradigm [M]. Oxford: Oxford University Press, 2006.

[17] Chesbrough H. The logic of open innovation: Managing intellectual property [J]. California Management Review, 2003, 45 (3): 33-58.

[18] Dahlander L, Gann D M. How open is innovation? [J]. Research Policy, 2010, 39 (6): 699-709.

[19] Dahling J J, O'Malley A L. Supportive feedback environments can mend broken performance management systems [J]. Industrial & Organizational Psychology, 2011, 4 (2): 201-203.

[20] Denger A, Gerhard D, Kaiser C. Implications of open Innovation approaches on future PLM [R]. 2013.

[21] Denti L, Hemlin S. Leadership and innovation in organizations: A systematic review of factors that mediate or moderate the relationship [J]. International Journal of Innovation Management, 2012, 16 (3): 1240007.

[22] Dong I J, Chow C, Wu A. The role of transformational leadership in enhancing organizational innovation: Hypotheses and some preliminary findings [J]. Leadership Quarterly, 2003, 14 (4): 525-544.

[23] Ertürk A. Linking psychological empowerment to innovation capability: Investigating the moderating effect of supervisory trust [J]. International Journal of Business and Social Science, 2012, 3 (14): 153-165.

[24] Gagne M. A model of knowledge-sharing motivation [J]. HRM and Knowledge Process, 2009, 48 (4): 571-589.

［25］ Gann D. Putting academic ideas into practice: Technological progress and the absorptive capacity of construction organizations ［J］. Construction Management & Economics, 2001, 19 (3): 321-330.

［26］ Gassmann O, Enkel E. Towards a theory of open innovation: Three core process archetypes ［R］. 2004.

［27］ Gibson C H. A concept analysis of empowerment ［J］. Journal of Advanced Nursing, 1991, 16 (3): 354-361.

［28］ Gong Z, Wang S, Zhao Z, et al. The role of psychological empowerment in open innovation ［C］//2018 3rd International Conference on Politics, Economics and Law (ICPEL 2018). Atlantis Press, 2018: 28-31.

［29］ Haas M R, Hansen M T. When using knowledge can hurt performance: The value of organizational capabilities in a management consulting company ［J］. Strategic Management Journal, 2005, 26 (1): 1-24.

［30］ Hayes A F. Introduction to mediation, moderation, and conditional process analysis: A regression-based approach ［J］. Journal of Educational Measurement, 2013, 51 (3): 335-337.

［31］ Hechanova M R M, Alampay R B A, Franco E P. Psychological empowerment, job satisfaction and performance among Filipino service workers ［J］. Asian Journal of Social Psychology, 2006, 9 (1): 72-78.

［32］ Hou Z J, Leung S A, Li X, et al. Career adapt-abilities Scale—China form: Construction and initial validation ［J］. Journal of Vocational Behavior, 2012, 80 (3): 686-691.

［33］ Jackson D J. What is an innovation ecosystem? ［R］. 2011.

［34］ Janssen O. The joint impact of perceived influence and supervisor supportiveness on employee innovative behaviour ［J］. Journal of Occupational and Organizational Psychology, 2005, 78 (4): 573-579.

[35] Jawahar A, Radha S. Energy enhancement using hybrid topology management scheme in wireless sensor networks [R]. 2010.

[36] Jaworski B J, Kohli A K. Market orientation: Antecedents and consequences [J]. Journal of Marketing, 1993, 57 (3): 53-71.

[37] Jonsson S, Muhonen T, Denti L, et al. Social climate and job control as mediators between empowering leadership and learning from a cross-cultural perspective [J]. International Journal of Cross Cultural Management, 2015, 15 (2): 135-149.

[38] Jung D, Wu A, Chow C W. Towards understanding the direct and indirect effects of CEOs' transformational leadership on firm innovation [J]. Leadership Quarterly, 2008, 19 (5): 582-594.

[39] Kokshagina O, Masson P L, Bories F. Fast-connecting search practices: On the role of open innovation intermediary to accelerate the absorptive capacity [J]. Technological Forecasting & Social Change, 2017, 120: 232-239.

[40] Kratzer J, Meissner D, Roud V. Open innovation and company culture: Internal openness makes the difference [J]. Technological Forecasting and Social Change, 2017, 119: 128-138.

[41] Krogh G V, Hippel E V. Special issue on open source software development [J]. Research Policy, 2003, 32 (7): 1149-1157.

[42] Kuokkanen L, Katajisto J. Promoting or impeding empowerment? Nurses' assessments of their work environment [J]. The Journal of Nursing Administration, 2003, 33 (4): 209-215.

[43] Kutzscher L I T, Sabiston J A, Laschinger H K S, et al. The effects of a teamwork project on staff perceptions of empowerment and job satisfaction in a large acute care teaching hospital [J]. Healthcare Management Forum, 1996, 10 (2): 44-47.

[44] Laschinger H K S, Finegan J, Shamian J, et al. Impact of structural and psychological empowerment on job strain in nursing work settings: Expanding Kanter's mod-

el [J]. JONA: The Journal of Nursing Administration, 2001, 31 (5): 260-272.

[45] Laschinger H K S, Finegan J, Shamian J. The impact of workplace empowerment, organizational trust on staff nurses' work satisfaction and organizational commitment [J]. Health Care Management Review, 2001: 7-23.

[46] Lee G K, Cole R E. From a firm-based to a community-based model of knowledge creation: The case of the linux kernel development [J]. Organization Science, 2003, 14 (6): 633-649.

[47] Lee H, Choi B. Knowledge management enablers, processes, and organizational performance: An integrative view and empirical examination [J]. Journal of Management Information Systems, 2003, 20 (1): 179-228.

[48] Liao S, Fei W C, Liu C T. Relationships between knowledge inertia, organizational learning and organization innovation [J]. Technovation, 2008, 28 (4): 183-195.

[49] Lichtenthaler U, Lichtenthaler E. A capability-based framework for open innovation: Complementing absorptive capacity [J]. Journal of Management Studies, 2009, 46 (8): 1315-1338.

[50] Lichtenthaler U, Lichtenthaler E. Technology transfer across organizational boundaries: Absorptive capacity and desorptive capacity [J]. California Management Review, 2010, 53 (1): 154-170.

[51] Lichtenthaler U. Open innovation: Past research, current debates, and future directions [J]. Academy of Management Perspectives, 2011, 25 (1): 75-93.

[52] Liden R C, Wayne S J, Sparrowe R T. An examination of the mediating role of psychological empowerment on the relations between the job, interpersonal relationships, and work outcomes [J]. Journal of Applied Psychology, 2000, 85 (3): 407-416.

[53] Li J J, Poppo L, Zhou K Z. Do managerial ties in China always produce value? Competition, uncertainty, and domestic vs. foreign firms [J]. Strategic Man-

agement Journal, 2008, 29（4）：383-400.

[54] Martin S L, Liao H, Campbell E M. Directive versus empowering leadership: A field experiment comparing impacts on task proficiency and proactivity [J]. Academy of Management Journal, 2013, 56（5）：1372-1395.

[55] McDermott K, Laschinger H K S, Shamian J. Work empowerment and organizational commitment [J]. Nursing Management, 1996, 27（5）：44.

[56] Menon S T. Psychological empowerment: Definition, measurement, and validation [J]. Canadian Journal of Behavioural Science/Revue Canadienne des Sciences du Comportement, 1999, 31（3）：161.

[57] Miller L G, Aiken G R. Effects of glacial meltwater inflows and moat freezing on mixing in an ice-covered antarctic lake as interpreted from stable isotope and tritium distributions [J]. Limnology & Oceanography, 1996, 41（5）：966-976.

[58] Muscio A. The impact of absorptive capacity on SMEs' collaboration [J]. Economics of Innovation & New Technology, 2007, 16（8）：653-668.

[59] Naqshbandi M M, Kaur S. Effectiveness of innovation protection mechanisms in Malaysian high-tech sector [J]. Management Research Review, 2015, 38（9）：952-969.

[60] Naqshbandi M M. Managerial ties and open innovation: Examining the role of absorptive capacity [J]. Management Decision, 2016, 54（9）：2256-2276.

[61] Ogbonna E, Harris L C. Leadership style, organizational culture and performance: Empirical evidence from UK companies [J]. International Journal of Human Resource Management, 2000, 11（4）：766-788.

[62] Oke A, Munshi N, Walumbwa F O. The influence of leadership on innovation processes and activities [J]. Organizational Dynamics, 2009, 38（1）：64-72.

[63] Podsakoff P M, Bommer W H, Podsakoff N P, et al. Relationships between leader reward and punishment behavior and subordinate attitudes, perceptions, and be-

haviors: A meta-analytic review of existing and new research [J]. Organizational Behavior & Human Decision Processes, 2006, 99 (2): 113-142.

[64] Podsakoff P M, Mackenzie S B, Lee J Y, et al. Common method biases in behavioral research: A critical review of the literature and recommended remedies [J]. Journal of Applied Psychology, 2003, 88 (5): 879-903.

[65] Preacher K J, Hayes A F. Contemporary approaches to assessing mediation in communication research [R]. 2008.

[66] Preacher K J, Rucker D D, Hayes A F. Addressing moderated mediation hypotheses: Theory, methods, and prescriptions [J]. Multivariate Behavioral Research, 2007, 42 (1): 185-227.

[67] Ribière V M, Sitar A S. Critical role of leadership in nurturing a knowledge-supporting culture [J]. Knowledge Management Research & Practice, 2003, 1 (1): 39-48.

[68] Robbins P, O'Gorman C. Innovating the innovation process: An organisational experiment in global pharma pursuing radical innovation [J]. R & D Management, 2015, 45 (1): 76-93.

[69] Rosen B, Furst S, Blackburn R. Overcoming barriers to knowledge sharing in virtual teams [J]. Organizational Dynamics, 2007, 36 (3): 259-273.

[70] Ryan R M, Deci E L. When rewards compete with nature: The undermining of intrinsic motivation and self-regulation [R]. 2000.

[71] Ryles S M. A concept analysis of empowerment: Its relationship to mental health nursing [J]. Journal of Advanced Nursing, 1999, 29 (3): 600-607.

[72] Savickas M L, Porfeli E J. Career Adapt-Abilities Scale: Construction, reliability, and measurement equivalence across 13 countries [J]. Journal of Vocational Behavior, 2012, 80 (3): 661-673.

[73] Savickas M L. Career adaptability: An integrative construct for life-span,

life-space theory [J]. Career Development Quarterly, 1997, 45 (3): 247-259.

[74] Seibert S E, Silver S R, Randolph W A. Taking empowerment to the next level: A multiple-level model of empowerment, performance, and satisfaction [J]. Academy of Management Journal, 2004, 47 (3): 332-349.

[75] Sims H P Jr, Faraj S, Yun S. When should a leader be directive or empowering? How to develop your own situational theory of leadership [J]. Business Horizons, 2009, 52 (2): 149-158.

[76] Singh J. Distributed R & D, cross-regional knowledge integration and quality of innovative output [J]. Research Policy, 2008, 37 (1): 77-96.

[77] Sisodiya S R. The effect of open innovation on new product development success: The moderation of interfirm relational knowledge stores and social network characteristics [R]. Washington State University, 2008.

[78] Slåtten T, Svensson G, Sværi S. Empowering leadership and the influence of a humorous work climate on service employees' creativity and innovative behaviour in frontline service jobs [J]. International Journal of Quality & Service Sciences, 2011, 3 (3): 267-284.

[79] Sok P, O'Cass A. Achieving service quality through service innovation exploration-exploitation: The critical role of employee empowerment and slack resources [J]. Journal of Services Marketing, 2015, 29 (2): 137-149.

[80] Spectorab J M. How can organizational learning be modeled and measured? [J]. Evaluation & Program Planning, 2006, 29 (1): 63-69.

[81] Spithoven A, Clarysse B, Knockaert M. Building absorptive capacity to organise inbound open innovation in traditional industries [J]. Technovation, 2010, 30 (2): 130-141.

[82] Spreitzer G M, Janasz S C D, Quinn R E. Empowered to lead: The role of psychological empowerment in leadership [J]. Journal of Organizational Behavior,

1999, 20 （4）: 511-526.

［83］ Spreitzer G M. Psychological empowerment in the workplace: Dimensions, measurement, and validation ［J］. Academy of Management Journal, 1995, 38 （5）: 1442-1465.

［84］ Spreitzer G M. Social structural characteristics of psychological empowerment ［J］. Academy of Management Journal, 1996, 39 （2）: 483-504.

［85］ Srivastava A, Bartol K M, Locke E A. Empowering leadership in management teams: Effects on knowledge sharing, efficacy, and performance ［J］. Academy of Management Journal, 2006, 49 （6）: 1239-1251.

［86］ Steelman L A, Young S F. The role of feedback in supervisor and workgroup identification ［J］. Personnel Review, 2014, 43 （2）: 228-245.

［87］ Stein B A, Kanter R M. Leadership for change: The rest of the story ［J］. Frontiers of Health Services Management, 1993, 10 （2）: 28-32.

［88］ Strauss K, Griffin M A, Parker S K. Future work selves: How salient hoped-for identities motivate proactive career behaviors ［J］. Journal of Applied Psychology, 2012, 97 （3）: 580-598.

［89］ Sullivan H, Williams P. Lessons in leadership for learning and knowledge management in multi-organisational settings ［J］. International Journal of Leadership in Public Services, 2011, 7 （1）: 6-20.

［90］ Thomas K W, Velthouse B A. Cognitive elements of empowerment: An "interpretive" model of intrinsic task motivation ［J］. Academy of Management Review, 1990, 15 （4）: 666-681.

［91］ Tirabeni L, Pisano P, Soderquist K E. Transitioning towards employee-driven innovation: Lessons from pioneers in the ICT sector ［C］. The European Conference on Innovation and Entrepreneurship, 2015.

［92］ Tung H L, Chang Y H. Effects of empowering leadership on performance in management team [J]. Journal of Chinese Human Resources Management, 2011, 2 (1): 43-60.

[93] Ugwu F O, Onyishi I E, Rodríguezsánchez A M. Linking organizational trust with employee engagement: The role of psychological empowerment [J]. Personnel Review, 2014, 43 (3): 377-400.

[94] Väätänen J, Podmetina D, Savitskaya I, et al. New trends in russian innovations: The ownership effect on the adoption of open innovation practices [J]. Journal of East-West Business, 2011, 17 (2/3): 132-143.

[95] West J, Bogers M. Open innovation: Current status and research opportunities [J]. Innovation Management Policy & Practice, 2017, 19 (1): 43-50.

[96] Whelan E, Parise S, Valk J D, et al. Creating employee networks that deliver open innovation [J]. Mit Sloan Management Review, 2011, 53 (1): 37-44.

[97] Xue Y, Bradley J, Liang H. Team climate, empowering leadership, and knowledge sharing [J]. Journal of Knowledge Management, 2011, 15 (2): 299-312.

[98] Yang J T. Knowledge sharing: Investigating appropriate leadership roles and collaborative culture [J]. Tourism Management, 2007, 28 (2): 530-543.

[99] Yin K, Xing L, Li C, et al. Are empowered employees more proactive? The contingency of how they evaluate their leader [J]. Frontiers in Psychology, 2017, 8: 1-11.

[100] Zhang X, Bartol K M. Linking empowering leadership and employee creativity: The influence of psychological empowerment, intrinsic motivation, and creative process engagement [J]. Academy of Management Journal, 2010, 53 (1): 107-128.

[101] Zikic J, Klehe U C. Job loss as a blessing in disguise: The role of career exploration and career planning in predicting reemployment quality [J]. Journal of Vocational Behavior, 2006, 69 (3): 391-409.

[102] Çakar N D, Ertürk A. Comparing innovation capability of small and medi-

um-sized enterprises: Examining the effects of organizational culture and empowerment [J]. Journal of Small Business Management, 2010, 48 (3): 325-359.

[103] 陈永霞, 贾良定, 李超平, 等. 变革型领导, 心理授权与员工的组织承诺: 中国情景下的实证研究 [J]. 管理世界, 2006 (1): 96-105.

[104] 高良谋, 马文甲. 开放式创新: 内涵、框架与中国情境 [J]. 管理世界, 2014 (6): 157-169.

[105] 巩振兴, 张剑. 组织的结构授权与心理授权 [J]. 理论与改革, 2015 (2): 29-32.

[106] 李淼淼, 巩振兴. 创造性反馈环境的构念开发、验证与对比研究 [J]. 科技进步与对策, 2018 (9): 9-15.

[107] 李超平, 田宝, 时勘. 变革型领导与员工工作态度: 心理授权的中介作用 [J]. 心理学报, 2006, 38 (2): 297-307.

[108] 罗世辉, 汤雅云. 内外控人格特质与授权赋能认知对工作满足之影响——以金融保险业为例 [J]. 人力资源管理学报, 2003, 3 (1): 1-19.

[109] 温兴琦, David Brown. 开放式创新模式拓展与治理研究 [J]. 中国科技论坛, 2016 (4): 5-10.

[110] 张剑, 巩振兴, 张莹. 反馈环境: 一个超越反馈的概念 [J]. 外国经济与管理, 2017 (9): 59-69.

第六章　职业乐观的双刃剑效应及其边界条件

职业乐观，即个人倾向于期望最好的结果或强调最积极的态度。对自己的职业生涯抱有乐观态度的人对他们的未来职业感兴趣，从事针对想象中的未来的学习，并感到他们正在走向职业成功，他们很可能会认为职业障碍是暂时的，并且在事业挫折面前持之以恒（Duffy，2010）。职业乐观可以帮助个人了解自己的职业发展方向，并解释为什么人们对自己的工作、职业和生活感到满意。以往的研究表明，可以通过支持性环境来塑造职业乐观。职业乐观主义既有特质又有状态。特质乐观情绪是个人所感受到的稳定的乐观水平，而状态乐观情绪则反映了这种乐观情绪水平可能会因情境因素而波动。乐观可以是一种特质，也可以是状态和可发展的，并且可以采用各种机制（培训、指导、发展任务）来发展职业乐观。

一、引言

"固定的职业已经一去不复返，易变的职业却在蓬勃发展"（Hall，1996）。这句话准确地体现了在当今动荡的职业环境中员工自我管理的价值。技术进步、工作结构调整以及日益增加的全球化劳动力使职业发展的可预测性降低，个体需要变得更加灵活，以适应职业发展和工作变化（Greenhaus et al.，2003）。因此，职业发展研究的重点从使个人的兴趣、需求和价值观与组织要求保持一致转移到使个体能力与未来职业发展、工作调整要求保持一致上来（Savickas and Baker，2005）。这些能力不仅包括职业技能，还包括可转移的非智力能力，如应变、尽职尽责、应对不确定情境等（Garcia et al.，2015）。已有研究发现，职业乐观是影响个体成功适应职业变化的重要因素之一（Rottinghaus et al.，2005）。

职业乐观是个体对未来职业发展最佳结果的期待和积极态度（Rottinghaus et al.，2005）。对自己的职业生涯持有乐观态度的个体对自身未来职业发展感兴趣，职业障碍对他们而言只是暂时的（Duffy，2010），他们倾向于为想象中的未来做好准备，并感到正走向职业成功（Gunkel et al.，2010；Haratsis et al.，2015）。研究发现，职业乐观有助于个体明确职业目标，进行职业选择和探索，提高职业适应能力（Rottinghaus et al.，2005；Rottinghaus et al.，2012）。在积极心理学的研究框架下，相关学者从计划学习理论、职业建构理论出发，在强调职业乐观对个体积极作用的基础上重点考察了如何促进职业乐观（Eva et al.，2019）。尽管仅有的一些研究考察了个体职业乐观对工作满意度、组织承诺的促进作用（Haratsis et al.，2016；Kluemper et al.，2010；Santilli et al.，2017），但是也有研究者认为，个体会由于职业乐观导致产生离开组织的想法，从而不断去寻求新的工作，在没有正当理由时寻求晋升或寻找新的职业机会影响对现有工作的专注程度（Eva et al.，2019）。两种不同的结论使组织陷入是否应该促进员工职业乐观的两难境地。因此，促进员工职业发展固然重要，但组织也有必要采取措施增加组织承诺使其专注于现有工作，并对整个过程进行有效的管理。

基于此，本章旨在解决以下三个问题：①对组织而言，员工职业乐观总是有利的吗，还是有利和不利并存？②如果存在不利的方面，那么导致双刃剑效应的背后机制是怎样的？③面对双刃剑效应，组织应该如何管理以促进有利、削弱不利？基于已有研究的不足，本章基于社会认知职业理论（Lent et al.，1994），将探讨职业乐观通过易变职业生涯定向对求职行为的影响，以及通过工作归属感对组织承诺的影响，并分析心理授权在其中的调节作用。

本章研究主要的贡献表现在：首先，探讨了职业乐观的双刃剑效应，丰富了对职业乐观的认识。以往研究多关注了职业乐观对个体的积极作用，其对组织的积极作用仅有几项研究涉及。尽管研究者提出了职业乐观可能有负面作用，但是也仅限于理论层面（Eva et al.，2019）。虽然研究发现了职业乐观有助于个体职业发展、提高组织承诺，但是盲目乐观带来的求职行为会降低对工作的专注度。然而，看似矛盾的组织承诺和求职行为却由于职业乐观而共同存在于个体的职业发展中，员工离职还是留任的冲突能够让我们更加理智地认识职业乐观。

其次，挖掘了职业乐观双刃剑效应的内在机制，拓展了社会认知职业理论的应用。社会认知职业理论认为，经验通过认知的调节作用而指导职业行为，个人所要达到的目标是对最有影响力的信息源，而结果期待是对从事某活动所想象的结果。尽管环境事件和个人的历史帮助塑造行为，但是它不是自动起作用的，而是通过人们的自我导向目标激发起来的。职业乐观的个体注重对个体未来发展的期待，并为达到期待的目标从行为和态度上做预期准备。一方面，个体注重职业生涯目标实现中的自主管理行为，主动探索和追求目标，而非被动接受现实，所形成的易变职业生涯定向会激发求职行为（Briscoe et al.，2012）。另一方面，职业乐观得益于组织支持，作为回报，职业乐观的个体能以积极的态度融入组织，组织归属感的认知能够增强组织承诺（Gautam et al.，2004）。

最后，从企业可以操控的治理机制视角出发，探讨了如何削弱职业乐观的消极作用以及增强其积极作用。在行为的自我约束上，社会认知职业理论提出了目标、自我效能和结果期待之间复杂的相互作用，强调个体认知的作用。Conger 和 Kanungo（1988）指出，授权寓于深刻的自我效能的动机内涵中，是个体在组织中提高自我效能感的动态过程。而心理授权是授权个体内心体验的综合体，组织通过授权行为增加个体的心理授权认知，个体和对环境的感知相互作用于对未来行为的约束。心理授权高的个体由于其在组织内部的影响力和工作意义感知，更倾向于在组织内部不断发挥自我效能，感受更多的自我决定感，会增强职业乐观对工作归属感的正向影响，削弱职业乐观对易变职业生涯定向的影响。鉴于此，本书认为心理授权能够成为解决职业乐观双刃剑效应的一个突破点。

二、职业乐观的概念及理论基础

(一) 职业乐观的概念

和工作不同，希望是一种基于目标确定和实现目标的方式规划的成功经验的相互推导。在最初的希望概念中，希望和乐观是相似的，因为它们是稳定的认知反映总体结果而不是具体结果的心态。但是，希望更多地与一个人的主动行动（机构）有关，该行动旨在创造成功的职业，以及他们如何达到目标，而乐观则更多地相信一个人的事业将会成功并通过运气获得成就。与希望类似的对未来工作的自我建构，是个人对自己设想的特定职业的未来的认知，它表示个人期望在未来的工作和职业中担任何种角色。职业乐观不仅捕捉到自己在特定职业中的积极想法，而且关注在与自己有关的未来职业发展中预期会有更广泛的积极成果环境、人与环境的互动以及任何相关的活动和过程（Rottinghaus et al.，2005）。职业自我效能感不同于职业乐观度，因为职业自我效能感是指个人完成与职业相关的感知能力任务，并且是一组动态的自我信念。此外，对自己的职业抱有乐观态度的人在执行与职业相关的任务时会感到很自在，并且乐于接受美好的事物将在他们的职业生涯中发生。工作意愿是指个人对自己的职业选择能力的看法，它有结构、环境和个人约束。工作意愿的概念侧重于当前人们所处的环境、选择自己所从事的职业以及对工作的控制感。因此，与职业乐观相比，工作意愿侧重于未来的职业机会和发展，更像是对工人当前所处职业现实的认知和认可。

(二) 职业乐观的理论基础

计划偶然性学习理论认为，个体可以从可预测和不可预测的事件中学习，计划外的事件可能会转化为职业生涯的学习机会，这可以用来解释职业乐观感是如何发展并影响职业成果的。在以往的研究中，乐观被视为一种幸福，可以帮助个人积极面对计划外的事件并从中学习。偶然性技能是指个人产生、接受的能力，其特点是个人的冒险意识和计划性试图探索职业发展的可能性。根据计划偶然性学习理论，这些技能是通过个体的产生、认可和利用偶然事件发展和积累到职业发展中的。同时，偶然性技能（如乐观情绪）可以引导他们主动和建设性地采取行动，以达到个人目的和职业目标。基于这种理论观点，通过职业可以提高职业乐观度。参与职业活动可以发展职业决策自我效能感，并消除职业障碍。与计划中的偶然事件学习理论一致，研究还指出，职业乐观帮助人们确定或确认职业身份、制定职业决策以及取得令人满意的职业地位。

社会认知职业理论旨在研究越来越多的职业乐观感是如何发展的。社会认知观点认为，与职业相关的自我效能、抱负和目标是促进职业发展的重要因素。应该注意的是，职业乐观与社会认知职业理论中概述的结果期望有所不同，因为它预示着性格（特质）或对积极成果的实际（类似状态）预期，而结果期望则特别关注执行特定行为的后果。与社会认知职业理论一致，先前的研究认为与职业相关的自我效能感信念会影响职业乐观度，并强调社会支持（或缺乏）促进（或抑制）了发展。这些发现与社会认知职业理论一致，即强调自我效能感是培养对职业成果积极期望的关键因素。乐观主义是一种对结果的期望，应谨慎对待模棱两可的社会认知职业理论乐观主义被概念化为趋势或倾向，但被视为结果预期的应用。显然，将职业乐观的范围整合到社会认知职业理论框架中后，需要明确定义。

职业建设理论（Savickas，2002）在一些研究中被用来解释职业乐观感是如何发展的。这一理论表明，心理适应性资源使人们能够适应职业任务、职业过渡和创伤，从而导致以理想的人际环境为特征的顺畅的职业流程一致性，塑造了人们对职业前景的乐观期望。先前的学者研究工作倾向于整合职业生涯建构理论与其他理论方法。以往研究将职业建设理论作为职业生涯设计框架的一部分，认为职业适应性可通过增强个人的积极性来提高面向未来的生活满意度（反映希望和乐观）。在制定职业未来清单时，研究人员还整合了职业建设理论与性格乐观理论，并创建了一个总体清单，以捕捉个人的乐观情绪、职业适应性以及对工作的看法。

三、研究假设

（一）职业乐观通过易变职业生涯定向的中介影响求职行为

职业乐观高的个体着眼于自身兴趣和未来职业发展，为实现想象中未来的自我做准备，如观察、学习等，并感到正在走向职业成功（Gunkel et al.，2010；Haratsis et al.，2015）。一些学者将职业乐观概念化为可以发展的心理状态（Cesario et al.，2010），它反映了个人对其工作环境的适应性，并能够影响职业态度、职业行为倾向、职业认同等（Eva et al.，2019）。求职行为是指个人为了获取新工作的信息而从事的活动（Brown et al.，2006），包括求职准备工作（旨在获得工作信息和识别潜在工作机会的活动）和与实际求职有关的主动行为（Blau，1994）。社会认知职业理论认为，结果期望是一种实施特定行为以达到想象结果的个人信念，根据预期的学习经验，结果期望可以衡量一个人预测某项行为的潜在结果的能力。职业乐观的个体着眼于未来职业发展，有助于个体明确未来职业发展目标，并做出更多积极主动的行为（如求职行为）（Kaminsky and Behrend，2015；Zikic and Saks，2009）。研究认为，人格开放性、乐观、求职自我效能感都是影响求职行为的重要因素，研究者将乐观与人格倾向区分开来（Costa et al.，1996；Hough，1992；Scheier et al.，1994），职业乐观有期望的含义，期望良好结果的个体认为自己会就业成功，倾向于以个体的积极行动来解决压力大的问题，更可能在寻找工作上花费时间和精力（Kanfer et al.，2001），同时倾向于为自身未来做职业计划并探索新的工作岗位（Elanzi，2005），而不是尽量躲避目前的处境（Scheier and Carver，1987）。基于以上分析，我们提出以下假设：

假设1a：职业乐观显著正向影响求职行为。

易变职业生涯定向是指个人通过自主地管理职业生涯来实现主观职业成功的一种倾向（Briscoe et al.，2006；Direnzo et al.，2015），具有自我导向和价值观驱动双重属性（Briscoe and Hall，2006）。自我导向是指个体通过自主地探索职业选择并做出职业决策，对职业发展进行自我管理而不是等待他人或组织提供信息、反馈、目标和计划的个人倾向。价值观驱动是指个体会主动地追求对自己有意义的目标，而不是被动地接受组织和社会强加于个人的价值观（Briscoe et al.，2006；Cabrera，2009）。

社会认知职业理论强调个人认知、背景和学习对职业选择行为的影响。职业选择分成三个基本过程：①初步地选择或目标；②行动，如为实施特定的选择而参加特定的培训；③后来的完成情况，即成功或失败。这些构成了反馈环路，影响未来职业行为的形成。职业乐观的个体倾向于根据自己的标准定义职业成功，并积极采取行动以达到这些标准（Direnzo and Greenhaus，2011）。Bravo 等（2015）研究发现，职业乐观的个体会做好准备，愿意并且能够适应不断变化的职业环境，并且倾向于表现出更多的适应性行为，如获得新技能和能力，促进易变职业生涯定向的提高。

以往研究表明，易变职业生涯取向与职业规划、职业目标发展有关（Briscoe et al.，2012；Direnzo et al.，2015；Herrmann et al.，2015；Rahim and Sitirohaida，2015）。易变职业生涯取向高的个体渴望寻找符合自身价值观而非组织价值观的职业发展机会（Briscoe et al.，2006）。Li 等（2019）研究发现，易变职业生涯定向高的大学生具有较强的获取与职业相关的信息和资源的意愿。另外，他们渴望探索自我完善的新机会，以适应动荡的经济环境，并在做出职业选择方面更有信心（Li et al.，2019）。易变职业生涯定向高的个体有更大的职业抱负，他们倾向于主动地寻找更合适的工作环境，往往表现出较高水平的职业探索行为（Shen and Hall，2009），他们的离职倾向也会较高（Supeli and Creed，2016）。也有研究发现，易变职业生涯定向的影响与年龄相关，之所以年轻个体的易变职业生涯定向与新的求职行为正相关，是因为年轻人还处于职业生涯初期，受到职业经验、经济压力等多重条件的限制，无法在初入职场时就能选择到符合自己价值观的职业（Spurk et al.，2015；Supeli and Creed，2016）。基于以上分析，我们提出以下假设：

假设 1b：易变职业生涯定向在职业乐观和求职行为之间起中介作用。

（二）职业乐观通过工作归属感的中介影响组织承诺

Becker（1960）将承诺定义为由单方投入产生的维持活动一致性的倾向。组织承诺是个人对所属组织的目标和价值观的认同和信任，以及由此带来的积极情感体验（Karrasch，2003）。社会认知职业理论认为，结果期待影响目标的水平，较强的结果期待提高抱负目标，有助于人们使其作业行为更稳定和持久。职业乐观是个体坚持目标追求的最强有力的行为预测指标。职业乐观可能包含对有利结果的期望，即使可能会出现不利结果。职业乐观的人能够有效应对压力（Chemers et al.，2000；Gillham，2000）。职业乐观可以帮助个体迅速适应和接受挑战，表现出比那些悲观的人更少离职的迹象（Bressler，2010）。职业乐观的个体在不确定的环境中会认为，尽管职业选择受到负面影响，但是个体曾经在组织中获得的成就和组织成员的接纳使其认为值得留在组织中。相反，悲观情绪可能导致在工作上优柔寡断，成就不高，以及高心理困扰。职业发展中的悲观主义者可能不太会努力确保自己的健康，并且会自欺欺人（Carver et al.，2010）。一些悲观主义者可能会养成诸如滥用药物、睡眠不规律、逃避个人情况的习惯，尤其是在处理生活事务时。因此，职业乐观的个体可能会克服生活压力，并在组织中发挥最大的作用。同时，一项关于心理资本的元分析表明，乐观与工作满意度、承诺、幸福感和绩效之间存在正相关关系（Sweetman et al.，2011）。职业乐观的个体在实现职业目标上花费了更多的精力，由此他们会以更大的职业乐观感维持这种努力，进而可能导致更高的组织承诺（Carver et al.，2010）。基于以上分析，我们提出以下假设：

假设2a：职业乐观显著正向影响组织承诺。

工作归属感是指个体对组织及其从属关系的划定、认同和维系的心理表现（Malone et al.，2012）。社会认知职业理论认为，以增强自我效能和积极结果期望的形式，积极强化的作用对于培养职业目标以及最终职业发展至关重要。个体具有与他人进行积极互动、维持良好关系的需求。归属具有进化适应功能。当个体融入同类个体组织的团体时，个体抵御困难、获得组织生存的能力就会提高。

关于归属需要，个体希望别人关心自己的幸福和健康，并接受自己（O'Reilly and Robinson，2009）。职业乐观反映了个体被接纳的积极状态，以往研究表明，职业乐观程度较高的个体对工作内容、职业发展和社交氛围有更高的心理契约期望（De Hauw，De Vos，2010）。职业乐观的个体由于自身对社交和融入感的目标很期待，就会努力使自身行为符合组织标准继而获得工作归属感。同时，研究表明，职业乐观和生活满意度（Haratsis et al.，2016；Santilli et al.，2017）、工作满意度（Spurk et al.，2015）和学术专业满意度（Mclennan et al.，2017）正相关。从反馈回路角度看，作为对职业乐观个体的正反馈，外部对积极个体将给予积极反馈，继而增加对职业乐观个体的接纳程度。

组织承诺强调接受组织价值观并表现出为组织效力的行为。工作归属感的认知过程体现了个人与组织在价值观上的一致性，成员出于对组织的预期，进而保持在情感上的某种自我定义（Ford and Gioia，2000）。工作归属感使组织成员具有与组织一致的自我构念，因此带有一定的持久性，具体表现为组织成员情愿留在组织中延续组织承诺。组织文化是基于共同惯例的默认和自发行为，需要通过外界比较和有意识的自我反思才能获得，这一过程正是工作归属感的自我定义过程（Ravasi and Schultz，2006）。工作归属感能够提高个体的社会身份认知，使组织的规范和价值观会融入其自我概念中，并代表其所属的组织进行思考和行动（Gautam et al.，2004）。组织成员因归属于这个组织而深感骄傲，会感觉自己拥有社会认可，进而提高了成员的组织承诺（Dutton et al.，1994）。基于以上分析，我们提出以下假设：

假设2b：工作归属感在职业乐观和组织承诺之间起中介作用。

（三）心理授权的调节作用

Conger 和 Kanungo（1988）从员工心理知觉的角度定义授权，认为授权应该是属于内在激励的构念，其所隐含的含义是"使能够"而非单纯地授予下属权力及资源，是增强组织成员间自我效能感的过程。社会认知职业理论强调个体对外部行为的内部建构，继而影响后续态度和行为，而在行为的自我约束上，提出了目标、自我效能和结果期待之间存在复杂的相互作用。比如，目标影响自我效能的发展，反过来，自我效能和结果期待又影响目标的选择和努力。心理授权是指个体体验到的心理状态或认知的综合体，这个综合体是由个体对工作环境的主观评估及他人对相同环境的看法而产生的自我对工作的评价，进而增强员工的内在任务动机，影响其工作行为（Thomas and Velthouse，1990）。

心理授权包括工作意义、自我效能、自主性和工作影响四个方面。回顾以往研究发现，心理授权可能会影响个体对职业乐观的归因，从而影响其心理倾向和感知，即易变职业生涯定向和工作归属感。具体而言：一是工作意义能够激发个体的工作热忱和兴趣，使其在自我价值和工作角色之间形成恰当的匹配。二是自我效能感的感知能够有效激励个体为了组织、团队的利益而付出额外的努力。三是自主性能够使个体掌控工作角色并主动参与到相关决策中，这种掌控感不仅能使员工保持积极、健康的心态，缓解心理压力，而且能使其为了组织的利益而牺牲自己的部分兴趣和爱好。四是工作影响力的感知使员工感受到自身工作对组织的重要性，从而从属于特定组织。

有较高心理授权感的员工能够感知到自己在组织中的重要性、自主权、控制力和影响力，更倾向于将自身职业的乐观归因于组织的特定环境，以及感知到更强的工作归属感，并在职业生涯发展上更倾向于在本组织内部发展。研究发现，心理授权高的员工对工作态度与工作行为的知觉或体验更积极（Seibert et al.，2011）。Spreitzer（1995）的研究表明，感知到被授权的员工觉得自己具有较强的能力，会以积极的方式影响组织，从而愿意在工作中投入更多精力。心理授权高的个体能够感受到自身工作的重要性，更好地理解工作的价值、意义。同时，感受到被授权和信任的员工会产生一种归属感，作为对组织的回报，个体更倾向于主动参与决策，愿意为组织付出额外的工作时间。

相对而言，心理授权低的个体在组织中的价值感较差，自身没有影响力且自我效能感和工作自主性也比较低。这一类个体会将自身的职业乐观归因于个体，认为自己的乐观和当前组织关系不大，自己职业生涯要实现职业成功就要靠自己，而不是依靠当前组织。因此，相对于心理授权高的个体而言，他们对自身行为的关注较多，而对组织发展的关注较少，他们要获得更多的发展，需要更多依靠主动探索、主动追求新的职业生涯，因此易变职业生涯定向较强，对组织的归属感较弱。基于以上分析，我们提出以下假设：

假设 3a：心理授权调节了职业乐观与易变职业生涯定向之间的关系。

具体而言，这一关系对于低心理授权的员工而言相对较强，而对于高心理授权的员工而言相对较弱。

假设 3b：心理授权调节了职业乐观与工作归属感之间的关系。

具体而言，这一关系对于心理授权高的员工而言相对较强，而对于心理授权低的员工而言相对较弱。

本书在假设 1 和假设 2 中分别提出了易变职业生涯定向在职业乐观和求职行为以及工作归属感在职业乐观和组织承诺之间的中介作用，在假设 3 中提出因为不同心理授权水平员工对职业乐观的归因不同，所以造成了职业乐观对中介变量的效应产生差异。因此，职业乐观、易变职业生涯定向（工作归属感）、求职行为（职业承诺）之间的间接关系因为员工心理授权水平的不同而出现不同。

Zhu 等（2004）发现，心理授权高的员工自我效能较高，会以更有意义的方式影响他们的工作和组织，并向当前组织报以更高的承诺，同时削弱易变职业生涯定向对求职的影响。Liden 等（2000）研究发现，当员工感知工作意义强、有决策权和影响力时，其对组织的忠诚度和依附感就会增强，从而产生较高的组织承诺。心理授权高的员工，工作投入度高。为了获得更多的职业乐观，员工将更加依附于组织，从而导致组织承诺水平提高（杨波等，2002）。因此，心理授权增强了工作归属对组织承诺的正向影响。基于以上分析，我们提出以下假设：

假设 4a：心理授权调节了职业乐观与求职行为之间通过易变职业生涯定向产生的间接关系。

具体而言，这一间接关系对于心理授权低的员工而言相对较强，而对于心理授权高的员工而言相对较弱。

假设4b：心理授权调节了职业乐观与组织承诺之间通过工作归属感产生的间接关系。

具体而言，这一间接关系对于心理授权高的员工而言相对较强，而对于心理授权低的员工而言相对较弱。

四、研究方法

（一）研究过程与样本

采用整群抽样法，选取山东省、河南省、安徽省、四川省、福建省、辽宁省等37家企业的742名员工作为样本。考虑到共同方法偏差的可能影响，我们根据相关研究经验，在间隔3个月的两个时间点发放两份不同的问卷，在程序上对共同方法偏差进行控制（Podsakoff et al.，2003；谢宝国、龙立荣，2008）。我们将两次问卷统一编号、分次发放，第一次发放时另备注个人手机或身份证后六位，做到同一样本的两次问卷能够对应。首先，员工回答包括人口统计学变量、职业乐观、易变职业生涯定向、心理授权、工作归属感在内的第一份问卷。其次，3个月后员工回答包括人口统计学变量、求职行为、组织承诺在内的第二份问卷。最终前后两次匹配成功且作答有效的问卷共581份，有效回收率为78.30%。员工的年龄为31.76±9.52岁，其他员工信息如表6-1所示。

表6-1　被试人口统计学状况

变量	类别	人数	百分比（%）
性别	男	127	21.9
	女	454	78.1
学历	高中及以下	123	21.2
	专科	55	9.5
	本科	329	56.6
	研究生及以上	74	12.7

续表

变量	类别	人数	百分比（%）
工龄	5 年及以下	311	53.5
	6~10 年	52	9.0
	11~15 年	91	15.7
	16~20 年	69	11.9
	21 年及以上	58	10.0

（二）测量工具

问卷计分方式为李克特 5 点量表，其中，1＝非常不同意，5＝非常同意。

（1）职业乐观。采用 Rottinghaus 等（2005）编制的 11 个条目的职业乐观量表，样题如"我渴望达到我的职业理想"。内部一致性系数为 0.94。

（2）易变职业生涯定向。采用 Briscoe 等（2006）开发的包括 14 个条目的量表，其中 8 个条目测量自我导向职业生涯定向，6 个条目测量价值观驱动职业生涯定向。总体量表内部一致性系数为 0.97。

（3）求职行为。采用 Blau（1994）编制的包括 14 个条目的求职行为量表，其中 6 个条目测量求职行为准备，8 个条目测量主动寻求工作。由于该量表于 1994 年首次开发，至今求职的方式已发生很大变化，如求职者在求职中越来越多地转向互联网，因此参照以往文献，我们认为有必要在测量条目中体现求职策略的变化，将"通过报纸找工作"替换为"使用互联网查找职位空缺"等。内部一致性系数为 0.90。

（4）心理授权。采用 Spreitzer（1995）编制的 12 个条目的心理授权量表，包括工作意义、自我效能、自我决定、工作影响四个维度，每个维度 3 个条目。内部一致性系数为 0.88。

（5）工作归属感。采用 Malone 等（2012）开发的工作归属感量表，共包括 12 个条目。内部一致性系数为 0.95。

（6）组织承诺。采用 Mowday 等（1982）开发的组织承诺量表简化版，共包括 9 个条目。内部一致性系数为 0.97。

（7）控制变量。在本章研究中，选取与员工离职相关的为性别、年龄、学历、工龄和人格开放性为控制变量，其中开放性选取大五人格量表中测量开放性的2个条目。内部一致性系数为0.85。

五、数据分析与结果

（一）变量之间区分效度的验证性因素检验

为检验主要变量之间的区分效度，采用 Mplus70.0 进行验证性因素分析。如表6-2所示，六因子模型拟合良好（$\chi^2 = 254.54$，$p < 0.01$；CFI = 0.95；TLI = 0.93；RMSEA = 0.08；SRMR = 0.03），且与其他模型存在显著差异，说明各主要变量之间具有良好的区分效度。

表6-2　验证性因素分析结果

模型	χ^2	df	χ^2/df	$\Delta\chi^2$	RMSEA	SRMR	CFI	TLI
单因子模型[a]	625.16	77	8.12		0.13	0.05	0.87	0.84
二因子模型[b]	613.17	76	8.07	110.99	0.13	0.05	0.87	0.85
三因子模型[c]	506.46	74	6.84	106.71	0.12	0.05	0.89	0.87
四因子模型[d]	479.14	71	6.75	27.32	0.12	0.04	0.90	0.88
五因子模型[e]	372.59	67	5.56	106.55	0.11	0.04	0.93	0.90
六因子模型	254.54	60	4.24	118.05	0.08	0.03	0.95	0.93

注：a 表示将所有项目合成一个潜在因子；b 表示将职业乐观、易变职业生涯定向、求职行为合成一个潜在因子，其他变量合成一个潜在因子；c 表示将职业乐观、心理授权合成一个潜在因子，易变职业生涯定向、求职行为合成一个潜在因子，其他变量合成一个潜在因子；d 表示将易变职业生涯定向、求职行为合成一个潜在因子，工作归属感和组织承诺合成一个潜在因子；e 表示将职业乐观、心理授权合成一个潜在因子。

根据 Podsakoff 等（2003）的建议，采用控制潜变量的方法对共同方法偏差进行检验。结果表明，在六因素模型基础上增加一个方法因子变成七因素模型（$\chi^2 = 224.23$，$p < 0.01$；CFI = 0.96；TLI = 0.94；RMSEA = 0.08；SRMR = 0.04）之

后，模型拟合指数并未得到较大改善（$\Delta CFI = 0.007$，$\Delta TLI = 0.008$，$\Delta RMSEA = 0.005$，$\Delta SRMR = -0.012$）（侯杰泰等，2006）。另外，验证性因子分析结果表明，单因素模型拟合情况较差（$x^2 = 625.16$，$p < 0.01$；$CFI = 0.87$；$TLI = 0.84$；$RMSEA = 0.13$；$SRMR = 0.05$），说明不存在严重的共同方法变异问题（周浩、龙立荣，2004）。

（二）各变量的相关分析

为避免无关变量对研究结果的影响，本章将性别、学历和工龄这三个控制变量中的分类变量虚拟化处理后进行积差相关分析（见表6-3）。结果显示，职业乐观与易变职业定向、求职行为、工作归属感和组织承诺显著正相关（$p < 0.01$）；求职行为与心理授权、工作归属感、组织承诺显著负相关（$p < 0.01$）；组织承诺与心理授权、工作归属感显著正相关（$p < 0.01$）；人格开放性、年龄和虚拟化后的性别、学历和工龄与职业乐观、求职行为和组织承诺显著相关。

（三）假设检验

运用Bootstrap法进行中介效应的检验（温忠麟、叶宝娟，2014），重复抽样5000次。从表6-4和表6-5中可以发现：

（1）职业乐观对求职行为有正向影响（模型2，$\beta = 0.15$，$p < 0.01$），验证了假设1a。职业乐观对易变职业定向有正向影响（模型1，$\beta = 0.45$，$p < 0.01$）。将职业乐观、易变职业生涯定向共同放入方程预测求职行为后，易变职业生涯对求职行为（模型3，$\beta = 0.14$，$p < 0.01$）影响显著，而职业乐观对求职行为（模型3，$\beta = 0.09$，$p < 0.05$）影响较小。职业乐观通过易变职业定向对求职行为的间接效应为0.06，其95%的置信区间为 [0.02，0.11]，置信区间内不包含0，易变职业生涯定向的中介作用成立，中介效应率为$ab/c = 0.06/0.15 = 40\%$，验证了假设1b。职业乐观与心理授权的交互项对易变职业生涯定向的效应显著（模型4，$\beta = -0.08$，$p < 0.05$），说明心理授权在职业乐观与易变职业生涯定向之间起调节作用，验证了假设3a。

表6-3　各变量的均值、标准差及相关系数

	1	2	3	4	5	6	7	8	9	10	11	12	13	14	15	16
1. 职业乐观	(0.94)															
2. 心理授权	0.61**	(0.88)														
3. 易变职业生涯定向	0.55**	0.67**	(0.97)													
4. 求职行为	0.37**	-0.37**	0.35**	(0.90)												
5. 工作归属感	0.55**	0.52**	0.56**	-0.35**	(0.95)											
6. 组织承诺	0.39**	0.51**	0.34**	-0.23**	0.49**	(0.97)										
7. 人格开放性	0.50**	0.56**	0.53**	0.35**	0.65**	0.51**	(0.85)									
8. 性别虚拟	-0.02	-0.05	-0.12**	0.04	-0.169**	-0.18**	0.02	—								
9. 学历虚拟1	-0.05	-0.12**	-0.06	-0.01	-0.14*	-0.27**	-0.23**	0.17**	—							
10. 学历虚拟2	-0.03	-0.07	-0.15**	0.01	-0.08*	0.02	0.03	0.15**	-0.16**	—						
11. 学历虚拟3	0.14**	0.26**	0.19**	0.13**	0.24**	0.32**	0.21**	-0.18**	-0.59**	-0.36**	—					
12. 工龄虚拟1	-0.03	-0.11*	0.13**	0.11**	0.06	-0.19**	0.04	-0.17**	-0.32**	-0.05	0.19**	—				
13. 工龄虚拟2	0.07	0.01	0.03	0.01	0.21*	0.08*	0.16**	0.16**	0.09*	0.02	-0.08*	-0.33**	—			
14. 工龄虚拟3	0.27**	0.23**	0.02	0.12**	-0.04	0.13**	0.01	0.09*	0.24**	-0.01	-0.10*	-0.46**	-0.13**	—		
15. 工龄虚拟4	-0.21**	0.09**	-0.01	-0.20**	0.00	0.13**	0.02	0.02	-0.07	0.09*	0.08*	-0.39**	-0.14**	-0.15**	—	
16. 年龄	0.02	0.04	0.11**	-0.04	0.16**	0.17**	-0.02	-0.99**	-0.17**	-0.15**	0.18**	0.17*	-0.16**	-0.09*	-0.03	—
M	3.61	3.63	3.79	3.41	3.57	3.50	3.42									31.76
SD	0.95	0.82	0.99	0.79	0.90	1.15	0.96									9.52
CR	0.96	0.94	0.97	0.96	0.97	0.97	0.93									
AVE	0.68	0.59	0.72	0.70	0.79	0.82	0.86									

注：n=742; *代表p<0.05，**代表p<0.01。

表6-4 职业乐观对求职行为和组织承诺的影响

自变量	因变量							
	模型1	模型2	模型3	模型4	模型5	模型6	模型7	模型8
	易变职业生涯定向	求职行为			工作归属感	组织承诺		
常量	0.50	2.02	1.95	2.96	0.63	1.02	1.30	1.80
职业乐观	0.45**	0.15**	0.09*	0.22**	0.32**	0.20**	0.12*	0.28**
易变职业生涯定向			0.14**	0.53**				
职业乐观×易变职业生涯定向				-0.08*				
工作归属感							0.26**	0.18**
职业乐观×工作归属感								0.09**
性别虚拟	-0.22**	0.09	0.12	-0.18*	-0.39**	-0.53**	-0.42**	-0.38**
学历虚拟1	0.34**	0.55**	0.50**	0.39**	0.25*	-0.25	-0.31*	0.17
学历虚拟2	-0.37**	0.44**	0.49**	-0.30*	-0.06	0.38**	0.40*	-0.06
学历虚拟3	0.06	0.40**	0.40**	-0.07	0.19*	0.52**	0.47**	0.17
年龄	0.01	-0.01	-0.01	0.01	0.01	0.03	0.01	0.02
工龄虚拟1	0.70**	0.07	-0.03	0.69**	0.37**	-0.27	-0.36*	0.38**
工龄虚拟2	0.41**	-0.16	-0.22	0.49**	0.76**	0.24	0.04	0.74**
工龄虚拟3	0.29*	0.08	0.04	0.16	0.04	0.35*	0.34*	-0.06
工龄虚拟4	0.82	-0.30*	-0.42**	0.61**	0.50**	0.33*	0.19	0.40**
开放性	0.32**	0.22**	0.17**	0.14**	0.41**	0.43**	0.32**	0.39**
R^2	0.48	0.25	0.29	0.59	0.58	0.42	0.45	0.59
ΔR^2	0.12	0.02	0.03	0.30	0.08	0.02	0.03	0.14
F	43.79**	17.07**	17.09**	63.61**	69.99**	38.39**	39.01**	62.15**

注：n=742；*代表 $p<0.05$，**代表 $p<0.01$。

（2）职业乐观对组织承诺有正向影响（模型6，$\beta=0.20$，$p<0.01$），验证了假设2a。职业乐观对工作归属感有正向影响（模型5，$\beta=0.32$，$p<0.01$）。将职业乐观、工作归属感共同放入方程预测组织承诺后，工作归属感对组织承诺（模型7，$\beta=0.26$，$p<0.01$）影响显著，而职业乐观对组织承诺（模型7，$\beta=0.12$， p<0.05）影响较小。如表 6-5 所示，职业乐观通过工作归属感对组织承诺的间接效应为 0.08，其 95%的置信区间为［0.04，0.14］，置信区间内不包含 0，易变职业生涯的中介作用成立，中介效应率为 ab/c＝0.08/0.20＝40%，验证了假设 2b。职业乐观与心理授权的交互项对易变工作归属感的效应显著（模型 8，β＝0.09，p<0.01），说明心理授权在职业乐观与工作归属感之间起调节作用，验证了假设 3b。

表 6-5　中介效应检验结果

中介路径	效应	效应值	标准误	95%置信区间
职业乐观→易变职业生涯定向→求职行为	总效应	0.15	0.04	［0.07，0.23］
	直接效应	0.09	0.04	［0.00，0.17］
	间接效应	0.06	0.02	［0.02，0.11］
职业乐观→工作归属感→组织承诺	总效应	0.20	0.05	［0.11，0.30］
	直接效应	0.12	0.05	［0.02，0.22］
	间接效应	0.08	0.03	［0.04，0.14］

为进一步分析心理授权如何调节职业乐观与易变职业生涯、职业乐观与工作归属感的关系，进行简单斜率分析（Dearing and Hamilton，2006）。如图 6-1 所示，对于心理授权低的群体（低于平均值 1 个标准差）来说，职业乐观对易变职业生涯定向的影响较为明显（β＝0.29，p<0.01），而对于心理授权高的群体（高于平均值 1 个标准差），这一关系明显较弱（β＝0.15，p<0.01）。

图 6-2 显示，在心理授权高的群体组内，职业乐观和工作归属感的关系较为强烈（β＝0.31，p<0.01），而对心理授权低的群体，这一关系也是显著的正相关，但是相对较弱（β＝0.26，p<0.01）。

根据 Edwards 和 Lambert（2007）提出的调节中介程序，心理授权分别取均值加减一个标准差时，职业乐观对求职行为、组织承诺的间接影响效应的差异分别达到-0.02（p<0.01）和 0.04（p<0.01），差异显著。

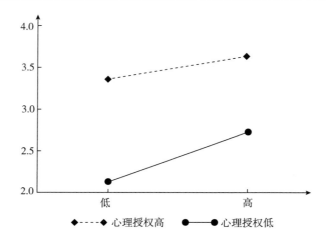

图 6-1　心理授权对职业乐观与易变职业生涯定向关系的调节效应

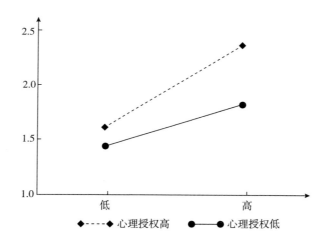

图 6-2　心理授权对职业乐观与工作归属感关系的调节效应

对有调节的中介效应检验显示，职业乐观对求职行为有调节的中介检验的判定指标为-0.01，95%的置信区间为 [-0.03，0.00]，置信区间内不包含0。工作乐观对组织承诺有调节的中介检验的判定指标为 0.02，95%的置信区间为 [0.00，0.04]，置信区间内不包含0，验证假设。综合以上研究结果，可得图6-3。

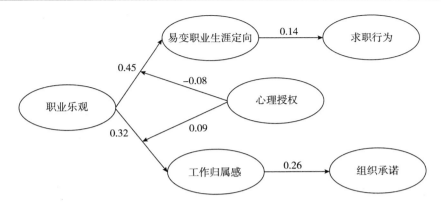

图 6-3 有调节的中介效应检验模型

六、讨论

本章研究对职业乐观的双刃剑效应的考察，不但有助于回答职业乐观的双刃剑效应是通过什么起作用的，还能显示如何发挥其积极作用、削弱消极效应。具体而言，探讨了职业乐观通过易变职业生涯定向对求职行为的影响，以及职业乐观通过工作归属感对组织承诺的影响，并分析了心理授权的调节作用。

（一）研究结果讨论

本章研究发现，易变职业生涯定向在职业乐观对求职行为影响中起中介作用。这与先前研究相同（Eva et al.，2019），即过度的职业乐观会产生负面影响。以往研究从心理学和医学上探讨了不切实际的乐观所带来的负面效应（Weinstein，1980），并从理论上说明了职业乐观的个体可能会由于过度关注自身发展而盲目乐观，而导致产生更多的求职行为，进而缺乏对现有工作的专注（Eva et al.，2019）。就本章研究而言，职业乐观还经由易变职业生涯定向影响求职行为。这一研究结果，一方面支持了职业乐观对职业生涯定向的预测作用（Direnzo et al.，2011），验证了易变职业生涯定向对求职行为的促进作用（Shen and Hall，2009）；另一方面说明易变职业生涯定向在其中的桥梁作用，职业乐观个体对未来目标的期待指引个体主动进行职业探索，进而诱发更多的求职行为，为社会认知职业理论提供实证依据。

研究结果表明，工作归属感在职业乐观对组织承诺的影响中起中介作用。与以往关于职业乐观的元分析类似，职业乐观高的个体能够感知更高的工作满意度进而增加组织承诺（Eva et al.，2019），这一结果也与以往多数研究关注职业乐观的积极面相一致。在内在影响机制上，社会认知职业理论强调自我认知在自我约束和学习经验中的作用。一方面，个体认为实现职业成功所带来的职业乐观是由于投入了大量精力得到的，为了得到更多的职业乐观就需要维持或进一步投入精力；另一方面，职业乐观个体自身的乐观魅力及其对社会交往的需要，能够增加其工作归属感，进而促进组织承诺的提高（Carver et al.，2010）。

心理授权在职业乐观对易变职业生涯定向的影响中起负向调节作用，在职业乐观对工作归属感的影响中起正向调节作用。这验证了 Conger 和 Kanungo（1988）的结论，授权行为本身就包括了自我效能的动机内涵，它是个体在组织中提高自我效能感的动态过程。与社会认知职业理论一致，目标、自我效能和结果期待相互作用于个体行为和态度，强调个体认知的作用。心理授权是对组织授权的个体认知，个体和对环境的感知作用于未来行为，如求职行为和组织承诺。值得关注的是，心理授权负向调节了职业乐观的消极作用，正向调节了职业乐观的积极作用，为组织通过实施授权行为、提高个体心理授权认知继而更大限度地发挥职业乐观积极作用提供实证依据。

（二）理论意义和管理启示

首先，探讨了职业乐观与求职行为、组织承诺之间的关系，验证了其双刃剑效应，丰富和扩展了职业乐观结果变量的研究。其次，检验并验证了易变职业生涯定向和工作归属感的中介作用，揭示了职业乐观产生双刃剑效应的内在过程，拓展了社会职业生涯理论的应用范围。最后，综合考察了职业乐观影响中介变量的边界条件，回答了职业乐观对求职行为、组织承诺如何发挥作用的问题，以及深化了心理授权对不同行为、态度的调节作用方向的认识，丰富了社会职业生涯理论的应用研究。

本章研究启示我们，在不确定的就业环境和职业发展背景下，提高心理授权尤为必要。组织应该提供能够发展员工能力、提高员工责任的工作，增强团队合作能力；明确定义员工可以自由行动的范围，通过设定明确的期望（而不是微观管理）赋予员工做出决策的权限，确保决策符合公司目标；能够接受员工以不同于领导或同事的方式完成任务，避免进行操作流程上的细微管理；为员工提供必要的解决问题的工具、资源，并鼓励其反馈、建言和咨询。上级给下级提供建设性反馈，要对所提供的反馈进行全方位且具体的描述，如具体说明想再次看到的好的方面并强调这些好的方面对组织的影响。接受下级的新想法不仅可以增强领导员工的能力，还可以使组织产生更有效的新想法。同时，还应清晰地传达组织的愿景以及团队与个人如何为愿景做出贡献，使员工了解他们的行为正在发挥作用，从而赋予他们权力。

组织应着重改善功效信息的四个来源，即绩效成就、替代学习、情绪唤醒的管理和言语说服（Bandura，1986），以显著预测自我效能判断。通过专注于自我效能感，我们可以确保员工不仅对自己的未来感到乐观，而且具有必要的技能以适应不断变化的职业环境。对于青年而言，父母和老师在职业乐观中具有重要作用。因此，应该提高交流频率并实施有效的交流策略，如将家长与老师的对话进行备忘录式的记录，这将使家长和教师能够共同确定青少年的需求和困难，以便制订更具针对性的干预计划（Christenson et al.，1992）。需要注意的是，父母和老师不要提供过多的支持，否则可能会导致青年产生不切实际的积极期望和过度自信。个体对自己的学习或职业生涯过于乐观和执着，而缺乏必要的技能去真正地进行适应性行为，可能会导致其设定不可行的目标，甚至导致产生对成功不切实际的看法（Mckenna and Rogers，1993）。

（三）研究局限和未来研究方向

第一，尽管本章应用的调查法未被检验有共同方法偏差，但是为了排除或减少通用方法偏差的可能性，未来的工作应寻求利用客观数据或获得来自多个来源的数据（Podsakoff et al.，2012），以获取有关解决通用方法的建议。除了在数周或数月内采用纵向调查设计，还可以考虑采用经验抽样方法来检查职业乐观是否在较短的时间范围内发生了变化，以及何种影响因素导致这种变化。这种方法对于学生特别是应届毕业生有很好效果。研究人员还可以确定事件的影响，如收到工作邀请或拒绝信，或在工作中获得关于个人职业乐观的负面反馈。研究人员还可以采用实验性设计来研究职业乐观受什么影响，检查职业乐观度是否会影响个人在求职过程中的表现。第二，研究没有考虑或者控制诸如职业兴趣或社会经济地位的作用。由于这些因素可能会影响职业发展决定，因此应在以后的研究中加以控制。第三，本章研究仅专注于易变职业生涯导向，没有考虑其他类型的职业导向，如传统的、无边界的职业导向。未来研究可以探讨用于识别和评估影响不同职业取向的关键机制个人对未来职业选择的期望。

参考文献

［1］Bandura A. Social foundations of thought and action：A social cognitive theory［J］. Journal of Applied Psychology，1986，12（1）：169-171.

［2］Becker H S. Notes on the concept of commitment［J］. American Journal of Sociology，1960，66（1）：32-40.

［3］Blau G. Testing a two-dimensional measure of job search behavior［J］. Organizational Behavior and Human Decision Processes，1994，59（2）：288-312.

［4］Bravo J，Seibert S E，Kraimer M L，et al. Measuring career orientations in the era of the boundaryless career［J］. Journal of Career Assessment，2015，25（3）：1-24.

［5］Bressler M. Planning and projecting critical human resource needs：The relationship between hope，optimism，organizational commitment，and turnover intention among U. S. Army reserve soldiers［J］. Journal of Behavioral Studies in Business，2010，3（1）：1-10.

［6］Briscoe J P，Hall D T，Demuth R L F. Protean and boundaryless careers：An empirical exploration [J]. Journal of Vocational Behavior, 2006, 69 (1): 30-47.

[7] Briscoe J P, Hall D T. Special section on boundaryless and protean careers [J]. Journal of Vocational Behavior, 2006, 69 (1): 1-3.

[8] Briscoe J P, Henagan S C, Burton J P, et al. Coping with an insecure employment environment: The differing roles of protean and boundaryless career orientations [J]. Journal of Vocational Behavior, 2012, 80 (2): 308-316.

[9] Brown D J, Cober R T, Kane K, et al. Proactive personality and the successful job search: A field investigation with college graduates [J]. The Journal of Applied Psychology, 2006, 91 (3): 717-726.

[10] Cabrera E F. Protean organizations: Reshaping work and careers to retain female talent [J]. Career Development International, 2009, 14 (2): 186-201.

[11] Carver C S, Scheier M F, Segerstrom S C. Optimism [J]. Clinical Psychology Review, 2010, 30 (7): 879-889.

[12] Cesario J, Plaks J E, Hagiwara N, et al. The ecology of automaticity: How situational contingencies shape action semantics and social behavior [J]. Psychological Science, 2010, 21 (9): 1311-1317.

[13] Chemers M M, Watson C B, May S T. Dispositional affect and leadership effectiveness: A comparison of self-esteem, optimism, and efficacy [J]. Personality & Social Psychology Bulletin, 2000, 26 (3): 267-277.

[14] Christenson S L, Rounds T, Gorney D. Family factors and student achievement: An avenue to increase students' success [J]. School Psychology Quarterly, 1992, 7 (3): 178-206.

[15] Conger J A, Kanungo R N. Charismatic leadership : The elusive factor in organizational effectiveness [M]. San Francisco: Jossey-Bass, 1988.

[16] Conway J M, Lance C E. What reviewers should expect from authors regarding common method bias in organizational research [J]. Journal of Business & Psychol-

ogy, 2010, 25 (3): 325-334.

[17] Costa P T Jr, Somerfield M R, Mcrae R R. Personality and coping: A re-conceptualization [M] //Zeidner M, Endler N S. Handbook of Coping: Theory, Research, Applicalions. New York: Wiley, 1996.

[18] Dearing E, Hamilton L C. Contemporary advances and classic advice for analyzing mediating and moderating variables [J]. Monographs of the Society for Research in Child Development, 2006, 71 (3): 88-104.

[19] De Hauw S, De Vos A. Millennials' career perspective and psychological contract expectations: Does the recession lead to lowered expectations? [J]. Journal of Business & Psychology, 2010, 25 (2): 293-302.

[20] Direnzo M S, Greenhaus J H, Weer C H. Relationship between protean career orientation and work-life balance: A resource perspective [J]. Journal of Organizational Behavior, 2015, 36 (4): 538-560.

[21] Direnzo M S, Greenhaus J H. Job search and voluntary turnover in a boundaryless world: A control theory perspective [J]. Academy of Management Review, 2011, 36 (3): 567-589.

[22] Duffy R D. Spirituality, religion, and work values [J]. Journal of Psychology & Theology, 2010, 38 (1): 52-61.

[23] Dutton J E, Dukerich J M, Harquail C V. Organizational images and member identification [J]. Administrative Science Quarterly, 1994, 39 (2): 239-263.

[24] Edwards J R, Lambert L S. Methods for integrating moderation and mediation: A general analytical framework using moderated path analysis [J]. Psychological Methods, 2007, 12 (1): 1-22.

[25] Elanzi F O. Academic achievement and its relationship with anxiety, self-esteem, optimism, and pessimism in Kuwaiti students [J]. Social Behavior and Personality, 2005, 33 (1): 95-104.

［26］ Eva N, Robin M, Sendjaya S, Van Dierendonck D, et al. Servant Leadership: A systematic review and call for future research ［J］. Leadership Quarterly, 2019, 30 (1): 111-132.

［27］ Ford C M, Gioia D A. Factors influencing creativity in the domain of managerial decision making ［J］. Journal of Management, 2000, 26 (4): 705-732.

［28］ Garcia P R J M, Restubog S L D, Bordia P, et al. Career optimism: The roles of contextual support and career decision-making self-efficacy ［J］. Journal of Vocational Behavior, 2015, 88 (6): 10-18.

［29］ Gautam T, Van Dick R, Wagner U. Organizational identification and organizational commitment: Distinct aspects of two related concepts ［J］. Asian Journal of Social Psychology, 2004, 7 (3): 301-315.

［30］ Gillham J. The science of optimism and hope: Research essays in honor of martin e. P. Seligman ［M］. Philadelphia: Templeton Foundation Press, 2000.

［31］ Greenhaus J H, Callanan G A, Godshalk V M. Career management ［M］. 北京: 清华大学出版社, 2003.

［32］ Gunkel M, Schlaegel C, Langella I M, et al. Personality and career decisiveness: An international empirical comparison of business students' career planning ［J］. Personnel Review, 2010, 39 (4): 503-524.

［33］ Hall S, Du Gay P. Questions of cultural identity ［M］. London: SAGE, 1996.

［34］ Haratsis J M, Creed P A, Hood M. Cross-Lagged relationships between person-based resources, self-perceptions, and career and life satisfaction in young adults ［J］. International Journal for Educational and Vocational Guidance, 2016, 16 (2): 169-188.

［35］ Haratsis J M, Hood M, Creed P A. Career goals in young adults personal resources, goal appraisals, attitudes, and goal management strategies ［J］. Journal of Career Development, 2015, 42 (5): 123-164.

[36] Herrmann A, Hirschi A, Keller A C. Career adaptivity, adaptability, and adapting: A conceptual and empirical investigation [J]. Journal of Vocational Behavior, 2015, 87 (4): 1-10.

[37] Hough L M. The "Big Five" personality variables–construct confusion: Description versus prediction [J]. Human Performance, 1992, 5 (1): 139-155.

[38] Kaminsky S E, Behrend T S. Career choice and calling: Integrating calling and social cognitive career theory [J]. Journal of Career Assessment, 2015, 23 (3): 383-398.

[39] Kanfer R, Wanberg C R, Kantrowitz T M. Job search and employment: A personality–motivational analysis and meta–analytic review [J]. Journal of Applied Psychology, 2001, 86 (5): 837-855.

[40] Karrasch A I. Antecedents and consequences of organizational commitment [J]. Military Psychology, 2003, 15 (3): 225-236.

[41] Kluemper D H, Little L M, Degroot T. State or trait: Effects of state optimism on job–related outcomes [J]. Journal of Organizational Behavior, 2010, 30 (2): 209-231.

[42] Lent R W, Brown S D, Hackett G. Toward a unifying social cognitive theory of career and academic interest, choice, and performance [J]. Journal of Vocational Behavior, 1994, 45 (1): 79-122.

[43] Liden R C, Wayne S J, Sparrowe R T. An examination of the mediating role of psychological empowerment on the relations between the job, interpersonal relationships, and work outcomes [J]. Journal of Applied Psychology, 2000, 85 (3): 407-416.

[44] Li H, Ngo H Y, Cheung F. Linking protean career orientation and career decidedness: The mediating role of career decision self–efficacy [J]. Journal of Voca-

tional Behavior, 2019, 15 (8): 103322.

[45] Malone G P, Pillow D R, Osman A. The General Belongingness Scale (GBS): Assessing achieved belongingness [J]. Personality & Individual Differences, 2012, 52 (3): 311-316.

[46] Mckenna S D, Rogers E. Managing takeover: Learning disabilities and the cultural dimension [J]. Journal of Managerial Psychology, 1993, 8 (2): 3-9.

[47] Mclennan B, Mcilveen P, Perera H N. Pre-Service teachers' self-efficacy mediates the relationship between career adaptability and career optimism [J]. Teaching & Teacher Education, 2017, 63 (4): 176-185.

[48] Mowday R T, Porter L W, Steers R M. Employee-Organization linkages: The psychology of commitment, absenteeism, and turnover [M]. New York: Academic Press, 1982.

[49] O'Reilly J, Robinson S L. The negative impact of ostracism on thwarted belongingness and workplace contributions [J]. Academy of Management Annual Meeting Proceedings, 2009, 1: 1-7.

[50] Podsakoff P M, Mackenzie S B, Lee J Y, et al. Common method biases in behavioral research: A critical review of the literature and recommended remedies [J]. Journal of Applied Psychology, 2003, 88 (5): 879-903.

[51] Podsakoff P M, Mackenzie S B, Podsakoff N. Sources of method bias in social science research and recommendations on how to control it [J]. Social Ence Electronic Publishing, 2012, 63 (1): 539-569.

[52] Rahim N B, Sitirohaida M Z. Protean career orientation and career goal development: Do they predict engineer's psychological well-being? [J]. Procedia-Social and Behavioral Sciences, 2015, 172 (1): 270-277.

[53] Ravasi D, Schultz M. Responding to organizational identity threats: Exploring the role of organizational culture [J]. Academy of Management Journal, 2006,

49 (3): 1-59.

[54] Rottinghaus P J, Buelow K L, Matyja A, et al. The career futures Inventory-Revised: Measuring dimensions of career adaptability [J]. Journal of Career Assessment, 2012, 20 (2): 123-139.

[55] Rottinghaus P J, Day S X, Borgen F H. The career futures inventory: A measure of Career-Related adaptability and optimism [J]. Journal of Career Assessment, 2005, 13 (1): 3-24.

[56] Santilli S, Ginevra M C, Sgaramella T M, et al. Visions about future: A new scale assessing optimism, pessimism, and hope in adolescents [J]. International Journal for Educational and Vocational Guidance, 2017, 17 (2): 187-210.

[57] Savickas M L, Baker D B. The history of vocational psychology: Antecedents, origin, and early development. Handbook of Vocational Psychology [M]. London: Lawrence Erlbaum Associates Publishes, 2005.

[58] Savickas M L. Career construction [J]. Career Choice and Development, 2002, 149 (205): 14-38.

[59] Scheier M E, Carver C S. Dispositional optimism and physical well-being: The influence of generalized outcome expectancies on health [J]. Journal of Personality, 1987, 55 (2): 169-210.

[60] Scheier M F, Carver C S, Bridges M W. Distinguishing optimism from neuroticism (and trait anxiety, self-mastery, and self-esteem): A reevaluation of the life orientation test [J]. Journal of Personality and Social Psychology, 1994, 67 (6): 1063-1078.

[61] Seibert S E, Wang G, Courtright S H. Antecedents and consequences of psychological and team empowerment in organizations: A meta-analytic review [J]. Journal of Applied Psychology, 2011, 96 (5): 981-1003.

[62] Shen Y, Hall D T. When expatriates explore other options: Retaining talent

through greater job embeddedness and repatriation adjustment ［J］. Human Resource Management, 2009, 48 (5): 793-816.

［63］Spreitzer G M. Psychological empowerment in the workplace: Dimensions, measurement, and validation ［J］. Academy of Management Journal, 1995, 38 (5): 1442-1465.

［64］Spurk D, Abele A E, Volmer J. The career satisfaction scale: Longitudinal measurement invariance and latent growth analysis ［J］. Journal of Career Assessment, 2015, 23 (2): 191-209.

［65］Supeli A, Creed P A. The longitudinal relationship between protean career orientation and job satisfaction, organizational commitment, and Intention－to－Quit ［J］. Journal of Career Development, 2016, 43 (1): 105-133.

［66］Sweetman D, Luthans F, Avey J B, et al. Relationship between positive psychological capital and creative performance ［J］. Canadian Journal of Administrative Sciences, 2011, 28 (1): 4-13.

［67］Thomas K W, Velthouse B. Cognitive elements of empowerment: An "interpretive" model of intrinsic task motivation ［J］. Academy of Management Review, 1990, 15 (4): 666-681.

［68］Weinstein N D. Unrealistic optimism about future life events ［J］. Journal of Personality and Social Psychology, 1980, 39 (5): 806-820.

［69］Zhu W, May D R, Avolio B J. The impact of ethical leadership behavior on employee outcomes: The roles of psychological empowerment and authenticity ［J］. Journal of Leadership & Organizational Studies, 2004, 11 (1): 16-26.

［70］Zikic J, Saks A M. Job search and social cognitive theory: The role of career-relevant activities ［J］. Journal of Vocational Behavior, 2009, 74 (1): 117-127.

［71］侯杰泰，温忠麟，成子娟. 结构方程模型及其应用 ［M］. 北京：教育科学出版社，2006.

［72］温忠麟，叶宝娟．中介效应分析：方法和模型发展［J］．心理科学进展，2014（5）：731-745.

［73］谢宝国，龙立荣．职业生涯高原对员工工作满意度、组织承诺、离职意愿的影响［J］．心理学报，2008，40（8）：927-938.

［74］杨波，李时彦，刘小平．企业生命周期与激励性报酬制度［J］．四川商业高等专科学校学报，2002，10（2）：5-9.

［75］周浩，龙立荣．共同方法偏差的统计检验与控制方法［J］．心理科学进展，2004，12（6）：942-950.

第七章 易变职业生涯定向对工作寻求的影响机制研究

一、问题的提出

技术进步、工作重组和不断增加的劳动力使护理专业的发展更难预测（Ali et al.，2021；To and Huang，2022），护士需要变得更加灵活，以适应职业发展和工作变化（Gong and Li，2019）。新获得执照的注册护士在进入劳动力市场后开始职业社会化，但他们仍需要获得知识和技能以应对角色转换，并可能在此过程中感到焦虑（Islam et al.，2022b）。焦虑感是由于要求新注册的护士成为有经验的护士，并且比有经验的护士更快地承担更多病人的护理责任（Islam et al.，2022c）。在当前治疗技术发展和流行病的背景下，有经验的护士需要承担更多的责任，并有义务通过学习新的知识和技能来更新其护理能力（Chaudhary et al.，2023）。随着年龄的增长，学习能力下降，有经验的护士可能会感到焦虑，甚至抑郁（Gazaway et al.，2019；Noble-Nkrumah et al.，2022）。如果护士长不进行适当的干预，护士可能会对自己的角色不满，辞去工作，或者离开护理行业。最终，从长远来看，这些结果不利于个人及组织（Ahmad et al.，2023）。

易变职业生涯定向被用来描述人们自主的职业选择倾向（Ayoobzadeh，2021；

Briscoe and Hall，2006；Lee，2018），探讨个人应如何在高度不稳定的职业中积极调整自己的态度和行为，适应职业模式，获得个人职业发展（Gong and Li，2019；Islam et al.，2020；Ng et al.，2016）。易变职业生涯定向的引入不仅有助于解释为什么在当今的职业环境中员工倾向于自己规划和管理职业，而且还解释了为什么员工越来越多地选择频繁的职业流动，而不是争取越来越少的组织晋升机会（Cortellazzo et al.，2020；Singhal and Rastogi，2018）。

虽然易变职业生涯定向对职业成功和工作满意度的积极影响已经得到了检验（Herrmann et al.，2015；To and Huang，2022；Ye et al.，2020），但是研究者也认为易变职业生涯定向可以引导职业抱负，并使其积极寻求更合适的工作环境（Shen and Hall，2009）。关于组织利益的不一致的结论使组织在是否应该鼓励员工的多样化职业取向方面陷入困境。因此，虽然促进员工易变职业生涯定向定位对他们的职业发展很重要，但是组织也有必要采取措施让员工专注于他们当前的工作（Chui et al.，2022）。

尽管易变职业生涯定向是综合管理领域的一个长期话题，但是在卫生保健领域的文献很少（Islam et al.，2020）。虽然先前有关于负面结果的文献，但是关于易变职业生涯定向和工作寻求之间关系的研究是不充分的。这类研究很有前景，因为在具有忠诚和集体主义文化的保守国家中，易变职业生涯定向对工作寻求的影响与在更开放的国家发现的结果不一致（Gong and Li，2019）。然而，很少有人研究不同文化背景和职业中易变职业生涯定向是否会影响工作寻求，以及影响机制是什么。综合上述内容，我们旨在检验在中国这样一个具有忠诚文化的发展中国家易变职业生涯定向所带来的后果。

社会认知职业理论认为，经验通过认知调节引导工作寻求等职业行为，个体认知取向对职业选择的形成和实施有直接而显著的影响（Lent et al.，2008）。在行为自我约束方面，社会认知职业理论提出了目标、自我效能和结果期望之间复杂的双向互动，并强调了个体认知的作用。鉴于现有关系分析中的不一致之处在易变职业生涯定向和工作寻求之间，缺乏实证检验，本章研究主要从以下两个方面来探讨这些问题：

首先，探索易变职业生涯定向对工作寻求的影响机制。与以往对易变职业生涯定向效应的判断相比，对影响机制的讨论可以更直观地探究深层原因。职业乐观是个体对未来职业发展最佳结果的期望和积极态度（Baruch et al.，2019；Nawaz et al.，2022）。易变职业生涯定向可能会导致职业乐观，甚至在离开当前的组织后立即寻找新的工作（Chui et al.，2022）。没有正当理由说明寻求晋升或新的工作机会会影响他们对现有工作的专注（Eva et al.，2020）。因此，阐明易变职业生涯定向对工作寻求的影响可以为现有的职业发展研究提供更直接的实证证据。其次，进一步探讨师徒关系的调节作用。师徒关系被视为员工职业管理和发展的工具（Babalola and Bruning，2015；Van Vianen et al.，2018）。师徒关系是在那些经验丰富并具备足够知识和技能来帮助徒弟的人与徒弟之间建立的关系，这些徒弟是没有足够经验和技能在组织中前进的员工（Gong et al.，2020；Khatoon et al.，2022）。导师通过为工作和职业发展提供建议、反馈、指导和指引、帮助和心理支持，传承工匠精神，并促进组织的可持续发展（Humberd and Rouse，2016）。以往的研究强调，导师为其学生付出的努力、投入的感情和消耗的资源能够促进学生的社会化和职业发展（Beek et al.，2019）。这种关系会增加学生对导师和组织的依恋，从而减少职业乐观的增长。

二、理论与假设

（一）易变职业生涯定向和工作寻求

易变职业生涯定向具有自我导向和价值驱动的双重属性。自我导向强调个人在职业发展过程中的自由职业行为，而价值驱动导向强调职业选择中的内在价值（Briscoe and Hall，2006）。个人认知、背景和学习对职业选择行为有重要影响。从员工的角度来看，知识型员工逐渐成为知识经济时代的主要驱动力，这些员工希望通过独立的职业规划和频繁的职业流动实现自己的人生追求（Li et al.，2019）。根据社会认知职业理论，结果期望是一种个人信念，即执行特定的行动以实现想象的结果。结果预期衡量一个人根据预期的学习经历预测行为的潜在结果的能力。具有易变职业生涯定向的个体更关注未来的职业发展，这有助于个体为明确自己未来的职业发展目标而表现出更多的求职行为（Supeli and Creed，2016）。易变职业生涯定向会让个体对寻找职业发展机会感到焦虑。采取易变职业生涯定向的个人倾向于采取行动来满足这些标准（Herrmann et al.，2015）。易变职业生涯定向会导致更大的职业抱负，因此他们倾向于积极寻求更合适的工作环境，表现出更高水平的职业探索行为，并具有更高的求职意向（Supeli and Creed，2016）。基于以上分析，我们提出以下假设：

假设 1：易变职业生涯定向对工作寻求有积极影响。

（二）职业乐观的中介作用

职业乐观的人有能力设定明确的职业目标，制订详细的职业计划（Direnzo et al.，2015），并根据自己的价值观选择职业（Herrmann et al.，2015）。符合他们价值观的职业更容易让他们感知到成功。易变职业生涯定向鼓励个人主观地寻求自我发展，并试图获得对职业选择有用的资源（Li et al.，2019）。

易变职业生涯定向使个人追求职业成功不再局限于在固定的组织中升职加薪，而是通过提高自身的就业能力来应对各种复杂的环境。当个人的竞争力提高时，他或她会感知到自己在劳动力市场上的稀缺性，同时提高对自我价值的感知，从而导致职业乐观（Direnzo et al.，2015）。相比之下，具有低易变职业生涯定向的个人很难面对变化的经济环境和遵循不明确的职业发展道路，因为他们被动地适应环境（Chui et al.，2022）。基于以上分析，我们提出以下假设：

假设 2：易变职业生涯定向对职业乐观有积极影响。

职业乐观度高的个体关注自己的兴趣和未来的职业发展（Herrmann et al.，2015）。工作寻求是指个人为获取新工作和工作寻求信息而从事的活动（Blau，1993）。根据社会认知职业理论，结果预期是个人从事某项活动的想象结果。基于预期的学习经验，结果预期可以衡量一个人预测某种行为的潜在结果的能力（Gazaway et al.，2019）。职业乐观的人关注未来的职业发展，这有助于他们明确未来的职业发展目标，并采取更积极的行为，如工作寻求行为（Chui et al.，2022）。

职业乐观有期待的意思，期望好结果的个体认为它会影响他们的职业成功，倾向于采取积极的行动来解决高压力的问题，更有可能在工作寻求上花费时间和精力，并倾向于为自己的未来制定职业规划和探索新的工作（Herrmann et al.，2015）。研究表明，开放的性格、乐观和职业自我效能是影响工作寻求行为的重要因素（Kim and Scheller-Wolf，2019）。基于以上分析，我们提出以下假设：

假设3：职业乐观在易变职业生涯定向和工作寻求之间起中介作用。

（三）师徒关系的调节作用

根据社会认知职业理论，经验通过认知调节并指导职业行为，个人要实现的目标是职业行为最重要的信息源，结果预期是从事某项活动的想象结果。虽然环境和个人的历史有助于塑造行为，但是它不会自动起作用，而是受到人们自我导向目标的激励。易变的以职业为导向的个人关注他们对未来发展的期望，并为实现预期目标准备他们的行为和态度。良好的师徒关系可以改变徒弟在日常工作中对职业乐观的认识，并使其在保持乐观的同时增加他们对组织的依恋。

师徒关系指的是具有先进知识、技能和工作经验的人向经验不足的个人提供这些资源形成的关系（Van Vianen et al.，2018）。Scandura 和 Williams（2004）建立了一个在学术界得到广泛支持的三维师徒关系模型。导师的三大功能似乎非常适合提高学生的职业乐观度。职业支持的功能强调，对每个学生的不同需求的个性化考虑和关注可以帮助他或她获得更多有用的技能和知识，以适应工作环境（Pellegrini and Scandura，2005）。社会心理支持的功能使学生能够得到导师的认可并实现职业目标（Pellegrini and Scandura，2005）。具有这一指导功能的导师可以通过阐明令人信服的愿景和传达对高绩效学生的期望和信心来促进激励行为的发展（Chun et al.，2012）。角色塑造功能允许导师通过传达他们的价值观、信念、信心和自我牺牲精神来充当保护和促进学生发展的榜样（Pellegrini and Scandura，2005）。此外，广泛可用的角色模型可以展示导师的魅力和理想化的影响，并且通过角色模型的价值观、行为和成就以及导师谈论他们的信仰、信念和牺牲将明确的目标传递给学生（Chun et al.，2012）。

虽然师徒关系可以增强职业乐观，但是指导功能也会降低职业乐观的中介效应。首先，导师制强调了一个动态的过程，在这个过程中，导师和学生一起学习。在作为发展过程的师徒关系中，导师和学生都可以获得个人学习的成果，如对人际关系、领导技能和能力的认知和获得（Joo et al.，2018）。毫无疑问，自信、乐观和充满希望的导师将成为学员的榜样，他们良好的心理社会资本将通过同理心、共享环境和社会互动传递给员工（Beek et al.，2019）。师徒关系可以增加指导黏性，从而允许徒弟冷静地看待自己的成功，增加组织承诺，这将降低其工作寻求意向。

其次，当导师作为榜样遵守组织的政策和规范时，导师学会了让被保护人认同他或她的方式（Van Vianen et al.，2018）。当导师讨论并要求学生按时完成主要开发任务，同时提供指导和咨询时，导师创造了成功的愿景，并激发学生获得战略知识的动力。此外，当导师强调学习创造性思维技能，并为学生提供具有挑战性的任务和咨询时，导师会激发学生的求知欲，增加留住学生的机会（Gaza-way et al.，2019）。

最后，导师为学生提供职业支持，包括赞助、曝光、知名度和富有挑战性的任务（Gong and Li，2019）。学生可以获得导师的帮助工作和职业发展方面的指导，以更好地胜任工作。此外，导师可以为学生提供心理支持和指导，以便学生能够更快地融入组织，适应他们的工作和角色，对未来的职业发展充满希望，并获得更高的工作满意度（Gong et al.，2020）。

简言之，提供指导功能可以帮助学生获得关于如何通过相互信任和尊重建立师徒关系的陈述性知识，以及通过行动获得程序性知识。基于以上分析，我们提出以下假设：

假设4：易变职业生涯定向和职业乐观之间的正向关联受到师徒关系的调

节，在师徒关系较低的情况下，这种关联更强。

三、方法

（一）参与者和程序

本章研究旨在探讨易变职业生涯定向通过职业乐观对护士工作寻求的影响，并考虑将导师关系作为调节变量。像许多定量研究一样（Islam et al.，2022a，2022b，2022e），我们收集了中国医院的横断面数据，原因有两个方面：第一，虽然相对保守的中国人有高度易变职业生涯定向，但结果可能与更开放的人群不同（Gong et al.，2022）。第二，师徒制度可以更好地理解徒弟对其师傅的依恋，并可以应用于组织，以削弱徒弟寻求其他工作的倾向（Gong and Li，2019）。

本书研究是根据伦理委员会的协议进行的，数据是从中国的一线护士那里收集的。在所有参与者都知道本次调查的目的后，护士在工作时间填写了调查问卷。采用滚雪球抽样法，护士被要求与同伴分享电子问卷。首先随机抽取一部分回答者，然后层层推荐其他具有研究对象一般特征的人。样本就像一个雪球，不断由小变大。

总共回收了 349 份问卷。删除无效问卷后，将 309 份有效问卷纳入研究（有效应答率：88.54%）。在参与调查的 309 名护士中，74.43% 为女性（n = 230）。有效参与者的平均年龄为 31.01 岁（标准差为 8.92）。平均工作年限为 8.25 年（标准差为 4.63）。关于教育，59.55%（n = 184）毕业于 2 年或 3 年制大学课程，31.71%（n = 98）拥有学士学位。

（二）问卷

我们用李克特 5 点量表测量了参与者对题项的反应，范围从 1（非常不同意）到 5（非常同意）。

（1）易变职业生涯定向。采用 Baruch（2014）的 7 项量表对易变职业生涯定向进行测量，如"自由和自主是我职业生涯的驱动力"。较高的分数意味着护士易变职业生涯定向水平可能更高。该量表的 Cronbach's α 为 0.86。

（2）职业乐观。职业乐观量表由 Rottinghaus 等（2005）编制，它包括 11 个项目，如"思考我的职业生涯激励着我"。该量表的 Cronbach's α 为 0.96。

（3）师徒关系。师徒关系量表由 Hu 等（2011）修订，它包括 9 项，如"我的导师帮助我协调职业目标"。该量表的 Cronbach's α 为 0.93。

（4）工作寻求。我们使用了 Blau（1993）的四大努力项目量表，如"花了很大力气去找其他工作"。参与者被要求展示过去 6 个月内工作寻求的频率。该量表的 Cronbach's α 为 0.78。

我们控制了性别、年龄、工作年限和学历的影响。

四、结果

主成分分析结果显示，所有的负荷值≥0.50，复合信度≥0.60，提取平均方差≥0.50。未旋转探索性因子分析的最大因子方差解释率为 25.37%（<50%）。本章研究采用验证性因子分析，4 个因子模型与其他模型相比具有最佳的拟合效度（$\chi^2 = 35.67$，$p < 0.01$；CFI = 0.98；TLI = 0.99；RMSEA = 0.03；SRMR = 0.01）。

表 7-1 揭示了易变职业生涯定向与工作寻求和职业乐观正相关，假设 1 得到验证。研究结果还表明，职业乐观与工作寻求正相关，易变职业生涯定向和师徒关系与职业乐观正相关。

表 7-1　各变量的均值、标准差和相关系数

变量	均值	标准差	1	2	3	4	5	6	7
1. 性别	—	—	—						
2. 年龄	31.01	8.92	0.03						
3. 学历	—	—	0.34**	0.09	—				
4. 工作任期	8.25	4.63	0.16**	0.48**	0.11	—			
5. 易变职业生涯定向	3.98	0.68	-0.01	0.02	0.21**	0.12*	—		
6. 职业乐观	3.83	0.83	0.17**	0.01	0.35**	0.09	0.59**	—	
7. 师徒关系	3.55	0.97	0.21**	0.12*	0.26**	0.02	0.39**	0.54**	—

续表

变量	均值	标准差	1	2	3	4	5	6	7
8. 工作寻求	3.39	1.07	0.23**	0.13*	0.19**	0.04	0.29**	0.35**	0.41**

注：*代表 p<0.05，**代表 p<0.01。

表7-2 表明易变职业生涯定向对职业乐观（模型1，β=0.47，p<0.01）和工作寻求有积极影响（模型3，β=0.46，p<0.01），假设1得到验证。模型4显示，职业乐观对工作寻求有显著影响（β=0.28，p<0.01）。易变职业生涯定向和师徒关系之间的相互作用影响职业乐观（模型2，β=-0.11，p=0.04）。

表7-2　易变职业生涯定向对职业乐观和工作寻求的调节效应

变量	模型1：职业乐观		模型2：职业乐观		模型3：工作寻求		模型4：工作寻求	
	B	SE	B	SE	B	SE	B	SE
常量	0.96**	0.30	3.53**	0.23	2.70**	0.46	2.43**	0.46
性别	-0.17*	0.08	-0.10	0.07	-0.50**	0.08	-0.45**	0.12
年龄	0.00	0.01	0.01	0.01	-0.01	0.01	-0.01	0.01
工龄	-0.01	0.04	0.02	0.01	0.03	0.06	0.01	0.06
教育程度	0.15**	0.04	0.06	0.13	0.03	0.05	-0.06	0.05
易变职业生涯定向	0.47**	0.05	0.44*	0.06	0.46**	0.08	0.27*	0.10
职业乐观							0.28**	0.09
师徒关系			0.29*	0.04				
易变职业生涯定向×师徒关系			-0.11*	0.04				
调整后的 R^2	0.42		0.02		0.17		0.19	
F	43.14**		0.30**		12.01**		12.11**	

注：*代表 p<0.05，**代表 p<0.01。

根据表7-3中的结果，假设2和假设3得到验证，易变职业生涯定向通过职业乐观对工作寻求的间接影响是显著的（效应为0.19，95%置信区间为［0.07，0.33］）。易变职业生涯定向对工作寻求的直接影响也是显著的（效应为0.27，

95%置信区间为［0.07，0.47］）。易变职业生涯定向通过职业乐观对工作寻求的间接影响对于具有较低师徒关系的个体是显著的（效应为0.16，95%置信区间为［0.05，0.27］），并且高于具有高师徒关系的个体的置信区间（效应为0.10，95%置信区间为［0.03，0.19］）。在95%的置信水平上有显著差异（差异为0±0.06，90%置信区间为［0.02，0.08］），假设4得到验证。

表7-3 职业乐观在易变职业生涯定向和工作寻求之间的中介效应检验结果

	效应	标准误	下限	上限
直接效应	0.27	0.10	0.07	0.47
间接效应	0.19	0.07	0.07	0.33
总效应	0.46	0.08	0.29	0.63
中介效应	0.12	0.04	0.04	0.21
调节效应				
低于一个标准差	0.16	0.05	0.05	0.27
高于一个标准差	0.10	0.04	0.03	0.19

图7-1显示出易变职业生涯定向和师徒关系之间的相互作用的形状与预测的一致。调节中介检验显示判断指数为-0.03，95%置信区间为［-0.06，-0.01］，排除了0，假设4被证实。

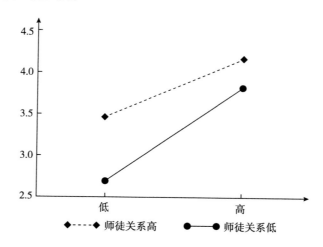

图7-1 师徒关系对易变职业生涯定向和职业乐观的调节效应

五、讨论

本章研究旨在通过职业乐观将易变职业生涯定向与工作寻求联系起来，并探索如何减少医院中易变职业生涯定向的负面影响。结果证实，护士易变职业生涯定向通过职业乐观影响工作寻求，而师徒关系减少了积极影响。这些发现表明，个人的易变职业生涯定向和职业乐观也有负面，但师徒关系弥补了易变职业生涯定向的短缺，这将导致工作寻求行为，从而有助于丰富护理服务管理相关文献。

（一）理论意义

研究结果支持了在社会认知职业理论基础上提出的假设。社会认知职业理论认为，职业选择行为是由人们自我导向的目标所驱动的，个人要实现的目标是职业行为最重要的信息来源。个体在职业目标的实现中注重自主管理行为，积极探索和追求目标，而不是被动接受现实，易变职业生涯定向的形成会刺激工作寻求行为。职业乐观的个体往往过于关注自身的发展，盲目乐观，从而导致更多的工作寻求行为，以及对目前的工作缺乏关注。本章研究拓展了社会认知职业理论的内涵。

第一，我们对护士易变职业生涯定向对工作寻求的积极影响进行了探索。尽管先前的研究已经测试了多种职业取向的积极结果（Herrmann et al.，2015），但是很少有研究调查工作寻求的作用，它代表了影响组织发展的个人意图。第二，本书研究回答了一些文献中的讨论，阐明了职业乐观是如何发展的（Chui et al.，2022）。借鉴社会心理特征职业理论，我们倾向于将职业乐观作为中介变量纳入我们的检验模型，从而评估了职业乐观的几个影响因素。研究结果证实，职业乐观可能是这种关系的主要中介因素。第三，本章研究为护士易变职业生涯定向对如何减弱工作寻求的积极作用的理论提供了支持。这项研究响应了 Ghosh 和 Reio（2013），有效补充了对师徒关系调节作用的检验。尽管师徒关系受到导师和学生的影响，并对两者都起作用，但是相关研究已经取得了成果，即只关注学生接受导师指导的结果，而忽略了对双方的回报，这影响了工作寻求。此外，概念模型可以描述护理职业的易变职业生涯定向过程。

（二）管理启示

了解职业乐观、易变职业生涯定向和工作之间的关系，寻求师徒关系的发展，有利于护士的职业发展和留住护士。这些发现为医院管理者如何激励护士的职业发展以使其提供高质量的护理和服务提供了有价值的观点。从个体发展的角度看，护士管理者应营造良好的组织学习氛围，给予其更多的社会支持，这有助于提高护士易变职业生涯定向和职业乐观。

护士管理人员面临的一个挑战是如何管理存在多变职业取向的护士，并使他们专注于自己的工作，而不是让他们对现有的工作漫不经心，因为这将导致低质量的服务。发展师徒关系是解决这一矛盾的方法之一。在实践中，有必要以开放的心态建立一个新的指导系统，并利用指导在传授实践经验、现场经验和操作技术方面的功能，潜移默化地影响技术系统和导师的性格，并努力克服不稳定性、封闭性、单一性和其他的缺点。导师制是体育相关隐性知识和体育精神传承的有效培养模式，其中最重要的是组织领导者的培养。一项对美国老牌公司历史的研究发现，它们的大多数领导者来自内部，而不是外部，因此在组织内部建立有效的继任制度至关重要。导师制是发现和培养潜在领导者的有效方式。导师应该更多地关注那些有助于高质量指导的因素。由于高质量的指导取决于导师的准确和有意义的反馈，因此导师应该努力为学生选择的职业道路提供更多有意义的知识和信息，或者从学生那里获得更多信息，以提供量身定制的建议和帮助。此外，沟通和倾听技巧对于导师和学生之间建立稳固的关系至关重要。这些技巧和知识是充分理解学生并提供有效建议所必需的。

（三）局限与展望

第一，这个横断面研究可能不如实验研究或者纵向研究有说服力。大多数与指导相关的研究依赖于横断面实地研究，也就是说，使用单一的数据收集方法从单一来源（通常来自学生）收集数据。Allen 等（2004）对 200 篇关于师徒关系的文章进行了分析，96% 的研究采用了实地问卷调查和访谈，只有 5.1% 的研究采用了实验设计。从发布时间看，在收集数据的 176 项研究中，90.9%采用了横断面设计。因此，迫切需要对辅导进行更多的实验和纵向研究。第二，师徒关系的调节作用不足以解释如何解决因易变职业生涯定向产生的工作寻求风险。在团体辅导中，环境因素可能会影响对学生建议的接受程度。此外，文化和对导师的支持可能对学员接受建议有更大的影响。

总之，本章研究探索了易变职业生涯定向的影响机制。主要贡献如下：第一，阐明了易变性职业生涯导向对工作寻求的积极影响，补充了现有的关于易变性职业生涯导向对组织的消极影响的测试。第二，系统揭示了易变职业生涯定向影响职业乐观，进一步促进了工作寻求的社会化，弥合了个人职业发展与组织稳定性的理论区别。第三，将师徒关系引入职业发展研究，阐明了师徒关系和易变职业生涯定向导向对职业乐观和工作寻求的交互作用，丰富了职业发展的研究视角。

参考文献

［1］Ahmad S, Islam T, D'Cruz P, et al. Caring for those in your charge: The role of servant leadership and compassion in managing bullying in the workplace［J］. International Journal of Conflict Management, 2023, 34（1）：125−149.

［2］Ali M, Islam T, Ali F H, et al. Enhancing nurses well−being through managerial coaching: A mediating model［J］. International Journal of Human Rights in Healthcare, 2021, 14（2）：143−157.

［3］Allen T D, Eby L T, Poteet M L, et al. Career benefits associated with mentoring for proteges: A meta−analysis［J］. Journal of Applied Psychology, 2004, 89（1）：127−138.

［4］Ayoobzadeh M. Freelance job search during times of uncertainty: Protean career orientation, career competencies and job search［J］. Personnel Review, 2021, 51（1）：40−56.

[5] Babalola O, Bruning N S. Examining the relationship between individual perceptions of control and contemporary career orientations [J]. Personnel Review, 2015, 44 (3): 346-363.

[6] Baruch Y. The development and validation of a measure for protean career orientation [J]. The International Journal of Human Resource Management, 2014, 25 (19): 2702-2723.

[7] Baruch Y, Bhaskar A U, Mishra B. Career dynamics in India: A two-wave study of career orientations and employability of graduates [J]. Personnel Review, 2019, 49 (3): 825-845.

[8] Beek G J, Zuiker I, Zwart R C. Exploring mentors' roles and feedback strategies to analyze the quality of mentoring dialogues [J]. Teaching and Teacher Education, 2019, 78 (1): 15-27.

[9] Blau G. Further exploring the relationship between job search and voluntary individual turnover [J]. Personnel Psychology, 1993, 46 (2): 313-330.

[10] Briscoe J P, Hall D T. The interplay of boundaryless and protean careers: Combinations and implications [J]. Journal of Vocational Behavior, 2006, 69 (1): 4-18.

[11] Chaudhary A, Islam T, Ali H F, et al. Can paternalistic leaders enhance knowledge sharing? The roles of organizational commitment and Islamic work ethics [J]. Global Knowledge, Memory and Communication, 2023, 72 (1/2): 98-118.

[12] Chui H, Li H, Ngo H Y. Linking protean career orientation with career optimism: Career adaptability and career decision self-efficacy as mediators [J]. Journal of Career Development, 2022, 49 (1): 161-173.

[13] Chun J U, Sosik J J, Yun N Y. A longitudinal study of mentor and protege outcomes in formal mentoring relationships [J]. Journal of Organizational Behavior, 2012, 33 (8): 1071-1094.

［14］Cortellazzo L, Bonesso S, Gerli F, et al. Protean career orientation: Behavioral antecedents and employability outcomes ［J］. Journal of Vocational Behavior, 2020, 116 (1): 103343.

［15］Direnzo M S, Greenhaus J H, Weer C H. Relationship between protean career orientation and work-life balance: A resource perspective ［J］. Journal of Organizational Behavior, 2015, 36 (4): 538-560.

［16］Eva N, Newman A, Jiang Z, et al. Career optimism: A systematic review and agenda for future research ［J］. Journal of Vocational Behavior, 2020, 116 (1): 103287.

［17］Gazaway S, Gibson R W, Schumacher A, et al. Impact of mentoring relationships on nursing professional socialization ［J］. Journal of Nursing Management, 2019, 27 (6): 1182-1189.

［18］Ghosh R, Reio T G Jr. Career benefits associated with mentoring for mentors: A meta analysis ［J］. Journal of Vocational Behavior, 2013, 83 (1): 106-116.

［19］Gong Z, Li T. Relationship between feedback environment established by mentor and nurses' career adaptability: A cross-sectional study ［J］. Journal of Nursing Management, 2019, 27 (7): 1568-1575.

［20］Gong Z, Van Swol L M, Wang X. Study on the relationship between nurses' mentoring relationship and organizational commitment ［J］. International Journal of Environmental Research and Public Health, 2022, 19 (20): 13362.

［21］Gong Z, Van Swol L M, Hou W, et al. Relationship between proteges' self-concordance and life purpose: The moderating role of mentor feedback environment ［J］. Nursing Open, 2020, 7 (5): 1616-1622.

［22］Herrmann A, Hirschi A, Baruch Y. The protean career orientation as predictor of career outcomes: Evaluation of incremental validity and mediation effects ［J］.

Journal of Vocational Behavior, 2015, 88 (1): 205-214.

[23] Hu C, Pellegrini E K, Scandura T A. Measurement invariance in mentoring research: A cross-cultural examination across Taiwan and the US [J]. Journal of Vocational Behavior, 2011, 78 (2): 274-282.

[24] Humberd B K, Rouse E D. Seeing you in me and me in you: Personal identification in the phases of mentoring relationships [J]. Academy of Management Review, 2016, 41 (3): 435-455.

[25] Islam T, Chaudhary A. Impact of workplace bullying on knowledge hiding: The mediating role of emotional exhaustion and moderating role of workplace friendship [J]. Kybernetes, doi: 10. 1108/K-06-2022-0842.

[26] Islam T, Ahmed I, Ali M, et al. Understanding despotic leadership through the lens of Islamic work ethics [J]. Journal of Public Affairs, 2022a, 22 (3): 2521.

[27] Islam T, Ali M, Jamil S, et al. How workplace bullying affects nurses' well-being? The roles of burnout and passive avoidant leadership [J]. International Journal of Human Rights in Healthcare, 2022b, 15 (5): 426-442.

[28] Islam T, Chaudhary A, Aziz M F. I regret to hide knowledge: A coping strategy model [J]. Global Knowledge, Memory and Communication, 2022c, 71 (4/5): 230-252.

[29] Islam T, Mahmood K, Sadiq M, et al. Understanding knowledgeable workers' behavior toward COVID-19 information sharing through WhatsApp in Pakistan [J]. Frontiers in Psychology, 2020, 11: 572526.

[30] Islam T, Sharif S, Ali H F, et al. Zooming into paternalistic leadership: Evidence from high power distance culture [J]. European Journal of Management and Business Economics, doi: 10. 1108/EJMBE-05-2021-0149.

[31] Islam T, Zahra I, Rehman S U, et al. How knowledge sharing encourages innovative work behavior through occupational self-efficacy? The moderating role of en-

trepreneurial leadership ［J］. Global Knowledge, Memory and Communication, doi: 10. 1108/GKMC-02-2022-0041.

［32］ Joo M K, Yu G C, Atwater L. Formal leadership mentoring and motivation to lead in South Korea ［J］. Journal of Vocational Behavior, 2018, 107 （1）: 310-326.

［33］ Khatoon A, Rehman S U, Islam T, et al. Knowledge sharing through empowering leadership: The roles of psychological empowerment and learning goal orientation ［J］. Global Knowledge, Memory and Communication, doi: 10. 1108/GKMC-08-2022-0194.

［34］ Kim T W, Scheller-Wolf A. Technological unemployment, meaning in life, purpose of business, and the future of stakeholders ［J］. Journal of Business Ethics, 2019, 160 （2）: 319-337.

［35］ Lee P Y. How to develop dynamic capabilities inmultiunits: The roles of international experience and career capital ［J］. Management Decision, 2018, 56 （2）: 344-357.

［36］ Lent R W Jr, Lopez A M, Lopez F G, et al. Social cognitive career theory and the prediction of interests and choice goals in the computing disciplines ［J］. Journal of Vocational Behavior, 2008, 73 （1）: 52-62.

［37］ Li H, Ngo H Y, Cheung F. Linking protean career orientation and career decidedness: The mediating role of career decision self-efficacy ［J］. Journal of Vocational Behavior, 2019, 115 （1）: 103322.

［38］ Nawaz M, Abid G, Islam T, et al. Providing solution in an emergency: COVID-19 and voice behavior of healthcare professionals ［J］. SAGE Open, 2022, 12 （4）: 2-15.

［39］ Ng E S, Gossett C W, Chinyoka S, et al. Public vs private sector employment: An exploratory study of career choice among graduate management students in Botswana ［J］. Personnel Review, 2016, 45 （6）: 1367-1385.

［40］ Noble-Nkrumah F, Anyigba H, Mensah H K. Psychological contract fulfil-ment and work behaviour nexus: The interactive effects of employee job autonomy and trust ［J］. Management Decision, 2022, 60 (5): 1326-1348.

［41］ Pellegrini E K, Scandura T A. Construct equivalence across groups: An un-explored issue in mentoring research ［J］. Educational and Psychological Measurement, 2005, 65 (2): 323-335.

［42］ Rottinghaus P J, Day S X, Borgen F H. The career futures inventory: A measure of career related adaptability and optimism ［J］. Journal of Career Assessment, 2005, 13 (1): 3-24.

［43］ Scandura T A, Williams E A. Mentoring and transformational leadership: the role of supervisory career mentoring ［J］. Journal of Vocational Behavior, 2004, 65 (3): 448-468.

［44］ Shen Y, Hall D T. When expatriates explore other options: Retaining talent through greater job embeddedness and repatriation adjustment ［J］. Human Resource Management, 2009, 48 (5): 793-816.

［45］ Singhal H, Rastogi R. Psychological capital and career commitment: The mediating effect of subjective well-being ［J］. Management Decision, 2018, 56 (2): 458-473.

［46］ Supeli A, Creed P A. The longitudinal relationship between protean career orientation and job satisfaction, organizational commitment, and intention-to-quit ［J］. Journal of Career Development, 2016, 43 (1): 66-80.

［47］ To W M, Huang G. Effects of equity, perceived organizational support and job satisfaction on organizational commitment in Macao's gaming industry ［J］. Man-agement Decision, 2022, 60 (9): 2433-2454.

［48］ Van Vianen A E, Rosenauer D, Homan A C, et al. Career mentoring in context: A multilevel study on differentiated career mentoring and career mentoring climate [J]. Human Resource Management, 2018, 57 (2): 583-599.

[49] Ye X, Wang Z, Zhang Y, et al. How do knowledge governance mechanisms impact on repatriate knowledge transfer intention? The moderating role of perceived career and repatriation support and person-organization fit [J]. Management Decision, 2020, 59 (2): 324-340.

进一步的阅读

[1] Hall D T, Yip J, Doiron K. Protean careers at work: Self-Direction and values orientation in psychological success [J]. Annual Review of Organizational Psychology and Organizational Behavior, 2018, 5 (1): 129-156.

[2] Islam T, Munir S. How important strategic learning capabilities are during COVID-19? A model for innovation ambidexterity [J]. Journal of Workplace Learning, 2022, 35 (1): 35-56.

后　记

　　和谐劳动关系在不同物质生产时期有不同的发展和内涵。在生产工具落后的背景下，为满足传统手工业和规模经济的需求，以传统学徒制为依托，劳动合作关系开始萌芽。随着机器生产替代了传统手工业，生产向效率化、规模化发展，传统工匠精神开始衰落。20世纪70年代以后，物质生活极大丰富、生产效率显著提高，人们对于消费品和工作的需求更多样化。此时，需要的和谐劳动关系是突破科层制对人的异化管理，充分尊重人的价值需求，实现组织和人的共同全面发展与成长。特别是新生代员工对个人成长的需求激增，师徒制成为人力资源向人力资本提升的方式，加之"互联网+"、物联网的发展带来的机遇与挑战，基于和谐劳动关系的人力资源开发必将在组织和个人层面发挥前所未有的作用。

　　特别是在我国，师徒制由来已久，如今不少企业也已经意识到推行师徒制的必要性，开始运用师徒制作为一种人才培育的重要措施。师徒制作为师徒双方聚合在一起，按照一定的规范和权利与义务要求，以传习精神和技艺为纽带而组成的一种社会活动方式，是工匠精神传承不可替代的模式。相较于领导者的难接近性和经验欠缺的同事而言，师傅与徒弟接触时间更长，知识转移更多，社会资本继承概率更大，个体更易受到师傅的影响，更容易潜移默化地传承工匠精神。同时，由于不同的员工对工作有不同的适应度，师徒制作为培养工匠的一种重要模式，能帮助员工更好地适应竞争激烈的多元化环境。特别在知识经济时代，人才是决定公司竞争优势的关键因素。良好的师徒关系能促使组织内部工匠精神和知识的传递与延续，推进新晋员工的职业生涯发展，并改善与提升员工的工作态度与表现。推行师徒制有助于徒弟专业与个人方面的成长，如协助徒弟晋升、提供其达成目标的有效策略及提供徒弟展现能力的机会，无论是心理还是精神上的支持，徒弟均能从师傅身上获得协助。师傅向徒弟提供职业生涯发展、心理支持及角色楷模等回馈，由此可以促进师傅与徒弟之间的知识与经验交流，传递与延续工匠精神，提升员工能力，为组织提供获利机会，并促使组织不断地成长，因此，它有利于组织、师傅与徒弟三方受益。

社会认知职业理论认为，经验通过认知调节引导工作寻求等职业行为，个体认知取向对职业选择的形成和实施有直接而显著的影响。在行为自我约束方面，社会认知职业理论提出了目标、自我效能和结果期望之间存在复杂的双向互动关系，并强调了个体认知的作用。探讨个人应如何在高度不稳定的职业环境中积极调整自己的态度和行为，以适应职业模式，获得个人职业发展，亟须揭示其中的驱动路径和边界条件。计划偶然事件学习理论认为个体可以从可预测和不可预测的事件中学习，计划外的事件可能会转化为职业生涯的学习机会，它可以用来解释职业乐观如何发展并影响职业成果。综上所述，本书基于和谐劳动关系构建，尝试从微观角度探索促进人力资源开发的动力，能够推动企业高标准人才队伍建设，助力中国经济转型升级。

由于时间仓促，收集整理的资料不够完善，本书难免会出现一些错误或疏漏，敬请读者批评指正，谢谢！